日本型 STEM 教育のための理論と実践

はじめに

　ミレニアム以降、欧米諸国では政府による政策声明や報告書において、STEM（Science, Technology, Engineering and Mathematics）および STEM 教育に関する方針が示され、日本でも朝野を問わず STEM 教育の取り組みがなされてきています。学校教育では、学習指導要領の改訂により、小学校や中学校でも STEM 教育の取り組みが志向され、特に高等学校の新設教科「理数」では、STEM 教育のより一層の実践が求められる状況です。しかしながら、小学校や中学校での実践例は必ずしも多いとは言えず、高等学校での STEM 教育で紹介されている実践では、スーパーサイエンスハイスクール（Super Science High Schools：SSH）の取り組みなどが紹介されており、理論的背景が必ずしも紹介されているとは限りません。これらの SSH での実践は、創意工夫がなされており大変優れた実践と評価できます。その一方、他の高校さらには中学校や小学校への普及という観点からして、その実践にはいささかの工夫が求められるものもないとは言えない状況です。

　他方、学校外教育（informal education）としては、あらゆる段階において STEM 教育への取り組みがすでに実施されています。しかしながら、それらと学校教育との関係は不明な点もあり、それを学校教育へどのように取り入れるかに関しても、その取り組みはまだ始まったばかりで、手探りの状態と言えるでしょう。

　本書は、このような状況に鑑みて、STEM 教育について、学校教育を主眼とし、理論的な章と実践的な章から構成しています。加えて、理論的な章の最後の方では理論と実践をつなぐ章も設定しています。そのために、執筆者には、理科教育研究者、数学教育研究者、技術（科）教育研究者、教育方法学研究者、小学校、中学校、高等学校の実践者の先生方から構成されています。これは、大学でのテキストや実践の場でも活用できるようにしているためです。

　まず、理論的な章では、そもそも STEM 教育とは何かという根源的な問い、国が示す STEM 教育の方向性、STEM 関連教科・領域の立場から見た STEM 教育の現状と課題、さらには STEM 教育の評価のあり方などについて紹介しています。また、理論と実践を結びつける章として、「知識の統合」へ向かう学びのプロセスとしての「問」の共同探究の重要性、科学的探究の本質の理解の促進、などについて理論的背景を踏まえ、実践例を分析しています。さらに、とかく数学は教科の連携等で道具と位置づけられることがありますが、数学教育の本質を考慮して、真正な実践へと結びつけるその考え方などについても説明をしています。理論編の最後では、STEM 教育を担う理科の教師教育の事例の紹介を行っています。

　実践的な第10章では、小学校から高等学校において、効果的に STEM 教育を実施するために、広島大学附属学校における実践（学習指導案を含む）を紹介し、どのような考え方や方法に基づき実践をしたかを示すとともに、児童生徒の学びの実態についても明らかにしています。このような実践に関わる諸資料を詳細に示すのは、まだ手探りの状態の STEM 教育を、より効果的にするためであり、国公私立や校種を問わず、実践へのヒントを提供するためです。

　本書は、日本型の STEM 教育をどう構築し、学校において展開していくかを主眼としているところに特色があります。そのため類書に比べると、理論だけでも無く、実践だけでも無い、両者を統合した内容構成であり、先にも示したように、大学の研究者や学生、さらには日々実践にあたっている教師も活用できるように配慮しました。

　最後になりましたが、実践をするに際して、広島大学附属学校の児童生徒の皆さん、校長先生をはじめとする先生方のご協力に深く感謝申し上げます。また、広島大学附属学校での実践を快諾していただきました広島大学副理事（附属学校担当）由井義通先生及び同附属学校支援グループの皆様には、記して謝意を申し上げます。また、粘り強く本書の出版を支えていただきました学校図書株式会社編修部の矢野高広様にも御礼申し上げます。

　本書が、日本の学校教育において、STEM 教育のよりよい実践につながるひとつの指針となることを願ってやみません。

令和5年5月　広島大学大学院人間社会科学研究科　磯﨑哲夫

執筆者一覧

第1章	磯﨑哲夫	（広島大学大学院人間社会科学研究科）	
第2章	上野耕史	（白鷗大学教育学部）	
第3章	日野圭子 川上　貴	（宇都宮大学大学院教育学研究科） （宇都宮大学共同教育学部）	
第4章	大谷　忠	（東京学芸大学大学院教育学研究科）	
第5章	石井英真	（京都大学大学院教育学研究科）	
第6章	齊藤萌木	（共立女子大学全学教育推進機構）	
第7章	中村泰輔 大嶌竜午	（茗溪学園中学校高等学校） （千葉大学教育学部）	
第8章	二宮裕之	（埼玉大学教育学部）	
第9章	網本貴一	（広島大学大学院人間社会科学研究科）	
第10章	赤松雄介	（広島大学附属小学校）	実践例1
	山本　唯	（岐阜市立小学校：執筆時広島大学附属小学校）	実践例2
	沓脱侑記 向田識弘	（広島大学附属福山中・高等学校：執筆時広島大学附属中・高等学校） （金沢学院大学教育学部）	実践例3 実践例3
	藤浪圭悟 岩知道秀樹 三浦利仁	（広島大学附属福山中・高等学校） （広島大学附属福山中・高等学校） （広島大学附属福山中・高等学校）	実践例4 実践例4 実践例4
	樋口洋仁	（広島大学附属中・高等学校）	実践例5

第 **1** 章　日本型 STEM 教育の構築に向けて

第 1 節　はじめに

　ミレニアムの頃から平成 29・30（2017・2018）年の小学校から高等学校までの学習指導要領改訂前後にかけて、世界的な教育の潮流としていくつかのことが指摘できる。例えば、経済協力開発機構（Organisation for Economic Cooperation and Development）は、2000 年に今後の社会において求められる資質・能力としてコンピテンシーを定義し（リテラシーはこの中に含まれる）、国際的な学力調査である PISA(Programme for International Student Assessment) を 2000 年から 3 年ごとに実施してきている。日本もこれまで参加していた TIMSS(Trends in International Mathematics and Science Study) に加え、PISA にも参加している。このコンピテンシーに加えて、経済協力開発機構は、2030 年の社会を見据えて、ウェルビーイング（well-being：仮訳として「健やかさ・幸福度」とされる場合がある）の向上を目指している。STEM(Science, Technology, Engineering, and Mathematics) 教育もそのような国際的な教育の潮流の 1 つであり、どの国家も政策的な関心事となっている。

　STEM 教育は、学校教育だけではなく、博物館などの社会教育施設における学びであるインフォーマルな教育においても実施されており、今後もその重要性は増していくであろう。また、小学校から高等学校までに限らず、STEM 教育は高等教育においても推進されている。本章では、小学校から高等学校までの学校教育を対象としながらも、高等教育についても必要に応じて言及する。

　ところで、STEM という用語は、上にも示したとおり、一般的に、Science, Technology, Engineering, Mathematics の頭文字をとった用語で、1990 年代の全米科学財団（National Science Foundation）において作られたとされる。ただ、科学・技術の振興という視点からすれば、イギリスでは 1830 年代にまで遡れるとする考え方があることも指摘され（磯﨑・磯﨑, 2021）、アメリカでは、STEM 教育の歴史について、いわゆる教育のスタンダードに関わる政策文書が公表された 1800 年代後期から紐解かれている（National Academy of Engineering, 2010）。いずれにしても、現在の STEM 教育が標榜され始めた時代的背景を見ると、1980 年代の後半のイギリスにおけるナショナル・カリキュラムの策定に続き、アメリカでは 1990 年代に科学や数学のスタンダードが策定され始めた時期で、新自由主義的な考え方が教育に取り入れられた時期であり、他方、20 世紀中頃に始まったとされる第 3 次産業革命により社会や産業構造の変革が急速に広まった時期でもある。これらのことは、一面において社会的要請、特に国際的な経済競争に打ち勝ち国家の地位を維持・向上することを意図した政界や産業界からの人材開発と見てとれる。なお、近年では Art(s) を加えて、STEAM という用語も用いられるようになった。いずれにしても、STE(A)M という用語は、欧米諸国がその発祥地であり、日本でもより近年その重要性が認識されるようになってきた。また、STEM 教育には、それに直接的に関係のある教科がある。日本には、欧米の影響を受けながらも、それぞれの教科には歴史的に培ってきた教科の専門性や本質がある。STEM 教育を考える際には、それらを無視することはできない。さらに、欧米諸国に淵源を持つ STEM 教育をそのまま日本に移植しても、必ずしも成功するとは限らない。

　本章では、理論的検討として、日本や諸外国の STEM 教育の動向やその関係する教科の歴史的な本質、このような状況において、実践のために「日本型」をどう定義するか等を検

討する。実践編では、理論的検討を踏まえて、日本における STEM 教育の実践のあり方について紹介する。

第2節　STEM 教育の理論的検討

1. S.T.E.M の歴史的な関係

1）第二次世界大戦以前の状況

　日本型の STEM 教育を考える上で、それぞれの教科教育の歴史について素描してみよう。まず、算数・数学（M）は、名称は時代により違えども、常に初等・中等教育においては学校カリキュラムに明確に位置づいていた。理科（S）は、やはり名称は時代により違えども、中等教育においては明治初年より同じく学校カリキュラムに位置づいていた。理科でも初等教育に関しては、算数（算術）と違い複雑である。明治初期は自然科学の各分科が科目として開設されていたが、総合的な教科「理科」が誕生したのは明治 19（1886）年の高等小学校（義務教育ではない）であった。その後、義務教育の延長などもあり、理科は尋常小学校 4 年生から教えられるようになった。おおよそ 150 年の初等理科教育の歴史において、約 1/3 の期間しか小学校低学年において理科は教えられていない。

　算数・数学教育と理科教育は、初等教育及び中等教育段階の学校カリキュラムに位置づけられていたけれども、明治初年から第二次世界大戦までの期間で、この 2 つの教科が国によるカリキュラムで統合されることはなかった。両方の教科が広領域カリキュラムとして 1 つの教科に包摂されたのは、戦時下の初等教育では昭和 16（1941）年、中等教育では昭和 18（1943）年からであった。この時期、戦争の影響もあり学校制度が改編されたことに伴い、算数・数学教育と理科教育が、理数科として新しい教科となった。特に中等教育では、理数科は、数学、物象（主として、物理、化学、地学、工業や工作的な内容）、生物の 3 科目から構成されることとなった。新しい教科である理数科で注目されるのが、3 科目に共通する教科の指針の設定とそれを受けたそれぞれの科目の目標が示されたことである。この教科の指針の下に、3 科目それぞれの内容構成に特徴が出されたものの、3 科目に共通する内容は設定されず他科目（数学と理科）との連携を重視する一方で、理科の内容と工学的・技術的な内容が統合された。実は、この第二次世界大戦期は、STEM 教育の 1 つの淵源と認められることが物象において見られた。それは、中等教育再編の前年、昭和 17（1942）年の教授要目改正で誕生した物象において、第 1 学年では「機械ト取扱ト分解、組立」、第 5 学年では「機械ト工業」が学習内容として組み込まれたことである。ここにカリキュラム上で理科と技術や工学（工作を含む）関係の内容が扱われることが明示された（日本放送出版協会, 1942）。この理数科の目標や内容構成の指針は、今後の STEM 教育のあり方の参考になる。

　技術（T）と工学（エンジニアリング）（E）は、算数・数学教育や理科教育とは事情が異なった。まず、今日の中学校技術・家庭科の技術分野や小学校の図画工作の淵源とも言えるのが、戦前の初等教育における手工である。ただ、手工は必修教科（算術や理科）とは違い、長い間加設科目や随意科目としての位置づけであった。それが、大正 15（1926）年に高等小学校において、手工は実業科目（農業や商業）から独立するとともに、実業科目にあらたに工業が加わり、手工、実業科目も必修（実業は選択必修）となった。このことについて、阿部（1936）は、手工は職業準備教育ではなく一般教育として独立したことを高く評価している。昭和 16（1941）年には、手工は芸能科中の工作となった。この工作では、機械の取り扱いを学ぶこととなった。結果として、ここに至り従来内包していた芸術的側面は削減されたと言

ってもよい。他方、中等教育に目を向けると、2つの方向性があった。1つは、昭和6 (1931) 年に旧制中学校に作業科が開設されたことであり、もう一方は、実業教育としての工業学校の設置である。尋常小学校・高等小学校 (戦時期の国民学校) は、基本的に一般教育 (普通教育や教養教育の意味) を主体としながらも、手工や実業科目が併置されている状況は、一般教育の枠内に職業準備教育が内包されていると言える。昭和6 (1931) 年以降の中学校 (戦時期の中等学校) も同様のことが指摘できる。これに対して、中等教育段階の工業学校は、職業準備教育としての工学に関する専門教育と数学や理科等の一般教育 (普通教育) から構成されていた。細谷 (1978) は、大正後期から昭和初期の高等小学校の工業、中学校の作業科が必修教科として成立したことを指して、一般教育のための技術教育の拡充の点で評価している一方で、近代的技術教育の理念 (数学や自然科学の知識を生産や生活に応用すること、逆に工学系の実習を通じて科学的知識を深化させること) の面では実践的意義がないことを指摘している。

　工学 (エンジニアリング)、とりわけ高等教育に関しては、明治初期からヘンリー・ダイアーを始めとするイギリス人の教授たちを中心に設立された工部大学校 (東京大学工学部の前身の1つ) がその始まりと言える。その後設立された他の帝国大学にも工学部が設置された。他方、中等教育段階では実業教育としての工業学校、中等教育後段階では実業高等専門学校としての工業高等学校などがそれぞれ存在した。このようにわが国の工学教育は、高等教育から発展していったけれども、初等・中等教育段階における実業教育の制度化は、実業教育に対する社会的関心が低く、文部官僚 (菊池, 1931) が、実業教育は苦難の道であったと指摘する程遅れていた。ただ、アメリカでは 1917 年のスミスヒューズ法により (例えば、磯﨑, 2010)、またイギリスでは 1944 年のバトラー法により、中等教育段階に本格的に職業準備教育が導入されたことを勘案すると、日本の中等教育段階の工業学校の制度化は時期的に遅いとは言えない。なお、この工業高等学校は、その後東京工業大学や大阪帝国大学工学部に、あるいは戦後、国立大学工学部に発展し、中等教育段階の工業学校は、戦後、新制の工業高校となる場合があった。このように、工学 (エンジニアリング) は、中等教育段階から高等教育段階において多様な種類の技術者を養成していた。戦前の工業学校や工業高等学校では、数学や理科 (とりわけ物理や化学) の学習は工学の専門教育のための基礎として実施されていた。

2) 第二次世界大戦後の状況 [1]

　戦後、アメリカの影響を強く受けた民主主義社会において、教育が再構築されていった。戦前と同じように、学校のカリキュラムは、分離教科カリキュラムに戻り、戦時中の広領域カリキュラムである理数科は、それ以前の状況と同じく、算数・数学と理科に戻ることとなった。昭和45 (1970) 年改訂の高等学校学習指導要領において、専門教育に関する学科として理数科が成立したけれども、それは理数数学、理数物理等で戦時中の理数科における科目間の連携 (あるいは統合) には大きな変化はなかった。なお、昭和33 (1958) 年に告示された中学校学習指導要領理科では、動力の伝達 (チェーン、歯車、クランク等)、電磁誘導の原理を応用したマイクロホンのはたらきなど、技術・工学的内容が含まれていた。

　これに対して、大学教育を除く学校教育の中で、一番変化があったのは技術であろう。昭和33 (1958) 年告示の中学校学習指導要領において、それまで一般教育の枠内で職業準備教育として位置づけられていた技術の内容が、新しく「技術・家庭」科として、明確に一般教育として成立した。ただ、その教科は男子向けと女子向けの内容で構成されていたり、男女で履修領域の選択制が採り入れられたりしていた。結局、平成元 (1989) 年改訂の中学校学習

指導要領によって、ようやく男子と女子で履修領域の範囲に差異を設けている扱いが改められた。なお、学習指導要領上で技術は1分野であるけれども、教育職員免許法上では1教科である。

これに対して、工業は、昭和22（1947）年に中学校学習指導要領職業科工業編（試案）、昭和26（1951）年に高等学校学習指導要領工業科編（試案）において位置づけられた。工業は、高等学校の専門学科として制度化されることとなり、一般教育と専門教育から構成された。ただ、戦後の社会状況から、工業は選択科目として中学校でも設定されており、昭和44（1969）年に改訂された中学校学習指導要領まで存在することとなった。また、戦前の工業高等学校のように主として中級の技術者の養成を目的に、昭和37（1962）年に5年制の工業高等専門学校が発足した。

大学の工学系学部に関してみると、戦後の社会状況に対する経済界からの要請に、中央教育審議会は、昭和32（1957）年に報告書『科学技術教育の振興方策』を文部大臣に答申した。そこでは、「産業の推進力たる科学技術者としては、幅広い教養を持ち、確固とした基礎学力を備え、高い専門技術を持つことが必要である」（中央教育審議会, 1957）とされた。幅広い教養と基盤となる基礎学力に専門技術を有した科学技術者とは、かつて工部大学校でダイアーが育成していた技術者そのものの考え方でもある。この答申では、従前の工業高等専門学校を母体とする大学工学部は、教職員の数と質、施設・設備等に問題があること、旧制大学を前身とする工学部も、施設・設備等に問題があることや教授方法が旧態依然のものが多いことなどが指摘されている。

ところで、科学、技術は、英語で Science、Technology に該当するが、英語の Science and Technology は科学・技術や科学技術（・無し）と訳される。中島（2010）によれば、科学と技術が融合したのが科学技術であり、その融合によって今日の工学やエンジニアリングが誕生し、工学教育は国により成立が大きく違っているとされる。以下では、慣習的に科学技術とする。科学と数学は学校教育における算数・数学と理科をその基盤としており、技術は中学校の1分野として存在する。しかしながら、工学教育は戦前と同じように高等教育と初等・中等教育ではその意味するところが違う場合がある。そこで、これらの状況を勘案して、小学校から高等学校までは、工学といわずにエンジニアリングと称した方が良いのかもしれない。

いずれにしても、S.T.E.M のそれぞれの教科（教育）の歴史がある。このことは、それぞれの教科（教育）には歴史的に培われてきた専門性や本質があることを意味している。

2. STEM 教育／ STEAM 教育の現状

1）海外の状況－ STEAM 教育を中心に

Perignat and Katz-Buronincontro (2019) によると、そもそも STEAM という用語は、STEM 分野の生徒の興味やスキルの向上を意図して 2007 年に創出されたとされ、STEM に A を加えた STEAM 教育は、生徒の創造性やイノベーション、問題解決スキルの向上とキャリアや経済的優位性のための雇用に必要なスキルの向上、を目的にしているとされる。ただ、STEAM では、A が人や立場により、絵画や写真といった視覚芸術からリベラルアーツや人文科学分野まで多様に解釈されていると指摘されている。

Aguilera and Ortiz-Revilla (2021) は、STEAM 教育に関して2つの考え方があることを指摘している。まず、2012 年の Yakman and Lee による論文の定義で、すべてにおいて数学的要素を基盤として、工学（エンジニアリング）とアーツ（the arts）を通した科学と技術の解釈

としての STEAM 教育である。もう一方は、2018 年の Zamorano-Escalona による論文の定義で、児童・生徒が日常生活において直面する諸問題を解決するために、科学、技術、工学（エンジニアリング）、アーツ、数学を学際的に統合する STEAM 教育である。

　以上のように、STEAM に関しては、STEM に A を加えた用語としては認識されてはいるものの、その定義は幅広く、A をどう解釈するかによっている。狭義の解釈では芸術として、広義の解釈ではリベラルアーツあるいは「STEM に含まれないその他すべて」という意味にも解釈される。

　ところで、アメリカのナショナル・エンジニアリング・アカデミー（National Academy of Engineering, 2010）は、学校教育（ここでは幼稚園から高等学校）の工学（エンジニアリング）教育について、以下のように定義している（『K-12（幼稚園から高等学校まで）の工学（エンジニアリング）教育スタンダード?』）。

　　工学（エンジニアリング）は、制約条件下でのデザインと定義され、これらの制約の最も基礎となるのは自然の法則である。・・・工学者（エンジニアー）は、人間のニーズや欲求を満たすようにデザインする。・・・科学者は今あるもの（what is）を発見するのに最も関心がある一方で、工学者はあるかも知れないもの（what might be）に関心がある。
　　工学者（エンジニアー）は、自分たちの仕事で科学や数学を活用する一方で、科学者や数学者は、自分たちの仕事に、工学（エンジニアリング）―技術（テクノロジー）―の成果物を活用する。 (pp. 6–7)

　ここでは、技術と工学（エンジニアリング）の関係についての詳細な説明はされていない。また、これより先、2009 年にナショナル・エンジニアリング・アカデミーとナショナル・リサーチ・カウンシルの合同による工学（エンジニアリング）教育委員会による報告書『K-12（幼稚園から高等学校）の工学（エンジニアリング）教育』では、STEM 教育においては、数学と科学は教科の歴史は古く、STEM 教育の主要な内容であるとし、技術教育は STEM 教育のレーダースクリーンにはまだ小さな一歩としてしか映っておらず、工学（エンジニアリング）教育に至ってはほとんど目に見えないレベルであると指摘されているが、技術と工学（エンジニアリング）のそれぞれの定義は示されているけれども、それらの関係については示されていない。この報告書で注目されるのは、STEM リテラシーの育成を図るべきであり、そのリテラシーの要素として科学的探究（scientific inquiry）とエンジニアリング（テクニカル）・デザイン（engineering (or technical) design）の育成を求め、それらの同異が示されていることである。例えば、科学的探究は特定の詳細な現象からはじまり一般化へと進むのに対して、エンジニアリング・デザインは一般的なルールやアプローチを駆使して、特定の解決策をゼロにするものであることや、デザインの善し悪しは個人や社会の価値観に左右されるけれども、科学では解答は価値観から独立していると示されている（Katehi et al., 2009：40）。その後、アメリカの教育省（National Assessment Governing Board, U. S. Department of Education [NAGB US Board of Education], 2013）によると、学校教育における技術と工学（エンジニアリング）について、以下のように示されている。

　　技術とは、人間のニーズや欲求を満たすために自然界やデザインされた世界のあらゆる変更である。
　　工学（エンジニアリング）とは、人間のニーズや要望に合うように事物、プロセス、システムをデザインするための体系的で、時にインタラクティブなアプローチである。

　　技術・工学（エンジニアリング）リテラシーとは、解決策を開発し、目標を達成す
　るために技術的原理やストラテジーを理解する資質・能力（capacity）と同様に、技
　術を利用し、理解し、評価する資質・能力のことである。　　　　　　（p. 1-4）

　これらの定義を見ると、いくつかのことがわかる。まず、技術と工学（エンジニアリング）には、明確な定義があるけれども、リテラシーの視点からは、学校教育においては必ずしも明確な区分を設けず、数学的リテラシーや科学的リテラシーと同様に、「個人が自分たちを取り巻く世界に知的かつ思慮深く参加するのに必要な道具やプロセスをどれほどよく理解しているかを図る指標」（NAGB US Board of Education, 2013：1-6）と1つのものとして定義されている。次に、科学が先で技術や工学がその応用・実用で一方通行的な科学技術のリニアモデルという考え方ではなくなっている。つまり、問題解決のためには、科学から技術と工学への一方通行ではなく、フィードバックがされる。そして、工学（エンジニアリング）や技術は、消費者・利用者としての人間を中心に置き、その人間のニーズ（要望）があり、そのニーズを技術や工学（エンジニアリング）で解決あるいは達成すること、と理解できる。これは、ある意味でデザイン思考でもある。その意味からすれば、STEAM教育のAが加えられた意味は、Art(s)でもあり、多様な知識を養うリベラルアーツ（Liberal Arts）でもあるけれども、技術と工学（エンジニアリング）と連携することで、デザイン思考（Design thinking）を育成する役割が強調されているとも言える。

２）日本の状況

　翻って日本では、例えば、教育再生実行会議が、令和元年（2019）年に第十一次提言を示し、この中で、「国は、幅広い分野で新しい価値を提供できる人材を養成することができるよう、初等中等教育段階においては、STEAM教育（Science, Technology, Engineering, Art, Mathematics等の各教科での学習を実社会での問題発見・解決に活かしていくための教科横断的な教育）を推進するため、『総合的な学習の時間』や『総合的な探究の時間』、『理数探究』等における問題発見・解決的な学習活動の充実を図る。」（教育再生実行会議, 2019：6）と提言されている。このような探究的学習が強調される状況下で、中央教育審議会は、令和3（2021）年に『「令和の日本型学校教育」の構築を目指して〜全ての子供たちの可能性を引き出す、個別最適な学びと、協働的な学びの実現〜』を答申している。この中で、STEAM教育の定義と目的を明確化している。まず、STEAMの定義は、多様としながらも、「STEAMの各分野が複雑に関係する現代社会に生きる市民として必要となる資質・能力の育成を志向するSTEAM教育の側面に着目し、STEAMのAの範囲を芸術、文化のみならず、生活、経済、法律、政治、倫理等を含めた広い範囲（Liberal Arts）で定義し、推進することが重要である。」（中央教育審議会, 2021：56-57）と指摘し、その目的として、人材育成と現代社会に生きる市民の育成、の2点を示している。ここで重要なのは、まず、目的が第4次産業革命[2]（日本では、Society 5.0[3]という表現もある）において、単に経済の国際競争力の背景にある科学技術に必要なイノベーションのための人の育成だけではなく、STEAMリテラシー（教養）を有した市民の育成を目指していることである。次に、STEAMのAを狭義の芸術に限定するのではなく、リベラルアーツと広義に解釈している点である。

　ところで、これまで、教育行政等に関しては歴史的に文部科学省（旧文部省）が管轄してきており、現在でもその体制に変更はない。しかしながら、近年では、経済産業省による「未来の教室」プロジェクト、農林水産省のイニシアティブによる食育、金融庁による金融経

済教育（金融リテラシー）など、他省庁による教育への関与が積極的に実施されてきている。上記の中央教育審議会の定義からすれば、食育や金融経済教育も STEAM 教育の 1 つの形と言える。経済産業省は、平成 30（2018）年 1 月に「未来の教室」と EdTech 研究会の第 1 回会議を開催し、その後会議を重ね、報告書（提言）を公表している。その第 2 次提言（経済産業省，2019）では、未来の教室の構築に向け 3 つの柱を明確に示している。それらは、学びの STEAM 化、学びの自立化・個別最適化、新しい学習基盤づくり（学習者中心、デジタル・ファースト、社会とシームレスな学校）、である。この報告書では、STEAM に関して、「今後の社会を生きる上で不可欠になる科学技術の素養や論理的思考力を涵養する『STEM』の要素に加え、そこに、より幸福な人間社会を創造する上で欠かせないデザイン思考や幅広い教養、つまりリベラルアーツの要素を編み込んだ学び」（経済産業省，2019：2）と定義されている。ここには、ウェルビーイングの考え方も見られるけれども、その実態を丁寧に読み解くと国際的な経済競争の基盤となる産業の人材育成に強調点が置かれるとともに、学習内容（コンテンツ）以上に、思考過程やプロセスが重視されていると言える。

　一見、STEAM 教育と STEM 教育とでは、STEAM 教育ではリベラルアーツが包含されており、より幅広い教養教育と捉えられ、科学技術を中心とした STEM 教育よりも、STEAM 教育は、効果的な教育に思える。ただ、2010 年から 2020 年までの生徒の創造性に関して、STEM 教育と STEAM 教育の先行研究論文を分析した Aguilera and Ortiz-Revilla (2021) によると、両方とも生徒の創造性を育成していると結論づけられている。

　以上のことを鑑みると、日本では、第 4 次産業革命における STEM 教育は、国家のイニシアティブのもと産業界も取り込み、リベラルアーツを含めた STEAM 教育として、科学技術系の人材開発と STEAM リテラシーを有した市民の育成を目的として推進されていると言える。そして、STEM 教育であろうが STEAM 教育であろうが、実社会での問題発見・解決的な活動を行う教科横断的な教育で、「探究」活動が重視されている。ただ、注意しなければならないのは、STEM 教育については、伝統的に培われてきた各教科の専門性や本質を理解した上での教科横断的な教育と捉えないと、実社会における問題発見・解決的な活動ではこれまで学び獲得した知識やスキルが活用できないし、何でもありのコンテンツ・フリーな学習として発散する危険性も出てくる可能性がある。このことは、STEM 教育では、これまで以上に社会的文脈が重視されるけれども、学問的文脈を無視してはいけないことを意味している。つまり、STEM 教育は、教育の現代化に続く学習内容の再構築化を促しているとも捉えられる。なお、これ以降は、特に断らない限り、本章では、STEAM は STEM と統一して表記する。

3．STEM 教育は何を目指すのか
1）STEM リテラシーとは
　経済協力開発機構による PISA 調査以降、世界的な教育の潮流として、リテラシーの育成が目指されている。このことを考えれば、STEM 教育では STEM リテラシーの育成が必然的に目指される。しかしながら、この STEM リテラシーに関しては、例えば、Zollman (2012) は、文献調査の結果から、STEM リテラシーに関する共通した定義はなく、社会的、経済的必要性は取り入れられていても個人的必要性に関しては見落とされていると指摘している。Martine-Páez et al. (2019) では、2013 年から 2018 年の STEM 関連論文の調査結果から、STEM 教育とは、科学、技術、工学（エンジニアリング）、数学に特有の内容とスキルを統合する教授アプローチと捉え、STEM 教育の用語の統一とその 4 領域を同時に学ぶという

STEM 教育のビジョンの必要性を主張している。これらの文献調査の結果は、STEM リテラシーの明確な定義に関するコンセンサスが未だに得られていないことを意味している。わが国においても、このことは同じような状況である。

　このような状況の中、Zollman (2012) は、STEM リテラシーは、（1）科学的リテラシーといったそれぞれのリテラシーとその他のリテラシー、（2）社会的、経済的、個人的要求、（3）認知的、情意的、精神運動的領域（ブルームのタキソノミーを参考にしている）から構成され、それらが層状であることを提案している。また、Bybee (2013) は、STEM リテラシーは次の4つから構成されるとしている。（1）生活場面における諸問題を見いだし、自然界や人工物を説明し、STEM が関係する諸問題に対して証拠に基づいた結論を導き出すための知識、態度、スキル、（2）人間の知識、探究、デザインという形で現れる STEM 領域の特徴の理解、（3）STEM 領域がどのようにして私たちの物質的、知的、そして文化的環境を作り出しているかの認識、（4）建設的で、関心がある省察的な市民として、科学、技術、工学（エンジニアリング）、数学の考え方を持ち、STEM が関連する諸問題に取り組む意欲 (p. 65)。もちろん、彼らが指摘しているように、統一された明確な定義は無いにしろ、Zollman (2012) と Bybee (2013) の提案は、日本における STEM リテラシーを定義する上で参考にすべきであろう。まず、STEM リテラシーは、Society 5.0 に生きる児童生徒が身につけるべき共通的なリテラシーとして位置づけ、S.T.E.M. それぞれのリテラシーを加算した以上のもの（つまり、高次のリテラシー）であること。次に、国家的（社会的、経済的）要求に加えて、リテラシーを有した将来の市民としての要求（責任も伴う）を考慮すること。そして、ブルームのタキソノミーを参考にしながら、生活場面で生起する教科横断的な STEM のテーマ（決してコンテンツ・フリーではない）をまず設定して、そのテーマに合った3つの資質・能力「知識及び技能（スキル）」、「思考力、判断力、表現力等」、「学びに向かう力、人間性等（態度）」を明示することが重要となる。なお、石井（2002）が指摘しているように、ブルームのタキソノミーの認知領域では構成主義や知識の領域固有性に注意をする必要がある。

2）STEM literacy for all と STEM literacy for excellence

　ところで、わが国はもとより諸外国の政府系の報告書などを見ると、STEM 教育は将来のイノベーションを担う人材開発の視点が強いと思われる。わが国では、戦後経済団体から教育に関する提言もされてきたが、日本経済団体連合は、例えば平成26（2014）年2月に「理工系人材育成戦略の策定に向けて」を公表し、欧米では STEM 教育を創造性や起業家精神の涵養を加味しながら推進されているのに対して、わが国では理科離れが進んでいる状況から、科学技術系人材育成を国家戦略と位置づけ推進することを提言している（日本経済団体連合会, 2014）。また、平成30（2018）年には文部科学省内の Society 5.0 に向けた人材育成に関わる大臣懇談会（省内タスクフォース）が、Society 5.0 における人材育成として、高等学校における STEAM 教育について、すべての生徒に学ばせる必要があるとしながらも、「より多くの優れた STEAM 人材の卵を産みだし、将来、世界を牽引する研究者の輩出とともに、幅広い分野で新しい価値を提供できる数多くの人材の輩出につなげていく」（文部科学省, 2018：13）と指摘している。どちらも、STEM 教育の基本的な考えに、将来の科学技術系人材の育成が色濃く反映されている。それ故に、STEM 教育とスーパーサイエンスハイスクールが結びつけられる傾向があると言えるだろう。ただ、先にも示したように、令和3（2021）年の中央教育審議会の報告書では、for excellence よりも for all の考え方が前面に出されていると言ってもよい。

では、本当に STEM 教育は、将来の科学技術系人材のため、つまり STEM literacy for excellence だけでよいのであろうか。先にも示した Bybee (2013) は、STEM 分野から日常生活へ知識を適用することができる将来の市民の育成が STEM 教育に求められていると主張している。このことは、すべての児童生徒のための STEM リテラシーの育成、つまり、STEM literacy for all の立場の視点が必要であることを意味している。先にも示したように、Society 5.0 における国民共通の教養として STEM リテラシーを育成する一方で、将来の科学技術系人材の育成を視野に入れることが賢明であろう。

　そのように STEM リテラシーを捉えると、今後の日本の STEM 教育を考えるためには、次の2点が重要となる。まず、for all と for excellence を二項対立と考えないことである。後者を強調しすぎるとカリキュラムが必然的に学究的になる傾向があり、理科離れの一因になることは歴史が証明している。後者は前者に内包された重要となる1つの要素と捉えてカリキュラムを構成する必要がある。次に、STEM リテラシーを育成することが究極的な目標ではない。あくまでも日常生活において STEM リテラシーをいかに活用するかである。Zollman (2012) は、STEM リテラシーを獲得するための学びから、学び続けるために STEM リテラシーを活用することを主張しているが、これは、STEM literacy *in-action*（*行動における STEM リテラシー*）に通じる。これからの第4次産業革命の社会あるいは Society 5.0 では、単にリテラシーを育成するだけではなく、社会で生活したり活動したりする上で、そのリテラシーを如何に活用するかが問われる。STEM リテラシーは、主として学校において育成される部分も多いけれども、かつて「学校理科校門を出ず」と揶揄されたように、「STEM 教育校門を出ず」にならないようにすることが重要である。それ故にこそ、児童生徒にとってリアルな文脈で STEM 教育を実施することが大切である。

4.「日本型」STEM 教育の構築に向けて
1)「日本型」をどう捉えるか

　明治時代以降、日本の教育は、西洋諸国を中心とした国際的な教育の影響を受けながらも日本の文化や社会状況等を勘案し、再文脈化あるいは脱文脈化させて今日の日本の教育を形作ってきた。近年では、海外へ日本の教育を普及させることも行われている。この日本型の教育について、令和3（2021）年に公表された中央教育審議会の報告書『「令和の日本型学校教育」の構築を目指して』では、知・徳・体を一体で育むカリキュラム、法令による教育機会の均等と教育水準の維持・向上の基盤となる制度、全人格的な陶冶、社会性の涵養を目指す教育等が日本型教育の特徴として指摘された。ただ、これは教育全体であり、教科の教育に限定されることではない。

　これまで、STEM 教育に主として関係する教科の歴史や、諸外国の STEM 教育の動向を素描してきたが、STEM 教育に関わる解釈やそれぞれの教科の歴史により培われてきた専門性や本質は、時代にもより、また国によっても必ずしも同じではない。教育は、グローバル化の影響を受けながらも、多分にその国の文化的伝統や社会情勢に影響を受けており、不易と流行がある。例えば、理科教育では、日本ではその目標に「自然」がキーワードとなってきた。これは明治期からの伝統であり、自然の法則を探究する西洋の "Science" を起源としながらも、自然との調和を大切に考える日本の理科の特色と言える。これに対して、イギリスの科学教育では "Nature" が目標の中でキーワードになることは稀である。これは自然観の違いと言ってもよい。さらに、世界に先駆けて第1次産業革命を起こしたイギリスは、初等教育段

階や中等教育段階で科学が国によって必修として課されたのは、1988年教育改革法（もっとも直接的には私立学校は対象外であった）であり、日本ではそもそも明治初期から学校では必修教科であった。また、イギリス人の教授陣によって明治初期より制度化された工学教育は、イギリスのそれよりも極めて体系化されていた。これも、両国の工学（エンジニアリング）に対する考え方の違いである。この他にも、授業方略に関しても国による違いが認められる。例えば、TIMSS1999のビデオスタディーにおいて、中学校の数学や理科の特色が浮き彫りにされている。また、欧米諸国では、Mathematicsが小学校から始まるけれども、日本は算数であり、数学ではない。一般教育としての技術は、日本では紆余曲折があったけれども中学校のみで技術・家庭科の1分野であるのに対し、例えば、イギリスではDesign and Technologyが初等教育段階と前期中等教育段階（5歳～14歳）で設定されている。職業準備教育（戦前では実業教育）として位置づけられてきた工学教育も、校種（教育段階）による違いはあったものの、その始まりから専門教育（理論と実践の組み合わせと往還に特色がある）だけではなく一般的な教養教育も重視されていた。

　以上のことを勘案すると、「日本型」とは、学習指導要領を含む教育の法令を基盤とし、欧米でのSTEM教育の理論や実践をそのままの形で採り入れるのではなく、日本の教育的伝統や歴史で培われ形成されてきた教科の専門性や本質、グローバル化における日本の社会状況などを十分に勘案して、脱文脈化、あるいは再文脈化し、Society 5.0や第4次産業革命における学校教育に適用すること、と定義するのがよいであろう。

2）STEM教育と総合的な学習との関係

　これまで見てきたように、基本的に学校カリキュラムは、伝統的に分離教科カリキュラムであり、教科を統合することは多くはなかった。このような日本の伝統的な学校カリキュラムにおいて、平成10・11（1998・1999）年告示の学習指導要領の改訂から、小学校から高等学校まで、総合的な学習の時間（Period for Integrated Studies）が設定された。また、平成30（2018）年告示の改訂された高等学校学習指導要領では、これまでの総合的な学習の時間から総合的な探究の時間（Period for Inquiry-Based Cross-Disciplinary Study）へと変更された。ここで注目されるのは、2つである。まず、諸外国の学校カリキュラム以上に、教科、総合的な学習、特別活動などから学校カリキュラムが構成されていることである。次に、このことに関連して、総合的な学習と教科との関係をどう考えるかである。教科と総合的な学習は一方通行的ではなく、双方向的な関係にあって、学校カリキュラムの目的を達成する必要がある。なお、文部科学省が示している英語名では、総合的な学習の時間は"Integrated"が用いられ、総合的な探究の時間では"Cross-Disciplinary"が使用されている。総合的な学習の時間は、あるトピックやテーマについて関連する教科や活動を統合するというイメージであり、総合的な探究の時間は教科や活動の領域を超えたあるいは関係するトピックを多角的・多面的な視点やアプローチで探究するというイメージであろうか。だからこそ、先にも示したように、STEM教育と総合的な学習とでは、「探究」をキーワードにすれば、共通する部分も認められる。

　この「探究」とSTEM教育は、具体的にはどのような関係にあるのだろうか。例えば、理科教育における科学的探究活動とSTEM教育における探究活動には、ある共通する関係を見いだすことができる。それは、両者の目的や方法である。まず、そのプロセスは、自然界や日常生活における問題を見いだし、学んだ知識や獲得したスキルをネットワーク化あるいは統合し、多様な方法（観察や実験、多様な調査や論証活動（argumentation）等）を駆使し、

問題を解決し、新たな知識やスキルを獲得する。そして、最終的に根拠に基づいて日常生活の文脈や社会的文脈で生起する問題に対して、意思決定ができることである。つまり、リアルな文脈で探究活動を行うことが重要となる。この過程で、学習者は、メタ認知を高め、内化と外化の往還をし、個人はもとより他者と協働的に問題の解決に取り組んだりすることを通して、社会的・情動的スキルをも育成することになる。このような過程で多様な資質・能力を身につけることが、その探究活動の目的と言える。理科教育の科学的探究活動は、理科という限られた教科であるけれども、STEM 教育では、数学や理科、技術だけではなく、人文科学に関わる教科や他の領域・活動とも連携しながら実施することが求められる。そのため、科学的プロセス以外にもデザインプロセスを組み合わせたり、モデリングを取り入れたりあるいは証拠に基づく論証活動等をより取り入れたりする場合もあろう。この場合、人間（消費者・利用者）を問いの中心に置き、他者と協働して多様な方法を駆使してリアルな文脈における問題に取り組み、省察をしながら解決し、意思決定に繋げることになる。その意味で、後述するように、教科の枠組みを超えた総合的な学習においても STEM 教育は十分に実施しやすいものである。

第3節　STEM 教育の実践に向けて

1. Integration（統合）か Collaboration（連携）か

　欧米では STEM 教育を実施するに際して、Integration（統合）や Collaboration（連携）という用語が使われる。Drake and Burns (2004) や Vasquez et al. (2013) によれば、Integration には、共通するテーマに関して児童生徒が概念やスキルをテーマに関係するそれぞれの教科で学ぶ Multidisciplinary integration/approach（多教科的統合：仮訳）、さらに統合度が増して、知識やスキルをより深化させるために、複数の極めて関係する教科概念やスキルを児童生徒が学ぶ Interdisciplinary integration/approach（教科横断的統合：仮訳）、そして教科という枠組みを超えて、実社会の問題やプロジェクトに取り組むことで、児童生徒が複数の教科の知識やスキルを応用し、学習経験を共有する Transdisciplinary integration/approach（学際的統合：仮訳）がある。なお、Multidisciplinary integration/approach は教科横断的で教科の枠組みが存在しているのに対して、Interdisciplinary integration/approach は教科の枠組みは残しながらもより教科を統合した形であり、その本来の意味をわかりやすくするために仮訳とした。Transdisciplinary integration/approach では、現実世界の問題解決―これこそが解決すべき必要性であり欲求である―を取り上げられることが意図されているけれども、例えば、理科の学習における問題解決や探究活動では、現実世界で生起している問題―自然に畏怖や畏敬の念を抱いたり驚嘆し、それを探究したい欲求から生じる場合もある―を取り上げ、それを「科学的」に探究し解決することになるのに対し、単に理科でいう科学的プロセスだけではなく、デザインプロセスなども取り入れ、これまで多様な教科学習などで獲得してきた知識やスキルを駆使して探究し、問題解決を行うことにある。このように捉えれば、Transdisciplinary integration/approach は、先にも述べたように、総合的な学習の時間や総合的な探究の時間（以下、総合的な学習とする）により適合するとも考えられる。いずれの段階でも、その強弱の差はあっても、教師の連携（協働）が必要となる。

　ところで、現行の学習指導要領において STEM 教育を実施する場合、総合的な学習、あるいは高等学校では教科である理数探究で実施することも可能である。理数探究はその名称

から明らかなように、STEM を構成する数学と理科が中心となり取り組みやすい部分もあるけれども、総合的な学習では、いくつか考慮しなければならない点がある。まず、かつて総合的な学習の時間が導入された際に、教科との結びつきが問題となった点である。次に、誰が中心になって指導するかという点である。

　総合的な学習と教科の関係をどのようにするか。これについては、かつて戦後日本でも一部実践されていた、子どもの生活上の問題を解決するコア課程とそれを支える専門分化した教科の知識やスキルを基盤とする周辺課程からなるコアカリキュラムとの関係が想起される。ただ、コアカリキュラムは学校カリキュラム全体であるのに対し、総合的な学習はあくまでも学校カリキュラムの一部の「時間」であること、周辺課程がコア課程を一方的に支えるのではなくコア課程の学びを周辺課程へ還元する両方向の関係を持つこと、などに留意する必要があろう。

　日本の教育職員免許法では、小学校は別として中・高等学校では、教科に基づいた免許が授与されるため、総合的な学習専科の免許状はない。従って、総合的な学習を実施する際は、中・高等学校であれば教科担任が中心となり、STEM 教育であれば、理科や数学、技術の教員が中心となる場合が多いであろう。小学校の場合は、1 人で受け持つこともあるが、同僚の教師や外部の専門家と協力し合う機会も多くなる。教科の学習のように学習指導要領や教科書はないこと、そもそも教員養成教育において STEM 教育に関する学びの機会は極めて限られていること、などから、STEM 教育を担当する教師は、教科の枠組みを超えて連携し協働する必要がある。Collaboration（連携）では、学習を通して学習者が知識をネットワーク化あるいは統合させて取り組むことになるけれども、一方で学習の準備段階において学習者がどのような知識やスキルを学習で使用したりネットワーク化あるいは統合させるかを教師同士で綿密に打ち合わせして計画し、学習後においては学習者の目標の到達度を省察する段階で、さらに教師同士の連携による学習者の成果の判断とフィードバックが重要となる。そのため、この STEM 教育の統合（Multidisciplinary から Transdisciplinary まで）は、教員養成教育のあり方に再考を促すことになるであろうし、他方、現職教育においても、A をどう解釈するかにもよるが、これまでの総合的な学習の研修の経験を生かしながら、STEM 教育の目的や統合の仕方に関する研修の機会が求められるであろう。

　以上のことから、STEM 教育は、4 つの教科・領域をすべて統一し、それぞれが同等の関係にある 1 つの形で実施しなければならないと固定化して考えるよりも、統合という概念をより柔軟に考えて、学習者がこれまで 4 つあるいはそれ以外の教科・領域で学んで獲得したあるいは現在学んでいる知識、またスキルや態度などをリアルな文脈で社会の諸問題に対してネットワーク化あるいは統合して探究し解決する機会をどのようにして提供するかが重要となろう。それこそが STEM literacy *in-action* に繋がると言える。そのために、教師の連携が求められる。

2. 具体的な実践にむけて

　本書では、いくつかの章でも実践について示されているところもあるので、それも参考にしながら、第 10 章では実践編として広島大学附属学校における STEM 教育の実践例を掲載した。個々の詳しい実践については、それぞれ実践例をご覧頂ければよいので、ここでは、これらの実践の基盤となる基本的な考え方について解説する。
　1）小学校から高等学校までの STEM 教育の実践を対象とした。ただ、国内外の動向も考慮して、STEAM 教育として食育（小学校）も実践に取り入れた。

2）統合のアプローチは、Multidisciplinary and Interdisciplinary approaches を基本と
している。これは、Transdisciplinary approach はどちらかと言えば総合的な学習に
相応していると捉え、そこで STEM 教育を実施するには、それぞれの学校の教師全体
で STEM 教育について共通的に理解する必要があること、教科のカリキュラムマネジメ
ントの観点から、まずは STEM 系教科の教員が担当し、その実践の成果と課題を学
校全体で共有し、徐々に Transdisciplinary approach に移行する方が得策と考えられ
ること、などからである。つまり、まずは、教師のこれまで慣れてきた教科を主体に他
教科の教師とどのように連携ができるかを考えた。

3）次に、本実践は定期的にオンラインで会議を持ち、附属学校教師が他校の実践に対
して忌憚のない意見交換をすることを通して、STEM 教育とは何かの理解をし、他教科
（小学校の実践では栄養教諭や養護教諭も含め）の教師とどのように連携（協働）す
るかを模索した。このことは、連携（協働）の準備段階で、どのような計画を立て、何
を目標にし、何を学ぶか、そのためにはそれぞれの教科の目標（知識やスキルなど）と
の整合性を確認する必要がある。会議ではこの一連のプロセスを明確化することを意
図した。連携（協働）の形も、理科を中心としながらも、他教科と連携して授業を実
施するパターンや、理科教師が他教科の教師と相談し他教科での学習との結びつけを
意識したパターンなどを策定した。

4）「国立大学附属学校であるからこのような STEM 教育が実施できる」という思い込みを
少しでも払拭し、国公私立や校種に限らず、どのようにすれば STEM 教育を始められ
るか、という考え方を重視した。そのため、実践によっては教育実習生にも意見を聞き、
交流人事でこられた先生にも実施をお願いし、どのように STEM 教育を考え、どのよ
うな形で他教科の教師と連携し、いかなるプロセスを経ていけば実施できるか、実践
での問題点や課題は何か、などを明確化することを重視した。さらに、公立小学校の
教諭からも公立学校での実践の視点から批評を頂いた。

問 い

1 STEAM という用語は、何を表しているだろうか。
   hint 科学・技術系、リベラルアーツなどの教科・領域の接頭語
2 STEM 教育を構成する教科の歴史について、図書館で調べてみよう。そして、校種の違
   いによりどのような STEM 教育が実施できるかを話し合ってみよう。
   hint 教師の免許状、統合アプローチの方法などを参考に話し合ってみよう。
3 STEM 教育を総合的な探究（学習）の時間で実施する際に、問題となる点や注意すべき
   点について考えてみよう。
   hint 現在実施されている、あるいはこれまで受けてきた総合的な学習を思い出しながら
        考えてみよう。また、本書第 5 章も参照してみよう。
4 STEM 教育は、これからの日本の教育にとって必要であると思いますか。なぜそのよう
   に思うのか理由を説明してみよう。
   hint STEM 教育を人材開発と国民共通の教養の観点から考えてみよう。

註
1）戦後の学習指導要領は以下の国立教育政策研究所学習指導要領データベースを活用した。
  https://erid.nier.go.jp/guideline.html
2）2016 年の世界経済フォーラム（通称：ダボス会議）で提唱された。20 世紀中頃から後半の第 3 次産業革命

に続き、ナノテクノロジーや量子コンピュータ、遺伝子解析といったテクノロジーが融合し、物理的、デジタル、生物学的領域で相互作用をおこし、新たな経済発展や社会構造の変革につながる可能性のある産業革命である。Schwab, K. (2017): *The fourth industrial revolution*. Currency. [first published in 2016]（邦訳：シュワブ，K. 著（世界経済フォーラム訳）(2016)：第四次産業革命―ダボス会議が予測する未来，日本経済新聞社。)

3）内閣府によれば、Society 5.0 とは、「サイバー空間（仮想空間）とフィジカル空間（現実空間）を高度に融合させたシステムにより、経済発展と社会的課題の解決を両立する、人間中心の社会（Society）」である。https://www8.cao.go.jp/cstp/society5_0/

文献

阿部七五三吉（1936）：手工教育原論，培風館．

Aguilera, D., & Ortiz-Revilla, J. (2021): STEM vs. STEAM education and student creativity: A systematic literature review., *Education Sciences*, 11, 7, 1–13.

Bybee, R. W. (2013): *The case for STEM education*: *Challenges and opportunities*, National Science Teachers Association (NSTA) Press.

中央教育審議会（1957）：科学技術教育の振興方策（答申），文部省．
　　https://www.mext.go.jp/b_menu/shingi/chuuou/toushin/571101.htm

中央教育審議会（2021）：「令和の日本型学校教育」の構築を目指して 〜全ての子供たちの可能性を引き出す，個別最適な学びと，協働的な学びの実現〜（答申），文部科学省．
　　https://www.mext.go.jp/content/20210126-mxt_syoto02-000012321_2-4.pdf（取得日 2022 年 6 月 1 日）

Drake, S., & Burns, R. (2004): *Meeting standards through integrated curriculum. Alexandria*, Association for Supervision and Curriculum Development.

細谷俊夫（1978）：技術教育概論，東京大学出版会．

石井英真（2002）：『改訂版タキソノミー』によるブルーム・タキソノミーの再構築―知識と認知過程の二次元構成の検討を中心に―，教育方法学研究，28，47–58．

磯﨑尚子（2010）：アメリカ中等学校におけるホーム・エコノミックス教育の成立過程に関する研究，風間書房．

磯﨑哲夫・磯﨑尚子（2021）：日本型 STEM 教育の構築に向けての理論的研究―比較教育学的視座からの分析を通して―，科学教育研究，45，2，142–154．

Katehi, L., Pearson, G., & Feder, M. (Eds.) (Committee on K–12 Engineering Education) (2009): *Engineering in K–12 education: Understanding the status and the improving the prospects*, National Academy Press.

経済産業省（2019）：「未来の教室」ビジョン 経済産業省「未来の教室」と EdTech 研究会 第2次提言，経済産業省．
　　https://www.meti.go.jp/shingikai/mono_info_service/mirai_kyoshitsu/pdf/20190625_report.pdf（取得日 2022 年 6 月 10 日）

菊池豊三郎（1931）：序，文部省実業教育学務局編纂「実業教育五十年史」，序 1 − 2，実業教育五十周年記念会．

教育再生実行会議（2019）：技術の進展に応じた教育の革新、新時代に対応した高等学校改革について（第十一次提言），文部科学省．
　　https://www.mext.go.jp/kaigisiryo/2019/05/__icsFiles/afieldfile/2019/05/21/1416597_04.pdf（取得日 2022 年 7 月 30 日）

Martín-Páez, T., Aguilera, D., Perales-Palacios, F. J., & Vílchez-González, J. M. (2019): What are we talking about when we talk about STEM education? A review of literature., *Science Education, 103* 4, 799–822.

文部科学省（Society 5.0 に向けた人材育成に関わる大臣懇談会）(2018)：Society 5.0 〜社会が変わる、学びが変わるに向けた人材育成〜，文部科学省．
　　https://www.mext.go.jp/component/a_menu/other/detail/__icsFiles/afieldfile/2018/06/06/1405844_002.pdf（取得日 2021 年 6 月 20 日）

中島秀人（2010）：科学・技術から科学技術へ，中島秀人編著「エンジニアのための工学概論―科学技術社会論からのアプローチ」，3-14，ミネルヴァ書房．

National Academy of Engineering (2010): *Standards for K–12 engineering education?*, National Academy Press.

National Assessment Governing Board, & Department of Education, U.S. (2013): *Technology and engineering literacy framework for the 2014 national assessment of educational progress*, National Assessment Governing Board.
　　https://files.eric.ed.gov/fulltext/ED563947.pdf (accessed on the 9th September 2022)

日本経済団体連合会（2014）：理工系人材育成戦略の策定に向けて，日本経済団体連合会．
　　https://www.keidanren.or.jp/policy/2014/013.html（取得日 2022 年 7 月 15 日）

日本放送出版協会（1942）：文部省中学校高等女学校数学及理科教授要目解説要項とその趣旨，日本放送出版協会．

Perignat, E., & Katz-Buronincontro, J. (2019): STEAM in practice and research: An integrative literature review., *Thinking Skills and Creativity*, 31, 31–43.

Vasquez, J. A., Sneider, C., & Comer, C. (2013): *STEM lesson essentials, grades 3–8: Integrating science, technology, engineering, and mathematics*, Heinemann.

Zollman, A. (2012): Learning for STEM literacy: STEM literacy for learning. *School Science and Mathematics*, *112* 1, 12–19.

第2章 STEM教育の政策と方向性

　米国で「STEM教育強化10の指針」が打ち出されたのがブッシュ政権時代の2006年であり、その後、オバマ政権時代の2013年にSTEM教育の国家戦略が発表され、世界中でこの教育が認知されるようになったと言われている。一方、日本の教育に関する政策等を確認すると、文部科学大臣から中央教育審議会に対して「初等中等教育における教育課程の基準等の在り方について」諮問が行われたのが平成26（2014）年11月であることから、本章ではこの時期以降の答申等に示されたSTEM教育等の位置付け・目標等を確認し、5つの段階に分けて整理していく。

第1節　STEM教育

　平成26（2014）年11月の文部科学大臣からの諮問を受け、「中央教育審議会」では様々な審議が進められ、その結果が平成26（2014）年11月に「幼稚園、小学校、中学校、高等学校及び特別支援学校の学習指導要領等の改善及び必要な方策等について（答申）」として公表された。「第2部　各学校段階、各教科等における改訂の具体的な方向性」の「第1章　各学校段階の教育課程の基本的な枠組みと、学校段階間の接続」における「2. 小学校」における「（3）情報技術を手段として活用する力やプログラミング的思考の育成」の部分に、以下のように「STEM教育」について示されている。

> ○各教科等における指導内容のイメージについては、別紙3－2に示すとおりであるが、算数や理科については、科学、数学と技術分野を総合的に重視するSTEM（Science, Technology, Engineering and Mathematics）教育の視点を踏まえ、例えば、理科において電気の性質や働きを利用した道具があることを捉える学習等を行う際、また、算数において多角形などの図の作成等を行う際に、プログラミングを体験しながら、プログラミング的思考の良さに気付く学びを取り入れていくこと等が考えられる。その場合において、学校における適切な指導を行うためには、教科等における学習上の必要性や学習内容と結びつけられた教材等が重要となる。
>
> 　　　　　　　　　（中央教育審議会, 2016：91, 下線は筆者による。以下、同様。）

　ここでSTEM教育は、「科学、数学と技術分野を総合的に重視する教育」と定義され、算数や理科の指導にどのようにTechnology（以下「T」）又はEngineering（以下「E」）としてのプログラミングに関する学びを取り入れるか検討する視点として示されている。
　また、「第2章　各教科・科目等の内容の見直し」では、「3. 算数、数学」と「4. 理科」のそれぞれ、「②教育内容の改善・充実」の「ⅱ）教育内容の見直し」の部分に以下のように示されている。

> 3. 算数、数学
> ○ これからの時代を生き抜くため、米国等ではSTEM（Science, Technology, Engineering and Mathematics）教育の推進が図られており、その基盤に数学が位置付けられている。数学には、諸事象に潜む数理を見いだし、それを的確に表現することへの大きな期待が寄せられている。また、PISA調査の読解力の定義が、読むテキストの形式として物語、論説などの「連続テキスト」と、表、図、ダイヤグラムなどの

「非連続テキスト」があり、両者を含めて読む対象とするとして、より広い言語観に立って規定されているなど、言語としての数学の特質が一層重視されてきており、このことに配慮する必要がある。　　　　　　　　　　　　　　（中央教育審議会，2016：143）

　4．理科

○ また、現代社会が抱える様々な課題を解決するためにイノベーションが期待されており、<u>世界的にも理数教育の充実や創造性の涵養が重要視されており、米国等におけるSTEM 教育の推進はその一例である</u>。STEM 教育においては、問題解決型の学習やプロジェクト型の学習が重視されており、我が国における探究的な学習の重視と方向性を同じくするものである。探究的な学習は教育課程全体を通じて充実を図るべきものであるが、観察・実験等を重視して学習を行う教科である理科がその中核となって探究的な学習の充実を図っていくことが重要である。　　　　　（中央教育審議会，2016：148）

　ここで STEM 教育は、「これからの時代を生き抜くために必要な資質・能力を育成する教育」として示されており、この教育における Mathematics（以下「M」）や Science（以下「S」）の役割等から、今後重視すべき数学や理科の特質を説明している。

　このように、この時期では、STEM 教育の有用性は認識されており、米国における STEM 教育の推進と、我が国における探究的な学習の重視とは方向性を同じくしているとの指摘もされているが、その位置付けは、特定の教科等の内容や学習方法を改善する視点として用いられるにとどまっていたと考えられる。

第2節　STEAM 教育

　平成 29・30（2017・2018）年告示学習指導要領の改訂に関する作業が一段落しつつある時期から、第5期科学技術基本計画 (平成 28（2016）年1月22日閣議決定) で提唱された社会の姿である Society 5.0 の実現に向けた教育改革の方向性について検討が進められ、その中で「STEAM 教育」について示されている。

1．Society 5.0 に向けた人材育成〜社会が変わる、学びが変わる〜

　平成 29（2017）年 12 月、林芳正文部科学大臣を座長に、Society 5.0 の実現に向け、及びその進展の中で、広く国民にはどのような能力が必要か、また、社会を創造し先導するためにどのような人材が必要かについて、その社会像を具体的に描きながら議論することを目的にした「Society 5.0 に向けた人材育成に係る大臣懇談会」が9回開催された。さらに、文部科学省の課長級の職員に加えて課長補佐・係長級も含めた相当数の若手職員が参加した「新たな時代を豊かに生きる力の育成に関する省内タスクフォース」が設置され、先の懇談会における議論を踏まえ、我が国の教育政策としてとるべき施策について議論を進め、平成 30（2018）年 6 月に「Society 5.0 に向けた人材育成〜社会が変わる、学びが変わる〜」（以下「大臣懇談会まとめ」）として公表された。ここでは、「Society 5.0 に向けた人材育成に係る大臣懇談会」の議論に基づく「Society 5.0 の社会像と求められる人材像及び学びの在り方」が第1章に、「新たな時代を豊かに生きる力の育成に関する省内タスクフォース」の議論に基づく「Society 5.0 に向けて特に取り組むべき施策の方向性に関する事項」が第2章に、これらを踏まえた短中期的な取組が第3章に、それぞれ整理されている。

　この中では、STEM という言葉はなく、全て STEAM となっており、「第2章」の子供の成

長段階に応じて整理された今後取り組むべき教育政策の方向性の「(3) 高等学校時代」に、以下のように示されている。

> 　高等学校の現状をみると、普通科約7割（80万人）・専門学科等約3割（30万人）となっている。普通科においては、文系が約7割（50万人）といった実態があり、多くの生徒は2年生以降、文系・理系に分かれ、特定の教科については十分に学習しない傾向にある。
> 　今こそ、高等学校は、生徒一人一人が、Society 5.0 における自らの将来の姿を考え、そしてその姿を実現するために必要な学びが能動的にできる場へと転換することが求められている。
> 　その際、まず、学校だけで教師だけが一方的に教えるような教育活動が転換され、多様な選択肢の中で、自分自身の答えを生徒が自ら見いだすことができるような学習が中心となる場へとなっていかなければならない。＜略＞
> 　あわせて、思考の基盤となる STEAM 教育を、すべての生徒に学ばせる必要がある。こうした中で、より多くの優れた STEAM 人材の卵を産みだし、将来、世界を牽引する研究者の輩出とともに、幅広い分野で新しい価値を提供できる数多くの人材の輩出につなげていくことが求められている。
> （Society 5.0 に向けた人材育成に係る大臣懇談会・新たな時代を豊かに生きる力の育成に関する省内タスクフォース，2018：12-13）

　ここで、STEAM 人材とは「世界を牽引する研究者」に加えて、「幅広い分野で新しい価値を提供できる人材」といった科学技術系に限らない幅の広い人材であると説明されており、この捉えに基づいて STEAM 教育は「思考の基盤」であり、「すべての（高等学校の）生徒に学ばせる必要がある」ものとしている。
　一方、「第3章」の「(3) 文理分断からの脱却」、「①文理両方を学ぶ高大接続改革」の大学改革の部分には、以下のように示されている。

> 　大学の学部名に関わらず、社会のニーズ及び国際トレンド等を背景に、今後多くの学生が必要とする STEAM やデザイン思考などの教育が十分に提供できるよう、大学による教育プログラムの見直しを促進する。具体的には、学生が共通的に学ぶリベラルアーツと学生が選択する人社系、STEAM 系、保健系等の専門分野について、学部を超えて提供される構造へと変える。この取組により、STEAM 系を専攻するＡＩのトップ人材や専門人材を育成するとともに、文理両方を学ぶことにより必要なＡＩに関する素養を身に付けた人社系等を専攻する人材を育成する。
> （Society 5.0 に向けた人材育成に係る大臣懇談会・新たな時代を豊かに生きる力の育成に関する省内タスクフォース，2018：20）

　ここでの「STEAM 系」という言葉は、「科学技術系」や「理工農系」と呼ばれる学問・教育分野を新しい時代に合わせたものとして使用されていると思われるが、STEAM などの教育は科学技術系などに限定することなく「今後多くの学生が必要とする」ものとして説明されている。
　以上のことから、この時期では、STEM に Art（s）（以下「A」）を加えた新たな時代の科学技術系人材の育成といった価値に加えて、幅広い分野で新しい価値を提供できる人材の育成といった STEAM 教育の価値が強調され、高等学校や大学等における、文系・理系に分かれた学びを改善するために、この教育を推進するという方向性が示されていると考えられる。

2. 技術の進展に応じた教育の革新、新時代に対応した高等学校改革について（第十一次提言）

安倍晋三政権下の平成25（2013）年に、内閣総理大臣に教育改革を提言する私的諮問機関として「教育再生実行会議」が発足した。ここでは21世紀の日本にふさわしい教育体制の構築を目的として様々な検討がなされてきた。

平成30（2018）年8月からは、「AIやIoTなどの技術の急速な発展に伴うSociety 5.0の到来や、グローバルな競争が激化といった変化に対応し活躍できる人材育成が急務であり、新たな時代を見据えた教育再生を大胆に進めることが必要」といった課題意識に基づき協議がなされ、その結果が令和元（2019）年5月に「技術の進展に応じた教育の革新、新時代に対応した高等学校改革について（第十一次提言）」（以下「第十一次提言」）として公表された。

この提言の内容は「技術の進展に応じた教育の革新」と「新時代に対応した高等学校改革」の2つからなり、STEAM教育は「技術の進展に応じた教育の革新」の「（1）Society 5.0で求められる力と教育の在り方」に以下のように示されている。

○国は、幅広い分野で新しい価値を提供できる人材を養成することができるよう、初等中等教育段階においては、STEAM教育（Science、Technology、Engineering、Art、Mathematics等の各教科での学習を実社会での問題発見・解決にいかしていくための教科横断的な教育）を推進するため、「総合的な学習の時間」や「総合的な探究の時間」、「理数探究」等における問題発見・解決的な学習活動の充実を図る。＜略＞

（教育再生実行会議，2019：6）

ここでSTEAM教育は「幅広い分野で新しい価値を提供できる人材の養成」を目的とした教育として位置付けられており、科学技術系の人材育成に限定されていない。

また、先に示した「大臣懇談会まとめ」の注釈では「STEAM：Science、Technology、Engineering、Art、Mathematics」となっていたが、今回は「等」が追加され、様々な教科が含まれることを示すとともに、「各教科の学びを実社会での問題発見・解決にいかす教育」及び「教科横断的な教育」といった説明も追加されている。

これらは、STEAM教育を推進するための「『総合的な学習の時間』や『総合的な探究の時間』、『理数探究』等における問題発見・解決的な学習活動の充実を図る」という具体的な方策を示すために、様々なSTEAM教育の定義・解釈の中から、今後推進すべき教育の姿をより明確にする必要があったためと考えられる。

第3節　教科等横断的な学習や探究的な学習としてのSTEAM教育

教育再生実行会議における検討が進む中、関係省庁等では第十一次提言の具体化等について検討が進められた。STEM教育等については文部科学省とともに経済産業省においても様々な協議が行われた。ここではSTEAM教育の「教科等横断的な学習」や「探究的な学習」の関係が強調されていた。

1.「令和の日本型学校教育」の構築を目指して～全ての子供たちの可能性を引き出す、個別最適な学びと、協働的な学びの実現～（答申）

平成31（2019）年4月、文部科学大臣は中央教育審議会に対して「新しい時代の初等中

等教育の在り方について」諮問を行った。STEAM 教育に関しては、「中央教育審議会」の初等中等教育分科会教育課程部会において審議され、その結果は令和3（2021）年1月25日に「教育課程部会における審議のまとめ」としてまとめられた。そしてこの翌日に最終的な中央教育審議会の審議結果が「『令和の日本型学校教育』の構築を目指して〜全ての子供たちの可能性を引き出す、個別最適な学びと、協働的な学びの実現〜（答申）」（以下「令和3年答申」）として公表されている。

令和3年答申は、第Ⅰ部に総論として、新学習指導要領に基づいて、一人一人の子供を主語にする学校教育の目指すべき姿を描いた上で、第Ⅱ部の各論では、総論で示された改革の方向性を踏まえ、「令和の日本型学校教育」の実現に向けた具体的な方策等をまとめており、STEAM 教育に関しては第Ⅱ部の「3．新時代に対応した高等学校教育等の在り方について」の「（4）STEAM 教育等の教科等横断的な学習の推進による資質・能力の育成」の部分に示されている。

ここでは、これまで様々な定義・解釈がされてきた STEAM 教育に関して、以下のように整理されている。

○ この STEAM 教育については、国際的に見ても、各国で定義が様々であり、STEM（Science Technology Engineering Mathematics）に加わったAの範囲を<u>デザインや感性などと狭く捉えるものや、芸術、文化、生活、経済、法律、政治、倫理等を含めた広い範囲で定義するものもある。</u>

STEAM 教育の目的には、<u>人材育成の側面</u>と、<u>STEAM を構成する各分野が複雑に関係する現代社会に生きる市民の育成の側面</u>がある。各教科等の知識・技能等を活用することを通じた問題解決を行うものであることから、課題の選択や進め方によっては<u>生徒の強力な学ぶ動機付けにもなる。</u>一方で、STEAM 教育を推進する上では、多様な生徒の実態を踏まえる必要がある。科学技術分野に特化した人材育成の側面のみに着目して STEAM 教育を推進すると、例えば、学習に困難を抱える生徒が在籍する学校においては実施することが難しい場合も考えられ、学校間の格差を拡大する可能性が懸念される。教科等横断的な学習を充実することは学習意欲に課題のある生徒たちにこそ非常に重要であり、<u>生徒の能力や関心に応じた STEAM 教育を推進する必要がある。</u>このため STEAM の各分野が複雑に関係する現代社会に生きる市民として必要となる資質・能力の育成を志向する STEAM 教育の側面に着目し、STEAM のAの範囲を芸術、文化のみならず、生活、経済、法律、政治、倫理等を含めた広い範囲 Liberal Arts で定義し、推進することが重要である。 （中央教育審議会，2021：56-57）

ここでは、STEAM 教育の「生徒の強力な学ぶ動機付けになる」という特性をいかし、全ての高等学校で、「生徒の能力や関心に応じた STEAM 教育を推進する」ためには、STEAM 教育の「A」の範囲は、「デザインや感性などと狭く捉えるもの」ではなく、「芸術、文化、生活、経済、法律、政治、倫理等を含めた広い範囲で定義するもの」とし、STEAM 教育の目的として「人材育成の側面」ではなく「STEAM を構成する各分野が複雑に関係する現代社会に生きる市民の育成の側面」を重視することを示している。

ここでの「生徒の強力な学ぶ動機付けになる」という STEAM 教育の特性は、これまで示されることのなかった視点であり、高等学校教育の改善のために STEAM 教育を取り上げる大きな根拠となっていると考えられる。

また、以下には、STEAM 教育が平成 29・30 年告示学習指導要領の改訂のねらいである「"よ

りよい学校教育を通じてよりよい社会を創る"という目標を学校と社会が共有し、連携・協働しながら、新しい時代に求められる資質・能力を子供たちに育む『社会に開かれた教育課程』」や「教育課程を軸に学校教育の改善・充実の好循環を生み出す『カリキュラム・マネジメント』」の実現につながるものであること、さらに同じく改訂で重視された「体験活動」、「教科等横断的な学習」、「探究的な学習」、「プログラミング教育」などの充実にも関係することを示している。ここには、第十一次提言で推進が提言されたこの教育と、学習指導要領の改訂の方向性との関係を明確にしようとする意図がうかがえる。

○ STEAM 教育は、「社会に開かれた教育課程」の理念の下、産業界等と連携し、各教科等での学習を実社会での問題発見・解決に生かしていく高度な内容となるものであることから、高等学校における教科等横断的な学習の中で重点的に取り組むべきものであるが、その土台として、幼児期からのものづくり体験や科学的な体験の充実、小学校、中学校での各教科等や総合的な学習の時間における教科等横断的な学習や探究的な学習、プログラミング教育などの充実に努めることも重要である。

(中央教育審議会，2021：57)

なお、この部分の記述は、すべて STEAM 教育に関することであるが、項目名は「STEAM 教育等の教科等横断的な学習の推進」と、あくまでも「教科等横断的な学習」の一例として STEAM 教育が位置付けられている。さらに、この教育を推進するための具体的な事項について説明した部分では、以下のように「教科等横断的な学習」に加えて「探究的な学習」に関係する事項が示されるなど、特にこの2つの教育と STEAM 教育の関係を強調していることもこの時期の特徴と考えられる。

○高等学校においては、新学習指導要領に新たに位置付けられた「総合的な探究の時間」や「理数探究」が
・実生活、実社会における複雑な文脈の中に存在する事象などを対象として教科等横断的な課題を設定する点
・課題の解決に際して、各教科等で学んだことを統合的に働かせながら、探究のプロセスを展開する点
など STEAM 教育がねらいとするところと多くの共通点があり、各高等学校において、これらの科目等を中心として STEAM 教育に取り組むことが期待される。
　また、必履修科目として地理歴史科・公民科や数学科、理科、情報科の基礎的な内容等を幅広く位置付けた新学習指導要領の下、教科等横断的な視点で教育課程を編成し、その実施状況を評価して改善を図るとともに、教育課程の実施に必要な人的又は物的な体制の確保を進め、地域や高等教育機関、行政機関、民間企業等と連携・協働しつつ、各高等学校において生徒や地域の実態にあった探究学習を充実することが重要である。
○ STEAM 教育の推進に当たっては、探究学習の過程を重視し、その過程で生じた疑問や思考の過程などを生徒に記録させ、自己の成長の過程を認識できるようにするとともに、＜略＞

(中央教育審議会，2021：57-58)

2．「未来の教室」ビジョン

　経済産業省は、平成 30（2018）年に、「『未来の教室』と EdTech 研究会」という、教育改革に関する有識者会議を設置した。ここでは、AI や動画、オンライン会話等のデジタル技術を活用した革新的な教育技法である EdTech（エドテック）を活用して人の創造性や課題解

決力を育み、個別最適化された新しい教育をいかに構築すべきか、未来を見通しにくい時代を生きる子供たち一人ひとりが、未来を創る当事者（チェンジメイカー）に育つための学習環境を構築するために、今後必要となる政策や、学校や産業界や地域社会等がなすべきことは何か，などについて議論が進められた。そして平成31 (2019) 年4月より中央教育審議会において新しい時代の初等中等教育の在り方に関する審議も開始されたことを踏まえ、令和元 (2019) 年6月に初等中等教育分野に焦点を絞って今後の政策課題を整理した「『未来の教室』ビジョン（第2次提言）」（以下「『未来の教室』ビジョン」）をまとめている。

ここでは、「未来の教室」に向けた改革の柱を「学びのSTEAM化」、「学びの自立化、個別最適化」、「新しい環境づくり」の3つに整理し、その実現に向けて乗り越えるべき課題とそれに対応するアクションについて提言されている。

改革の柱として挙げられた「学びのSTEAM化」は以下のように説明されている。

> 「学びのSTEAM化」とは、教科学習や総合的な学習の時間、特別活動も含めたカリキュラム・マネジメントを通じ、一人ひとりのワクワクする感覚を呼び覚まし、文理を問わず教科知識や専門知識を習得すること（＝「知る」）と、探究・プロジェクト型学習 (PBL) の中で知識に横串を刺し、創造的・論理的に思考し、未知の課題やその解決策を見出すこと（＝「創る」）とが循環する学びを実現することである。
>
> 「STEAM」は、今後の社会を生きる上で不可欠になる科学技術の素養や論理的思考力を涵養する「STEM」の要素に加え、そこに、より幸福な人間社会を創造する上で欠かせないデザイン思考や幅広い教養、つまりリベラルアーツ (Arts) の要素を編み込んだ学びである。文系・理系に関わらず様々な学問分野の知識に横糸を通して編み込み、「知る」と「創る」を循環させ、新たな知を構築する学びであると言えよう。
>
> （「未来の教室」とEdTech研究会，2019:2）

STEAMの「A」が示すものについての捉えや、「一人ひとりのワクワクする感覚を呼び覚ますことができる」といったSTEAM教育の特徴は、令和3年答申と同様である。また、「創る」や「新たな知を構築する学び」といった言葉によって、第十一次提言に示されていた「幅広い分野で新しい価値を提供できる人材の養成」というSTEAM教育の特徴が再確認されている。

なお、第十一次提言では「問題発見・解決にいかしていくための教科横断的な教育」と「問題発見・解決」と「教科横断的」がこの教育の特質として示されていたが、ここでは「探究・プロジェクト型学習 (PBL) の中で」と、「探究」が必須のものとして示されている。実際に、この提言で示された「学びのSTEAM化」の実現に向けた課題にも、以下のように示されるなど、「探究」が重視されたことがこの提言の特徴と考えられる。

> 課題1：STEAM学習プログラム・授業編成モデル・評価手法の不足
> ＜略＞このように子ども達の興味や関心は多様である。そんな一人ひとり興味の異なる子ども達の「知の扉」を開き、そこから様々な知識・定理・法則や思考法を学ばせ、探究に導くようなSTEAM学習プログラムが不足している。また、そうしたプログラムを用いて教科横断的・合科的な授業編成を実現するためのモデルや評価手法が確立されていないことも課題である。
> 課題2：学校現場は知識のインプットで手一杯で、探究・プロジェクト型学習 (PBL) を行う余裕がないこと
> そもそも、従来の一律・一斉・一方向型の授業形式が定着している多くの学校現場では、知識を子ども達にインプットすることで手一杯であり、「学びのSTEAM化」に不可

欠な探究・プロジェクト型学習（PBL）に割く十分な時間はない。何かに費やす時間を削ることなしには、新しい学びに挑戦する余裕はない。

課題3：他者との協働の基礎となる情動対処やコミュニケーションが難しい子どもも少なくないこと

　探究・プロジェクト型学習（PBL）を成立させるためには、他者との協働を進めるために不可欠な情動対処や、コミュニケーション能力といった基礎力が必要になるが、こうした学びの土台についてのトレーニングが必要な子ども達も少なくない。

（「未来の教室」とEdTech研究会，2019：5）

　この提言についての協議と並行して、この研究会の下に「学びのSTEAM化」等について検討を進めるための「STEAM検討ワーキンググループ」が設置され、その中間報告が令和2（2020）年8月に経済産業省から公表されている。ここでは、「5つの頭文字だけでは表象できないが、"playfulness"が重要な要素。たとえば、『科学を学ぶ』のではなく、『科学者のように／アーティストのように夢中になる』といった発想の転換が教育現場には今後一層求められる」（経済産業省，2020：13）など、学びに向かう気持ちが引き出され「わくわくする」というSTEAM教育の特徴が強調されるとともに、「文科省が学習指導要領を改訂した背景にも、急速な社会変化に対する危機意識があり、STEAMとの親和性は非常に高い」（経済産業省、2020：6）など、現行教育課程内で「学びのSTEAM化」は十分に可能といった考え方も示されている。これらも令和3年答申に影響したのではないかと推測される。

第4節　分野横断的な学び・STEAM教育、探究・STEAM教育

　内閣総理大臣、科学技術政策担当大臣のリーダーシップの下、各省より一段高い立場から、総合的・基本的な科学技術・イノベーション政策の企画立案及び総合調整を行うことを目的とした「重要政策に関する会議」の1つである「総合科学技術・イノベーション会議」が、令和4（2022）年6月、「Society 5.0の実現に向けた教育・人材育成に関する政策パッケージ」（以後「政策パッケージ」）を公表した。これは、教育・人材育成ワーキンググループにおける審議を基に、今後5年程度という時間軸の中で子供たちの学習環境をどのように整えていくのか、各府省を超えて政府全体としてどのように政策を展開していくのかを示したものである。

　ここでは、「1．社会構造と子供たちを取り巻く環境の変化」の1つに「（6）価値創造を高める総合知、分野横断的な学び・STEAM教育の必要性」を挙げ、以下のように、社会課題の解決のために新たな価値創造を高めるための「分野横断的な学び・STEAM教育」の重要性を説明している。

　なお、「分野横断的な学び・STEAM教育」という新たな言葉をここで使用したのは、令和3年答申のように「教科等横断的な学習」の1つの例としてSTEAM教育を捉えるのではなく、「分野横断的な学びとしてのSTEAM教育」という政策パッケージにおけるSTEAM教育の性格をより明確にするためと考えられる。

　現代の複雑に事象が絡み合う社会課題の解決に科学技術の力は欠かせないが、より人間社会との調和的な科学技術の社会実装が肝となる。社会で新たな価値創造を高めていくためには、俯瞰的な視野で物事をとらえ、分野横断的、多様な「知」の集結、「総合知」

が必要となる。

　サイエンスをベースに、異分野への興味関心、多様な知の受容力、社会的文脈や社会的課題への感覚を養う「STEAM 教育」は、まさにこの課題解決・価値創造に向けたプロセスそのものであり、初等中等教育段階からの分野横断的な学び・STEAM 教育の重要性が増している。　　　　　　　　　　　（総合科学技術・イノベーション会議，2022：13）

　また、同じく「（6）価値創造を高める総合知、分野横断的な学び・STEAM 教育の必要性」の部分では、OECD が教育制度の将来に向けたビジョンとそれを支える原則として示した「2030年に向けた学習枠組み」における指摘を踏まえ、以下のように、個人と社会の well-being を実現していくための「新たな価値を創造する力」を育むためには、総合的な学習の時間とともに「探究・STEAM 教育」が重要であることを指摘している。

　この「総合的な学習」と別に示された「探究」と「STEAM 教育」を「・」でつないだ新たな言葉も、「探究としての STEAM 教育」という、政策パッケージにおける STEAM 教育の性格をより明確にするために使われていると考えられる。

　OECD では、個人と社会の well-being を実現していくためには、子供たち一人ひとりが「エージェンシー」を発揮しながら、①新たな価値を創造する力、②対立やジレンマを克服する力、③責任ある行動をとる力、という3つの「変革をもたらすコンピテンシー」を身に付けていくことが重要だと指摘している。特に、①については、「現在存在するイノベーティブな人や社会を構成する要素や質といったものは、教育システムの成果というよりは副産物（by-product）に過ぎなかったのではないか」と OECD は指摘しており、その力を引き出すための人的・物的環境の整備を含めた学校教育の質的転換が求められている。これらの力を育むためには、探究・STEAM 教育や総合的な学習の推進が重要な鍵となる。　　　　　　　　　　（総合科学技術・イノベーション会議，2022：14）

　なお、探究・STEAM 教育を推進する際の配慮事項として以下のように、各教科の学びの重要性とともに、教育課程に関して「テクノロジーや工学的な視点に立ち、問いを立てて、道具やテクノロジーを活かして具体的に形造る実装・実践のプロセス」を重視することの必要性を指摘していることも、これまでにはなかったことである。

　その際、例えば、理科の学習過程では、課題の設定、仮説の設定、検証計画の立案、そして観察・実験の実施、結果の処理、考察・推論、表現・伝達などというプロセスを経ることになり、これらの本質的な各教科の学びこそが、総合的な学習や探究・STEAM 教育の基盤となる。また、教育課程の在り方自体においても、「T：technology」、「E：engineering」といったテクノロジーや工学的な視点に立ち、問いを立てて、道具やテクノロジーを活かして具体的に形造る実装・実践のプロセスの重視が必要であり、これらを通じて、新しい時代に必要な資質能力の育成を目指していくことが重要である。
　　　　　　　　　　　　　　　　　　（総合科学技術・イノベーション会議，2022：14）

　政策パッケージの「3．　3本の政策と実現に向けたロードマップ」では、すべての子供の可能性を最大限引き出す教育・人材育成システムの抜本的な転換が急務として、3つの政策を掲げ、そこで目指す教育のイメージと、実現するための課題、必要な施策・方向性、実施体制等について示しているが、その1つに「探究・STEAM 教育を社会全体で支えるエコシステムの確立」が挙げられていることから、今後、「探究としての STEAM 教育」がより一層強調

されることが予想される。

　先に示した「テクノロジーや工学的な視点」と併せて、ここでの指摘がどのように次期学習指導要領改訂をはじめとする各種政策等に反映されるのか、注目していく必要がある。

── 問 い ──

1 「令和3年答申」で、高等学校教育の改善のためにSTEAM教育を推進することとした理由について考えてみよう。
　　hint 当時の高等学校教育にはどのような課題があったか、確認してみよう。

2 「令和3年答申」で、STEAM教育の「A」の範囲を「芸術、文化、生活、経済、法律、政治、倫理等を含めた広い範囲で定義するもの」とした理由について考えてみよう。
　　hint STEAM教育の「A」の範囲を広げることで何が変わるのか、確認してみよう。

3 「政策パッケージ」において、探究・STEAM教育の重要性が指摘された理由について考えてみよう。
　　hint 「政策パッケージ」はどのようなことを目的としてまとめられたものか、確認してみよう。

4 「令和3年答申」や「政策パッケージ」で、小・中学校段階からSTEAM教育を推進することを提案している理由と、これらの学校段階でこの教育を行う際に、生かすべきSTEAM教育の特徴等について考えてみよう。
　　hint 小・中学校段階から行うことで、STEAM教育がどのように変わるか、また、その変化をより大きなものとするためにはどのような手立てがあるか、確認してみよう。

文献

中央教育審議会（2016）：幼稚園，小学校，中学校，高等学校及び特別支援学校の学習指導要領等の改善及び必要な方策等について（答申）．
　　httpss://www.mext.go.jp/b_menu/shingi/chukyo/chukyo0/toushin/__icsFiles/afieldfile/2017/01/10/1380902_0.pdf（取得日2022年8月1日）．

中央教育審議会（2021）：「令和の日本型学校教育」の構築を目指して〜全ての子供たちの可能性を引き出す，個別最適な学びと，協働的な学びの実現〜（答申）．
　　httpss://www.mext.go.jp/content/20210126-mxt_syoto02-000012321_2-4.pdf(2022.08.01)．

経済産業省（2020）：「未来の教室」とEdTech研究会STEAM検討ワーキンググループ中間報告．
　　https://www.learning-innovation.go.jp/existing/doc202008/steam2020-midreport.pdf（取得日2022年8月1日）．

教育再生実行会議（2019）：技術の進展に応じた教育の革新，新時代に対応した高等学校改革について（第十一次提言）．
　　https://www.mext.go.jp/kaigisiryo/2019/05/__icsFiles/afieldfile/2019/05/21/1416597_04.pdf（取得日2022年8月1日）．

「未来の教室」とEdTech研究会（2019）：「未来の教室」ビジョン（第2次提言）．
　　https://www.meti.go.jp/shingikai/mono_info_service/mirai_kyoshitsu/pdf/20190625_report.pdf（取得日2022年8月1日）．

Society 5.0に向けた人材育成に係る大臣懇談会・新たな時代を豊かに生きる力の育成に関する省内タスクフォース（2018）：Society 5.0に向けた人材育成〜社会が変わる，学びが変わる〜．
　　httpss://www.mext.go.jp/component/a_menu/other/d　etail/__icsFiles/afieldfile/2018/06/06/1405844_002.pdf（取得日2022年8月1日）．

総合科学技術・イノベーション会議（2022）：Society 5.0の実現に向けた教育・人材育成に関する政策パッケージ．
　　httpss://www8.cao.go.jp/cstp/tyousakai/kyouikujinzai/saishu_print.pdf（取得日2022年8月1日）．

第**3**章　数学教育の立場からみた STEM / STEAM 教育の実際

第1節　はじめに

　STEM 教育では、科学 (Science)、技術 (Technology)、エンジニアリング (Engineering)、数学 (Mathematics) の 4 つの教科・領域が総合的に扱われ、相互に関連させなら教育が行われる (STEAM 教育では、さらにリベラル・アーツ (Liberal Arts) が加わる)。本章では、数学教育の立場から、STEM/STEAM 教育について見ていく。

　数学教育において、STEM/STEAM 教育に関する議論は始まったばかりである。数学的モデリングと STEM 教育の接点を探っている研究者の English, L. D. は、STEM 教育において、S (科学) と T (技術) は優勢であるが、M (数学) と E (エンジニアリング) の役割はまだ十分認識されていないことを指摘している (English, 2017)。

　日本の数学教育研究においても、STEM/STEAM を視野に入れたものはまだあまり見られない。しかし、歴史上、Perry, J. や Moore, E. H. の影響を受けた小倉金之助の「科学的精神開発」の考えには、STEM 教育の指針があるとされる (磯﨑・磯﨑, 2021)。また、最近は、高校数学の科目として「数学活用」や「理数探究」の新設など、数学の学習指導を理科や技術と関連づけて行うことが提案されてきた。そして現在、現代社会の急激な変化の中での問題発見・問題解決に必要な資質・能力の育成において、各教科の学びを基礎におきながら、教科等横断的な学習の推進がなされている。実際、平成 29 (2017) 年告示の学習指導要領解説算数・数学編では、中央教育審議会答申を受けて、

> 「これからの時代を生き抜くため，米国等では STEM (Science, Technology, Engineering and Mathematics) 教育の推進が図られており，その基盤に数学が位置付けられている。数学には，諸事象に潜む数理を見いだし，それを的確に表現することへの大きな期待が寄せられている。」(文部科学省，2018a : 10 ; 文部科学省，2018b : 9)

と述べられ、算数・数学科の教育内容の改善・充実への期待がみられる。

　次節以降では、数学教育における現在進行形の STEM/STEAM 教育の実際を、国内外の研究を探りながら紹介していく。

第2節　数学教育の立場からの STEM/STEAM 教育への取り組み

　STEM 教育において数学は重要な役割を担うことから、今日、数学教育の立場からの STEM 教育が世界的に研究され始めている。Anderson et al., (2020) は、オーストラリアやニュージーランドをはじめとするオーストラレーシア地域における、数学が中心的に関わっている統合型の STEM 教育の最近の研究動向をレビューするなかで、数学教育の立場から行われている STEM 教育への取り組みを 3 つに分類している。Anderson らの指摘は、STEM 教育を対象としているが、STEAM 教育にも通じるものである。本節では、3 つの取り組み方について述べ (川上・佐伯, 2021)、日本の算数・数学教育における昨今の強調点との関係を考察する。

1. STEM系教科・領域の学際的な内容の学習の実現を志向した取り組み

STEM系教科・領域における核となるアイディアや概念を統合的に学習したり、関連づけて学習したりすることを目標として行われている取り組みである。この立場からの実践は、小学校下学年を対象としたものが多いが、近年では、教員養成学生や現職教員を対象としたものも行われつつある。

Anderson et al., (2020) では、先行研究で焦点化されているSTEM系教科・領域の活動でのトピックの一部が挙げられている（表3-1）。

表3-1　先行研究で焦点化されているSTEM系教科・領域のトピック（Anderson et al., 2020：46）

科学（S）	蓄積エネルギーと力、熱伝導、生物の構造的特徴、空の観察可能な変化
技術（T）	プロセスの適切性の評価、モデルや図を用いた設計アイディアの生成、設計ソリューションの生成と適応
エンジニアリング（E）	構造的な変化の影響、材料とシステムに対する力の影響、プロダクトとプロセスの洗練
数学（M）	形・図形とパターン、グラフ表現と意思決定、確率実験の結果、形・図形の性質、事象の時系列

これらのトピックをより詳細にアイディアや概念の側面から考察することはなされていない。しかし、数学（M）に関しては、「形」「パターン」「不確実性」等の「包括的アイディア」が挙げられており、そうしたアイディアを、自然界や社会における事象の探究の文脈の中で学習する事例が挙がっている。Andersonらが指摘するように、文脈の中での複数の教科や学問領域の統合や関連づけは、STEMの学習活動の基盤であり、表3-1のトピックの更なる探究は重要である。

こうしたアイディアや概念からのアプローチは、現在日本の学習指導で強調されている「見方・考え方」を横断的に学習することに繋がると考える。ただし、学習指導要領での教科等の「見方・考え方」は、その教科等における内容や考え方に関する特質に焦点をあてているのに対して、STEM/STEAM教育での教科・領域固有の考え方は、教科等の本質に意識を向けている点に留意したい（松原・高坂，2021）。「見方・考え方」は、「各教科等の特質に応じた物事を捉える視点や考え方」（文部科学省，2018b：21）であり、例えば、理科の「比較する」や「関連付ける」は、STEM/STEAM教育における科学（S）固有の考え方である「実験・観察をもとに法則性を見いだす」とは必ずしも同一ではない。「見方・考え方」の横断的学習においては、松原・高阪（2021）が述べるように、どのような「見方・考え方」がより教科の本質を突いているのかを明らかにしていくことが必要になるであろう。それは、横断的学習においてより効果的に働く「見方・考え方」を明確化することに繋がっていく。

2. 問題解決能力や批判的思考力の育成を志向した取り組み

STEMの文脈を活かし、特に、エンジニアリング（E）の分野におけるデザインプロセスを遂行することを目標として行われている取り組みである。エンジニアリングデザインプロセス（EDP）には、課題の特定や理解、解決のアイディアの生成、解決方法の設計と構成、解決の実行の評価、解決方法の再設計と改善、解決方法の変更の評価、などが含まれる。STEM教育は、これまでも関連性が謳われていた3教科（S・T・M）に加えて、エンジニアリング（E）が入っているところが1つのポイントである。これに関して、「EDPは、子どもの数学、科学、技術の学習の間のパワフルなリンクとして貢献し得る」（English & King, 2016：47）という指摘があり、エンジニアリングの役割が期待されている。

EDPを遂行することは、現実世界における問題解決能力の育成に繋がりうる。また、EDPでは、開発したデザインを目的と照らし合わせて振り返り、改善点をみつけてデザインを修正・改善したり、新たなデザインを開発したりする再帰的なプロセスを辿るため、EDPを遂行する

ことは、批判的思考力の育成にも繋がりうる。こうした問題解決能力と批判的思考力は、昨今の日本の算数・数学教育において強調されている資質・能力である。図 3-1 は、小・中・高等学校を通して目指す数学的活動である「算数・数学の問題発見・解決の過程」（中央教育審議会 , 2016）を示している。

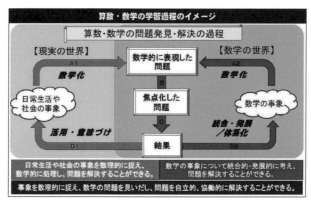

図 3-1　算数・数学の問題発見・解決の過程（中央教育審議会, 2016）

　特に、「現実の世界」と「数学の世界」を行き来しながらの問題解決（図 3-1 の左側）は、EDP と親和性がある。A1 → B → C → D1 のサイクルを進める資質・能力には、

- 事象の数量等に着目して数学的な問題を見いだす力（A1）
- 得られた結果を元の事象に戻してその意味を考える力（D1）

等が含まれる。これらは、EDP の「課題の特定や理解」、「解決の実行の評価」とも関わる。図 3-1 のサイクルを回していくには、問題解決過程や結果を多面的、批判的に考察することが必要であり、EDP の「解決方法の再設計と改善」等とも関わる。目的に応じたデザインの文脈は、現実世界における問題解決能力等の向上に貢献する。

3. 数学（統計を含む）の理解深化を志向した取り組み

　数学的・統計的な概念の理解を促進することを目標として行われている取り組みである。この立場の研究は限られているが、統計データを中核に据えた STEM 教育を通して、統計的な概念（例えば、ばらつきや期待値）を構成したり、理解を深めたりするアプローチが小学校段階を中心に研究されている。例えば、Watson, Fitzallen, English, and Wright（2020）は、「ばらつき」の理解深化を目指し、小学校第 3 学年から実践をスタートし、上学年でも文脈等を変えて実践を行っている。その際、データ解析用のソフトウェアなどのテクノロジーの役割も重要視されている。こうした立場の実践では、統計的な概念以外に、見取り図や体積などの数学的な概念の活用も報告されている。

　STEM/STEAM による学習が算数・数学の内容の理解深化にどこまで貢献できるのかは、大変興味のある問いである。上述した 1.、2. から、このことに関する貢献の可能性が示唆される。とりわけ統計の内容の理解深化は、期待されるところである。しかしながら、数学的な概念の到達度や長期的な変容については、まだ報告されていない。日本においても、平成 29・30（2017・2018）年に公示された学習指導要領の小・中・高等学校の算数科・数学科において、統計的な内容等の改善・拡充がなされて、実践や研究の進展が待たれる。

第 3 節　統合型の STEM/STEAM 教育の実現のための視点

　本節では、統合型の STEM/STEAM 教育を実現するための視点として、「データ（統計）」

と「モデリング」に焦点を当てて述べていく。これらは、STEM/STEAM系教科・領域の統合を進める上で役立つ架橋的な視点であることが指摘されている（例えば、English, 2017；川上，2022；Kawakami & Nishimura, forthcoming；Kawakami & Saeki, forthcoming）。

1. データ（統計）

　データの辞書的意味は、「物事の推論の基礎となる事実。また、参考となる資料・情報」である。STEM/STEAM教育では、データ（統計）が扱われることが多い。統計において扱うデータの種類には、血液型等の文字情報として得られる「質的データ」、身長のように数値情報として得られる「量的データ」、1日の気温等時間変化に沿って得られる「時系列データ」がある（文部科学省，2018a：69）。それらのデータは「単なる数ではなく，文脈をもつ数」（Cobb & Moore, 1997：801）であり、データの背後に現実世界の文脈が存在する。そのため、データと向き合う際には、データそのものの特徴を読んだり、データの背後の現実世界の文脈について考えたりすることが繰り返される。すなわち、現実の世界とデータ（統計）の世界の往還が求められる（Wild & Pfannkuch, 1999）。

　データ（統計）を扱う問題解決は、結果が定まっていない不確定な事象を扱う。データから特徴や傾向を捉え、何らかの意思決定をしていくことがなされる。このような役割を担うデータ（統計）は、数学に限らず、STEM/STEAM系教科・領域全般で扱われている。データに付き纏うばらつきは、多くの人工システムや自然界に内在しているのである。例えば、科学（S）では自然界に潜むばらつきを、技術（T）では電子集積回路等に潜む様々な形のばらつきを、エンジニアリング（E）では、ばらつきの制御自体を、それぞれ扱っている。

　このように、データ（統計）には、他の教科・領域を横断する概念や内容（ばらつき）が含まれている（Watson, Fitzallen, & Chick, 2020）。つまり、データ（統計）におけるばらつきを1つの共通の議論の対象とすることができる。どのようなばらつきがあるか、それをどう捉えることができるか、ばらつきの原因は何か、どのような扱い方が有益かは、どちらかと言うと科学(S)や数学(M)からの問いになるだろう。数学が提供する様々な概念が果たす役割も大きい。ばらつきを制御することが可能か、どうすれば精度を上げることができるか等、エンジニアリング（E）や技術（T）が得意とする問いもある。データに基づく多面的な問いの生成は、数学の役割を顕在化し、統合型のSTEM/STEAM教育を促進し得ると考えられる。

2. モデリング

　モデリングは、現実事象に対して、直接的に観察・操作できない場合、その事象を理想化・単純化したり、その事象を構成する重要な要素を特定したりして、事象を記述、説明、予測したりするためのモデルを生成・評価・改訂する営みを指すことが多い（Lehrer & Schauble, 2006）。ここでの「モデル」とは、事象の構造を表現したものである（川上・佐伯，2022）。

　こうしたモデリングのプロセスも、STEM/STEAM系教科・領域全般に共通する普遍的なものである（Hjalmarson et al., 2020）。例えば、数学（M）におけるモデリングには、大きく「数学のモデル化」と「数学的モデリング」の2つがある。前者は、数学的概念を理解したり獲得したりするためにモデルをつくることである。後者は、現実世界の問題解決のために数学的な表現や統計的な表現を用いてモデルをつくることである。また、科学（S）におけるモデリングでは、科学的概念を理解したり獲得したりするためにモデルを使ったり、自然現象を予測したり統一的に説明したりするためにモデルをつくったりする。さらに、エンジニアリング（E）におけるモデリングは、EDPの一部として位置づいている。そこでは、デザインを生成するためのモデルがつくられたり、現象を記述するための数学的モデルやデザインを実行に移すための科学的モデルが応用されたりする。STEM/STEAM系教科・領域全般に

おいて、データが学際的な内容を提供するのに対して、モデリングは、現実世界における学際的な問題解決の方法や学際的な知識を開発する方法としての役割を果たす（Kawakami & Nishimura, forthcoming；Kawakami & Saeki, forthcoming）。

第2節で述べた「算数・数学の問題発見・解決の過程」（図3-1）の中には、「現実の世界」と「数学の世界」を行き来する数学的モデリングの過程（A1 → B → C → D1）が含まれている。そのため、モデリングは、日本における統合型のSTEM/STEAM教育を実現するうえで、数学の役割を顕在化するための視点にもなり得る。

3. データ（統計）やモデリングに着目したSTEM/STEAM教育の実践例

日本において，数は多くないものの，データ（統計）を基盤とした統合型のSTEM/STEAM教育の実践やそれに向けた議論がなされ始めている。例えば、前節で述べたEDPと統計的な探究プロセスの双方に着目する木村他（2022）は、小学校6年生を対象に、「便利で安全な自動車をつくる」というテーマのもと、交通事故に関するデータをよみとり、交通事故を減らすために自動車に必要な機能をデザインする実践を行っている。そこでは、総合的な学習の時間を使って、10時間の授業計画が立案された。実社会でのテーマ設定においては、第5学年の社会科で学習した「代表的な工業製品」との関連づけが意図された。この実践では、EDPの「課題の理解」「設計・計画」から、統計的な探究のプロセスに移行し、「問題」「分析」「結論」を辿ると、データ（統計）から読み取った情報を活かして、EDPの「設計・計画」が行われた。さらにその後は、プログラミングを用いて「計画の提示・共有」や発表が行われた。「設計・計画」の段階での児童のワークシートの調査からは、データ（統計）に基づいて車のデザインの理由を書いた児童は、約半数であったという。それらの児童は、「17時代が一番死亡数が多い」ため、「車に電気をつけて、17時代になったら車に電気をつけて、どこに誰がいるか分かるようにする」のように、目的に応じた機能を考案していたことが報告されている。

海外に目を向けると、データ（統計）とモデリングを基盤とした統合型のSTEM/STEAM教育の実践が小学校段階からなされ始めている。例えば、English and Mousoulides（2015）は、小学校6年生（11-12才）を対象に、「崩落したミネアポリス市のI-35W高速道路橋を作り直そう」という課題に取組んでもらい、データに基づくモデリングの活動に、模型を作成・改善したりするデザインプロセスも加えて、統合型のSTEM教育の実現に迫っている。ここでは、異なるタイプの橋に関して、長さ、材質、コスト等の情報が表の形で提供され、異なるタイプの橋を比較する方法を考案・発表し、ミネアポリス市公共事業課が最適のものを選ぶ上での手助けをするという真正（オーセンティック）な課題が示された。児童は小グループで、与えられたデータを用いて、自分達のモデルを生成・洗練・記述していった。そこでは、橋の寸法、レーンの数、道路面の表面単位あたりのコスト、建設上の難易度、美的要素等、異なる要素を用いて比較が行われた。また、ある要素を無視したり、別の要素を追加したり、トレードオフに関して判断したりすることもあった。このように、本実践では、モデリングのサイクルを辿る中で、科学の概念やリベラル・アーツの観点も使いながら、数学的推論やデータに基づく問題解決が行われた。

第4節　STEM/STEAM教材開発の足掛かりとしての統計教材への着目

STEM/STEAM教育では、教科の枠を超えた学際的な知識が必要となる。そのため、実践にあたっての教師の障壁の1つは「教材開発」である（例えば、川上・佐伯，2021；西村他，2022；西村・太刀川，2019；佐伯他，2021）。また、日本の教師にとって、教科書

は教材研究の重要な参照源である（宮川，2021）。本節では、算数・数学教科書の教材を、真正な教材へと再教材化（教材の選定、教材の分析、新たな教材への作り替え）するアプローチ（佐伯他，2019）を参考にし、STEM/STEAM 教材を開発するための 1 つの足掛かりとして、統計教材を取り上げ、教材に内在する学際的な知識を分析する。

1. 学際的な視点からの教材研究：中学校数学教科書の統計教材を例に

　小・中・高等学校の算数科・数学科で学習する統計的な内容には、モデリングが密接に関わっている（例えば、川上・佐伯，2022）。以下では、データ（統計）とモデリングを中核に据えた STEM/STEAM 教材のデザインに向けて、算数・数学の教科書に載っている統計教材を学際的な視点で分析する例を紹介する。

　取り上げる教材は、中学校第 1 学年の数学教科書の中の「データの活用」領域の単元末に載っている図 3-2 の「スキージャンプ教材」（池田他，2021：256）である。本教材では、A 選手と B 選手が飛んだ飛距離のデータに基づき、これまで学習してきたヒストグラム、代表値、相対度数、統計的確率などを活用して、次の大会でより遠くへ飛びそうな選手を意思決定する問題である。本教材と似た問題として、平成 24（2012）年度全国学力・学習状況調査の中学校数学 B 問題「スキージャンプの問題」（国立教育政策研究所，2012）がある。ここでは、第 2 節で述べた STEM/STEAM 教育の 3 つの取り組み方（目標）の観点（**1.**、**2.**、**3.**）から、図 3-2 の「スキージャンプ教材」を分析する。

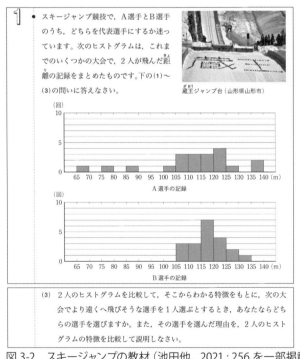

図 3-2　スキージャンプの教材（池田他，2021：256 を一部掲載）

　「数学的・統計的概念の理解」（**3.**）については、本教材は「データの活用」領域の教材であるため自ずと関わってくる。例えば、川上（2013）は、「分布をよんだり、解釈したり、比較したりする際の視点」として「分布の見方」を挙げている（表 3-2）。本教材においても、表 3-2 に示されているような「中心」、「広がり」、「形状」、「密度」といった観点から、データのばらつきを多面的に、複合的に捉えることで、生徒のばらつきに対する理解を深めていくことが期待される。

表3-2「分布の見方」(川上, 2013：5)

要素	指標
中心	平均値、中央値、最頻値　等
広がり	範囲、四分位範囲、分散、標準偏差、外れ値　等
形状	分布の形状（左右対称、歪んでいる、峰が複数等）、歪度　等
密度	度数、相対度数、累積相対度数、四分位数、外れ値　等

　「STEM系教科・領域の学際的な内容の学習」(**1.**) については、科学 (S) の観点から、本教材のスキージャンプの一連の動作に着目すると、飛行機が飛ぶ原理や選手が遠くまで飛ぶ原理の中に含まれる力の働きや力の合成・分解が関係してくる (山本・坪倉, 2018)。飛行機が飛ぶ理由は、気流が翼によって下向きに曲げられたときの反作用として、上向きの揚力が働くとみることができる。また、スキージャンプのメカニズムは複雑であるが、飛行中の選手に働く力を単純化して捉えると図3-3のように捉えることができる (山本・坪倉, 2018)。図3-3の空気力は、揚力と抗力の合成で決まり、この空気力の増大が飛距離の向上に繋がっているところがある (山本・坪倉, 2018)。そして，揚力には，迎角 (選手の飛行姿勢) が関係し，抗力には，気流 (風速) が関係してくる。そのため、生徒が図3-2の問題に取り組んでいる際に、「飛距離の向上には何が関係してくるのだろうか？」という問いを立てた場合、飛行機が飛ぶ原理や選手が遠くまで飛ぶ原理を紹介したり、その内容に焦点化したりすることが考えられる。このことにより、中学校理科第1分野の「力のつり合いと合成・分解」、「力のつり合いと合成・分解」、「運動の規則性」の学習内容を理解したり、それらの理解をより深めたりする機会が生まれる。

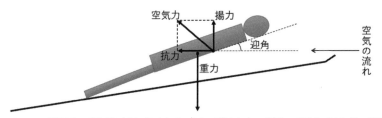

図3-3　飛行中の選手にはたらく力のイメージ (山本・坪倉, 2018：160を一部改変)

　また、技術 (T) の観点からは、Microsoft Excel (以下エクセル) やCODAP (https://codap.concord.org/) などの統計分析用のソフトウェアの活用が考えられる。こうしたソフトウェアを用いることによって、ドットプロットからヒストグラム、そして箱ひげ図へといったように、統計グラフを目的に応じて変換することが可能となったり、統計量が求めやすくなったりするため、表3-2の「分布の見方」が豊かになり、新たな傾向の発見や多面的な意思決定に繋がる。さらに、リベラル・アーツ (A) の観点からは、選手選考の公平性などに焦点をあてることもできる。

　「問題解決能力や批判的思考力の育成」(**2.**) に関しては、前述の「STEM系教科・領域の学際的な内容」の分析から、「スキージャンプ教材」には、様々なモデルが関わっており、それらのモデルを生成・評価・改訂したり、関連づけたり、併用したりする学際的な問題解決プロセスを展開できる可能性がみえてくる。例えば、図3-2に示されているヒストグラムは、データのばらつきを表したモデル (統計的モデル) であり、統計分析用のソフトウェアを用いて表現を変換することで、ヒストグラムだけでなくドットプロット、箱ひげ図といった新たなモデルも作成することができる。そして、これらの複数のモデル同士を関連づけることで、データを多面的に分析することができる。この例は、統計的モデル同士を関連づける例であるが、物理モデルと統計的モデルを併用する例も考えられる。例えば、図3-3に示されているイメ

ージ図は、飛行中の選手に働く力の関係を表したモデル（物理モデル）である。このモデルを用いて、飛距離に影響する要因を発見したり説明したりすることで、選手の選択には、飛行距離のデータだけでなく、公開されている飛型得点や大会当日の風速などの他のデータの収集も必要であることに気づくことができる。そして、これらのデータをヒストグラム、箱ひげ図、散布図などのモデル（統計的モデル）で表現・分析することで、より多面的な意思決定に結びつけることができる。このように、データを多面的に吟味し、よりよい解決や結論をみいだすことは批判的思考を働かせることにもなる。

2.「学びの STEAM 化」へ

　日本の授業研究の根幹をなす教材研究は、教科書の内容や学習指導要領に基づいてなされているため（例えば、Isozaki & Isozaki, 2022；宮川 , 2021）、日頃扱っている教科書を用いて学際的な視点から教材研究をすることは、「学びの STEAM 化」の促進に繋がり得る。つまり、日々の教科の授業の延長としての STEM/STEAM 教育の実現である。上記 **1.** の教材研究の例でいえば、教師が自身の算数・数学の実践が STEAM の諸領域と繋がっていることに気づき、他教科・領域等との繋がりを強調した算数・数学の授業、ひいては学際的な STEM/STEAM の授業へと発展させる足掛かりとなることが期待される。

　なお、本節では、中学校数学教科書の事例をとりあげたが、小学校算数教科書の統計教材にも、ものづくりと関連する教材（紙飛行機の飛距離のデータを比較して代表選手を選択する教材）や理科の内容と関連する教材（条件の違いによる植物の背丈を比較する教材）が載っている。理科の教科書でも、データを扱った教材は多い。こうした教材も、学際的な視点で眺めることにより、STEM/STEAM 教材の貴重な原石になりうる（川上 , 2021）。

第 5 節　数学教育の立場からみた STEM/STEAM 教育の課題

　これまでも度々指摘されてきている課題の 1 つは、STEM/STEAM 教育において、数学の関与が計算や記号化等に留まり、数学の役割が弱くなってしまうことである（例えば、English, 2017；Maass et al., 2019；二宮・日野, 2018）。二宮・日野（2018）は、STEM 教育における数学が、単に「方法」としての位置付けのみならず、「価値ある」数学的な「内容」を伴った位置づけとなる必要があると述べ、その手掛かりを数学的モデリングの位置付けに求めている。また、Maass et al.（2019）も、STEM 教育における数学の役割を顕在化するための手段の 1 つとして、数学的モデリングの活動を STEM 教育に取り入れることを提言している。今後、数学的モデリングが、STEM/STEAM 教育における数学の役割をどのように顕在化し、日本における STEM/STEAM 教育の実現にいかに貢献するのかについて、理論と実践の両面から探っていく必要がある。しかも、このことは、数学に限ったことではない。第 3 節で述べたように、モデリングは、数学だけでなく、理科や技術なども含めた STEM/STEAM 系教科・領域に通じるプロセスである（Hjalmarson et al., 2020）。そのため、日本の STEM/STEAM 教育を実践するうえで、教科等の役割や本質を顕在化するための 1 つの方策としてモデリングの活動を取り入れたい。その際、学際的な学びの内容を提供するデータ（統計）を扱った教材にも着目したい。

　また、STEM/STEAM 教育は異なる分野・領域が関連するため、カリキュラムについても課題が多い。第 2 節で取り上げた Anderson et al.（2020）は以下のような課題を挙げている。
- 統合型の STEM カリキュラムが生徒の数学の学習をどのように支えるのか？
- 統合型の STEM 教育における数学の応用と数学の内容の学習をどのようにバランスとればよいか？そのためにどのような指導枠組みが必要か？

- 数学がどのように STEM の他領域の内容の学習を支えるのか、STEM 教育を通してどのように数学の学習を進展させるのか？
- STEM 教育を国家カリキュラムに位置づけるためにはどのような枠組みが必要か？

　日本でもカリキュラム・マネジメントの概念が広まりつつあり、「令和の日本型学校教育」の構築においてもカリキュラム・マネジメントは大きな課題である（例えば、奈須, 2021）。既にオーストラリアでは、学校単位で STEM 教育カリキュラムを策定し、各教科の教師が連携しながら実践・評価する試みがなされ始めている（例えば、川上, 2022）。日本においても STEM/STEAM カリキュラムの構築は、今後さらに重要性が高まると考えられる。

　さらに、STEM/STEAM の教師教育に関する課題も未解決である（Anderson et al., 2020）。第4節で述べたように、数学外の専門的知識を活用する真正な STEM/STEAM 教材を作成し、学際的な課題を解決する授業を設計し、実践できる算数・数学教師の養成と職能開発の必要性が指摘されている（例えば、Kawakami & Nishimura, forthcoming；川上・佐伯, 2021；西村・太刀川, 2019；大谷・五十嵐, 2021；佐伯他, 2021）。しかも、学際的な教材研究を促進するためには、STEM/STEAM 系教科・領域の教師の協働（磯﨑・磯﨑, 2021）も必要不可欠である。日本の STEM/STEAM 教育を担う教師として、自教科（本章では、算数・数学）の本質を踏まえた教材研究や授業実践のみならず、他教科（本章では、例えば理科や技術）の教師と連携しながら、STEM/STEAM 系教科・領域の本質を反映した学際的な教材研究や授業実践も志したい。

―― 問　い ――

1　数学教育の立場から行われている STEM 教育への取り組み方には、どのようなものがあるかを挙げてみよう。
　　hint 第2節 **1.** 〜 **3.** を参照しよう。

2　「データ（統計）」と「モデリング」が、統合型の STEM/STEAM 教育の実現のための視点になる理由について説明してみよう。
　　hint 第3節 **1.** 及び **2.** を参照してみよう。

3　中学校数学教科書における「一次関数の利用」の問題を1つ選び、図 3-1 の A1、あるいは、D1 の過程がより顕在化するように問題を作り替えてみよう。
　　hint 図1の A1 を顕在化するために、「教科書の問題で設定されている仮定や条件をより少なくすることで、理想化・単純化された教科書の問題をより現実的な文脈を含んだ問題にすること」が大切になります。また、D1 を顕在化するために、「問題解決がどのような仮定の基になされたのかを振り返り、「仮定を明確化する問い」や「設定した仮定を変更して再度問題解決を行うなど、より良い数学的モデルと解を得ることについての問い」を加えることが重要となります。いずれの過程を顕在化する場合においても、「現実世界で解決すべき目的が明確で、生徒にとってオーセンティックな問題にすること」が大切になります。詳しくは、佐伯他（2019）を参照しよう。

4　「普段使用している算数・数学教科書や理科教科書に載っている統計教材やデータを扱った教材を1つとりあげ、その教材に内在している学際的な知識を列挙してみよう。
　　hint 表1のような科学（S）、技術（T）、エンジニアリング（E）、数学（M）のトピックに着目したり、学習指導要領（文部科学省, 2018b, 2018c, 2018d）における「理科の見方・考え方」、「数学的な見方・考え方」、「技術の見方・考え方」に着目したりしよう。

文献

Anderson J., English L., Fitzallen N., & Symons D. (2020): TThe contribution of mathematics education researchers to the current STEM education agenda. In J. Way et al. (Eds.), *Research in mathematics education in Australasia 2016–2019*, 27-57, Springer.

中央教育審議会 (2016)：幼稚園, 小学校, 中学校, 高等学校及び特別支援学校の学習指導要領等の改善及び必要な方策等について（答申）. https://www.mext.go.jp/b_menu/shingi/chukyo/chukyo0/toushin/__icsFiles/afieldfile/2017/01/10/1380902_0.pdf

Cobb, G. W., & Moore, D. S. (1997): Mathematics, statistics, and teaching, *The American Mathematical Monthly, 104*, 801-823.

English, L. D. (2017): Advancing elementary and middle school STEM education, *International Journal of Science and Mathematics Education, 15*, 5-24.

English, L. D., & King, D. T. (2016): Designing an earthquake-resistant building. *Teaching Children Mathematics, 23*, 1, 47-50.

English, L. D., & Mousoulides, N. (2015): Engineering-based modeling: Bridging school mathematics real-world problems, *Mathematics Teaching in the Middle School, 20*, 533-539.

Hjalmarson, M., Holincheck, N., Baker, C., & Galanti, T. (2020): Learning models and modeling across the STEM disciplines. In C. Johnson et al. (Eds.), *Handbook of research on STEM education*, 223-233, Routledge.

池田敏和他 (2021)：中学校数学 1, 学校図書.

磯﨑哲夫・磯﨑尚子 (2021)：日本型 STEM 教育の構築に向けての理論的研究：比較教育学的視座からの分析を通して, 科学教育研究, 45, 2, 142-154.

Isozaki, T., & Isozaki, T. (2022): Rethinking lesson study in Japan: A case study snalysis. In M. S. Khine, & T. Liu, (Eds.), *Handbook of research on teacher education*, 573-588, Springer.

川上貴 (2013)：小学校第 5 学年における「分布の見方」の育成をめざす統計指導の可能性：予想－実験－確認のプロセスを指導アプローチとして, 日本数学教育学会誌, 95, 8, 4-12.

川上貴 (2021)：統計教育から STEM/STEAM 教育の第一歩を, 新しい算数研究 10 月号, 609, 38-39.

川上貴 (2022)：オーストラリアにおける STEM 教育に関する動向調査：学習評価と教員支援についての数学教育の視点からの示唆, 日本科学教育学会第 46 回年会論文集, 185-188.

Kawakami, T., & Nishimura, K. (forthcoming): Teacher education for STEAM integration incorporating data modelling and design processes. in T. Isozaki (Ed.), *Theory and practice of STEAM education in Japan*, Routledge.

川上貴・佐伯昭彦 (2021)：算数・数学教科書の教材から STEM 教材への再教材化：数学教育の立場からの STEM 教師教育への一提案, 日本科学教育学会研究会研究報告, 35, 5, 79-84.

川上貴・佐伯昭彦 (2022)：学校数学におけるデータ駆動型モデリングの活動を捉える枠組み：数学的モデルと統計的モデルを視座として, 科学教育研究, 46, 4, 421-437.

Kawakami, T., & Saeki, A. (forthcoming): Extending data-driven modelling from school mathematics to school STEM education. in J. Anderson, & K. Makar (Eds.), *The contribution of mathematics to school STEM education: Current understandings*. Springer.

木村優里・辻宏子・森田裕介 (2022)：STEAM 教育の課題設定及び解決場面における統計データの読み取りと活用, 日本科学教育学会研究会研究報告, 36, 6, 33-36.

国立教育政策研究所 (2012)：平成 24 年度全国学力・学習状況調査解説資料【中学校】報告書（数学 B）.

Lehrer, R., & Schauble, L. (2006): Cultivating model-based reasoning in science education. In R. K. Sawyer (Ed.), *The cambridge handbook of the learning sciences*, 371-387, Cambridge University Press.

Maass, K., Geiger, V., Romero Ariza, M., & Goos, M. (2019): The role of mathematics in interdisciplinary STEM education. *ZDM Mathematics Education, 51*, 6, 869-884.

松原憲治・高阪将人 (2021)：我が国における教科等横断的な学びとしての STEM/STEAM 教育の意義：各教科等の「見方・考え方」と Big Ideas に注目して, 科学教育研究, 45, 2, 103-111.

宮川健 (2021)：日本の授業研究を支える社会的構造, 日本数学教育学会（編）, 「算数・数学授業研究ハンドブック」, 256-265, 東洋館出版社.

文部科学省 (2018a)：小学校学習指導要領解説算数編. 日本文教出版.

文部科学省 (2018b)：中学校学習指導要領解説数学編. 日本文教出版.

文部科学省 (2018c)：中学校学習指導要領解説理科編. 学校図書.

文部科学省 (2018d)：中学校学習指導要領解説技術・家庭編. 開隆堂.

奈須正裕 (2021)：個別最適な学びと協働的な学び. 東洋館出版社.

二宮裕之・日野圭一 (2018)：STEM 教育における数学の位置付けについて：数学的モデリング研究の成果を踏まえて, 長洲南海男（編者）, 教科と内容構成新ビジョンの解明：米国・欧州 STEM・リテラシー教育との比較より（科学研究費補助金最終報告書：課題番号 15H03493）, 133-147.

西村圭一・古家正暢・福原正大・中里忍・野口祐子 (2022)：シミュレーション型 STEAM 教材の開発：「実践可能性」を視点に, 教材学研究, 33, 89-98.

西村圭一・太刀川祥平 (2019)：STEM 教育に向けた数学科の教師教育に関する一考察：欧州の Mascil プロジェクトの分析を通して, 日本科学教育学会第 43 回年会論文集, 151-154.

大谷洋貴・五十嵐敏文 (2021)：理科教育の実験活動における教員志望学生の統計的知識に関する事例的調査：STEM 教師教育に向けて, 科学教育研究, 45, 2, 194-205.

佐伯昭彦・金児正史・川上貴 (2021)：数学教育の立場からの STEM 教師教育プログラム構想の提案：算数・数学教科書の教材からの STEM 教材への再教材化を中核として, 日本科学教育学会研究会研究報告, 35, 6, 17-20.

佐伯昭彦・川上貴・金児正史 (2019)：算数・数学教科書の応用問題を数学的モデリングの教材に作り替えるための枠組みに関する一考察, 科学教育研究, 43, 3, 220-232.

Watson, J., Fitzallen, N., & Chick H. (2020): What is the role of statistics in integrating STEM education? In J. Anderson & Y. Li (Eds.), *Integrated approaches to STEM education*, 91-115, Springer.

Watson, J., Fitzallen, N., English, L., & Wright, S. (2020): Introducing statistical variation in year 3 in a STEM context: Manufacturing licorice Licorice, *International Journal of Mathematical Education in Science and Technology, 51*, 354-387.

Wild, C. J., & Pfannkuch, M. (1999): Statistical thinking in empirical enquiry, *International Statistical Review, 67*, 3, 223-248.

山本敬三・坪倉誠 (2018)：スキージャンプの流体力学, バイオメカニズム学会誌, 42, 3, 159-164.

第1節　日本における STEM 人材の特徴

1. アメリカと日本における STEM 人材の比較

　STEM/STEAM 教育における Science(S) や Mathematics（M）の関わりについて知るには、その教育や学術分野における内容が中心となりやすい。これに対して、新たに求められている STEM/STEAM 教育の背景を知るには、STEM/STEAM に Technology（T）や Engineering(E) がなぜ含まれているのか、その背景について知ることは正確な STEM/STEAM 教育を知る上で極めて重要となる。なぜ、理数（S と M）教育だけでなく、そこに、新たに技術・工学（T と E）教育が結びつく必要があるのか、本論では技術・工学分野の背景にある産業構造と STEM 人材との関わりについて考えてみることにする。

　STEM/STEAM という言葉が生まれたアメリカにおいては、STEM 分野における人材育成が注目されている。アメリカでは、COMPETES 法と呼ばれる連邦法が制定される等、連邦政府の政策によって、STEM 人材の育成を強化・推進していく動きが大きく強まったと言われている（America COMPETES Act, 2007）。STEM 人材に関しては、2013 年にアメリカ国勢調査局（U.S. Census Bureau）が発行した American Community Survey Reports において、25 ～ 64 歳の STEM 分野に関わる労働力の不足が指摘されており、STEM 人材を育成するための課題や予算投入の必要性等が示されている (Liana, 2013)。ここでのアメリカと日本における STEM 人材を表 4-1 に示す。アメリカでは、コンピュータや数学に関する職業に加え、エンジニアや科学者等の職業が STEM 人材として位置付けられている。これらの職業に対応する日本の STEM 人材を当てはめるならば、表 4-1 に示すように、研究者や技術者が位置付けられる。

　そこで、表 4-1 の STEM 人材の枠組みに従い、両国における STEM 分野に関わる労働力を比較した結果を表 4-2 に示す（田中ら , 2021）。アメリカと日本における人口比は約 3 対 1 であり、それに対応して STEM 分野の労働力も存在するが、人口比で見た場合には、両国ともに同等の労働力であり、STEM 人材の割合も約 6% と同程度であることがわかる。

表 4-1　アメリカと日本における STEM 人材 (田中ら, 2021)

分類	アメリカ STEM 人材に関する職業	職業の和訳	日本における職業分類
1	Computer and Mathematical occupations	コンピュータ・数理の職業	研究者, 技術者
2	Engineers	エンジニア	技術者
3	Engineering technicians	エンジニア技術者	技術者
4	Life scientists	生命科学者	研究者
5	Social scientists	社会科学者	研究者
6	Science technicians	科学技術者	技術者

表 4-2 アメリカと日本における労働力人口と STEM 分野に関わる労働力の比較

国　名	米　国	日　本
総人口[a]（千人）	311,580	127,799
労働力人口[b]（千人）	125,507	51,920
労働力人口比 (b/a × 100(%))	40.3	40.6
STEM 分野に関わる就業者数[c]（千人）	7,228	2,862
STEM 人材の比 (c/b（%）)	5.8	5.5

※ a： 米国は OECD. Stat より、日本は人口推計より抽出
※ b： 25 ～ 64 歳の労働に従事することが可能な人口を抽出（データハンドブック国際労働比較より）
※ c： 米国の STEM 分野に関わる就業者数は、American Community Survey Reports より抽出し、日本の就業者数は技術者＋研究者の総数を求め、技術者は労働力調査より抽出し、研究者は科学技術研究調査より、産業、公的機関、非営利団体の研究者の合計を算出した。また、技術者に関しては、25 ～ 64 歳までの就業者数を抽出し、千人以下が切り捨てされた人数（228 万人）で表記されていたので、その数字を用いた。研究者は年齢の表記が示されていなかったので、記載された総数（582 千人）を用いた。

したがって、アメリカと日本における STEM 人材の比が同程度であることから、日本においても STEM 人材に関わる労働力が不足するという側面では、同様の傾向にあることが予想される。

２．STEM 人材としての技術者の特徴

STEM 人材における主要な割合を示す技術者に焦点をしぼって、さらに詳細に STEM 人材の動向について見てみることにする。

図 4-1 は大学学部及び大学院の卒業・修了者における主な技術者への就職者の割合について求めた結果を示す（田中ら，2021）。日本における技術者を希望する卒業・修了者は 1990 年代を境にして、情報処理・通信技術者の割合が増加しており、2000 年代に入ると技術者全

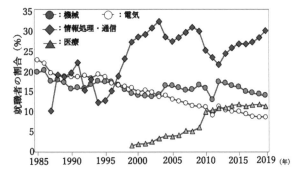

図 4-1 大学学部及び大学院の卒業・修了者における主な技術者への就職者の割合

体の約３割を占めるようになってきている。さらに、2000 年代に入ると、日本の技術者の中に診療放射線技師や理学療法士、臨床検査技師等に代表される医療技術者への就職者数が増加していることがわかる。また、最近では、減少傾向にある電気技術者の割合を越えて、10% 以上に達している。すなわち、日本における STEM 人材は、近年、情報処理・通信技術者や医療技術者への就職者の割合が増加しており、求められる技術者の動向が変化していることがわかる。

３．今後求められる STEM 人材の育成と裾野にある教育の必要性

前述したように、日本における技術者は全労働力の約６％であり、その内訳に関しては、新たに情報処理・通信技術者や医療技術者が、社会の重要なニーズになってきているものと考えることができる。したがって、世界における我々の生活が同様のスタイルで変化しているのであれば、日本においても STEM 人材の不足が予想され、このような人材不足は近年よく耳にする IT 人材等の不足として考えることができる。ただし、ここで気を付けなければいけないことは、従来からの社会基盤を支えてきた機械や電気技術者が不必要になるわけではなく、これらの STEM 人材に加えて、新たに情報処理・通信や医療の分野にまで、多くの技術者が必要な社会を迎えつつある点に注意を払う必要がある。

特に、上記で述べた IT に関わる内容に関しては、我々の生活におけるあらゆる場面に浸透していく性質をもっており、日々の生活におけるスマートフォンやインターネットの使用、買い物の決済、交通機関における自動化等に関しては、それらに関わる電気や機械等の基盤技術と結び付いて、いたるところで情報処理・通信の技術が使われている。このような現状から、今後求められる技術者は、従来から求められている理工系を中心とした情報処理・通信に関することをよく知っている技術者に加え、あらゆる生活の場面と情報処理・通信の技術をつなぐ、多様な技術者が必要になってくることが予想される。このような技術者を育成するためには、多様な情報処理・通信技術者に対応できる STEM 人材の育成が必要になる。

近年、大学に設置されるようになってきたデータサイエンス学部や学科等は、各大学の特

性に合わせて、データサイエンスに関わる多様な人材の育成を目的としており、このような人材育成が新たな STEM 人材の育成として注目することができる。さらに、情報処理・通信に関わる多様な技術者の育成が求められるのであれば、単に、その人材育成につながる技術教育だけでなく、その裾野にある技術を理解して、自分なりに活用できる広く開かれた技術教育が必要になる。また、このような新たな技術教育は、電気や機械等の基盤技術と結び付いた生活における情報技術を誰もが享受できるように、広く開かれたテクノロジー社会で生きる基礎となる技術教育が必要なことを示している。

第 2 節　STEM/STEAM 教育と技術教育の関わり

1. STEM 教育の根幹をなすもの

　産業革命以降、電気や機械を中心とした技術の発達は、我々の生活や社会における状況を大きく変化させた。自動車や飛行機等の交通機関に関わる技術は、我々の移動を便利にさせ、洗濯機や掃除機、電話等の技術は我々の生活を便利にしてきた。さらに、近年では、これらの技術に情報処理・通信の技術が加わり、生活をより便利にさせようとしている。このような進歩の背景には、技術（テクノロジー）に使われる科学の発展やその科学や技術の基盤を構成している数学に関する理論の活用が大きい。

　STEM/STEAM 教育が生まれてきたアメリカでは、このような生活や社会における大きな変化を生み出し、変化を形作り、変化に対応してきた背景を踏まえ、「すべてのアメリカ人のための科学」を発表している（AAAS, 1991）。ここで、科学（S）、数学（M）、技術（T）の教育は、明日の世界を担う現在の子どもたちにとって必要不可欠なものと位置付けている。これは、現在の STEM/STEAM 教育が重視されるようになった S、M、T に関わる根幹となる考え方に当たる。図 4-2 は、アメリカにおける STEM に関する代表的な教育施策の関係を著者が整理したものである。前述した AAAS が示した科学、数学、技術の教育の重要性に加え、STEM/STEAM 教育が重視されるようになってきた 2010 年代を迎えると、アメリカでは新しい科学教育として、工学（E）との関わりを重視した科学教育のスタンダードが示されている（National Research Council, 2013）。さらに、2020 年には国際技術・工学教育者学会（ITEEA）が T と E との関わりを重視した技術・工学教育のスタンダードを示している（ITEEA, 2020）。

　以上のことから、アメリカの各界において進められている S、M、T に関わる教育的な施策が、図 4-2 に示すように、S、M、T の関わりから派生したエンジニアリング (E) を基軸とし

図 4-2 アメリカにおける STEM に関する教育施策の関係

て、STEM という形で表出してきていると考えることができる。したがって、アメリカや日本における STEM 人材の動向や、新たな時代に求められる S、M、T に関する教育の方向性から、STEM 教育はエンジニアリングを基軸に科学、数学、技術が互いに関係する教育として位置付けることができる。

2．STEAM（STEM+A）教育と技術教育の関わり

　日本では、アメリカにおける STEM 教育の重要性を踏まえ、AI や IoT などの急速な技術の進展により社会が激しく変化する中において、課題の発見・解決や社会的な価値の創造に結び付けていく STEAM 教育の重要性について取り上げている（文部科学省，2021）。さらに、文部科学省では STEM に加え、芸術、文化、生活、経済、法律、政治、倫理等を含めた広い範囲で A を定義し、各教科等での学習を実社会での問題発見・解決に生かしていくための教科等横断的な学習を推進している。

　図 4-3 は、著者が発表した STEM/STEAM 教育における考え方と STEM+A の関わりについて整理した内容である（大谷，2021）。文部科学省が示す STEM/STEAM 教育にあるように、STEM/STEAM 教育はあくまでも社会における STEM 人材（技術者や研究者）が行う問題解決活動に準じて、社会的課題解決への実装を目指して進められる特徴を持っている。したがって、STEM/STEAM 教育が、実際の学校で進められる場合には、STEAM のそれぞれの分野に関わる教科が、個々の立場から教科横断的にアプローチすることはあるが、これまで技術教育が目指してきたように、基本的には社会的な課題解決への実装を目指して行う教育がゴールにあることを念頭に置く必要がある。そのために、技術（T）の基盤となる科学（S）や数学（M）との関連性を重視しながらも、エンジニアリング（E）の活動（ここでは誰かのために新たな価値を創り出す収束的思考に基づく創造と位置付けている）に基づいて、社会的課題解決への実装を進めるような教育が行われるべきである。

　ただし、E の活動における収束的な創造は、とかく STEM 人材にあるような、理工系分野の人々が進める創造活動に偏りがちになる。そのため、我々の生活や社会における豊かな暮らしや未来を創り出すため、各自がまず、自分の思い（ありたい姿を目指して拡散的思考に基づき創造する）をもち、さらに各自の思いから自分たちのありたい姿を探し、もっと人々に寄り添った考えに基づいて、他者の立場に立って考える（誰かのために創造する）流れに沿った問題解決の活動が重要になる。そこに、STEM+A の考え方の根源があり、学校の教育に置き換えるならば、技術や理科、算数・数学等の STEM に関わる教科に加え、図画工作や美術、音楽、社会、国語、家庭、特別活動、体育等に関わる総合的な教科横断が重要になることを示している。

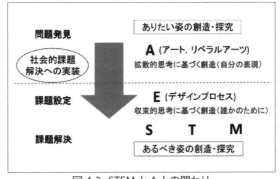

図 4-3　STEM と A との関わり

3．STEM/STEAM 教育における E の取り扱いと技術教育の役割

　STEM/STEAM 教育を通して、各教科等での学習を実社会での問題発見・解決に活かしていく横断的な学習を進めるには、教育の内容と方法の取り扱いが重要になる。学校において

教科を学習する場合には、各教科における内容と方法の特徴がある。

　例えば、理科では光の屈折と反射について学習する場合には、屈折や反射に関する知識を獲得しながら内容を学習する。一方で、これらの内容を学習する場合には、光がどのように屈折するのか、反射するのかを仮説を立て、実験し、検証する方法についても学習している。これらの内容と方法を織り交ぜながら、思考・判断・表現する探究学習が繰り返され、科学的な能力や態度を育成する学習が行われる。同様に、技術の学習では、以前から材料や加工、電気や機械、情報、生物育成等の内容を学習する上で、ものづくり等の活動を通して、計画（設計）を立て、実行（製作・制作・育成）し、評価するプロジェクトの方法が用いられてきた。このような学習は、エンジニアリングによる社会活動の方法と似ており、このような実践的・体験的な方法を用いて、社会的な課題解決への実装を目指した教育が行われてきた。

　近年、アメリカやイギリス等の諸外国における技術教育では、このような実践的・体験的なエンジニアリングによる学習方法を取り入れた実践が行われている。宇宙開発に関わる連邦機関として有名なアメリカ航空宇宙局（NASA）においても、図4-4に示すエンジニアリングデザインプロセス（EDP）の考え方が紹介されている。NASAでは先生や学生へのSTEMによる問題解決活動の方法として、問題の制約を特定し、問題を解決するために創造・計画・実行・改善するEDPの方法を強く推奨している。このようなEDPの方法は、図4-5に示すように、平成29（2017）年改訂中学校学習指導要領解説技術・家庭技術分野における学習過程としても取り入れられている。技術分野の学習では、生活や社会の中から問題を見出し、問題の

図4-4　NASAにおけるエンジニアリングデザインプロセス（EDP）
（NASA STEM Engagement，Page Last Updated: Jan 30, 2018）

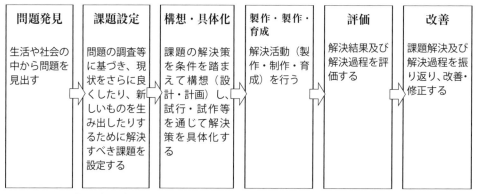

図4-5　平成29（2017）年改訂中学校学習指導要領解説技術・家庭技術分野における学習過程

調査に基づき課題を設定し、構想の具体化、試行・試作・製作・制作・育成、評価・改善によるEDPの学習方法を推奨している。

　以上のことから、技術教育の内容を構成している材料や加工、電気や機械、情報、生物育成等の内容は、その内容を構成する工学や農学に関わるエンジニアリングの学問分野が背景にある。STEM教育では、研究者や技術者等の人材育成に関わる社会背景から、とかくこのような内容の基礎をしっかりと学習させようとする傾向に陥りがちである。しかし、広く開かれた教育では、このような内容面におけるSTEM教育の強化よりも、我々の未来をより創造的な社会に切り替えるため、STEMによる問題解決能力を高めるEDPによる学習方法が初等教育等の段階から、より一層重視する必要がある。技術教育ではこのようなEDPによる創造的な学習方法が用いられており、理科等で行われている仮説→実験→検証等の探究的な学習方法と組み合わせることによって、創造と探究による横断的なSTEM/STEAM教育を展開することができる。

第3節　STEM/STEAM教育の視点から捉えた広く開かれた技術教育の必要性

1. 日本における技術教育の現状

　STEM/STEAM教育の視点から捉えた広く開かれた技術教育を考える上で、日本における技術教育の現状について確認しておく。図4-6は、日本における技術教育について整理した系統図（2022年段階）を示す。

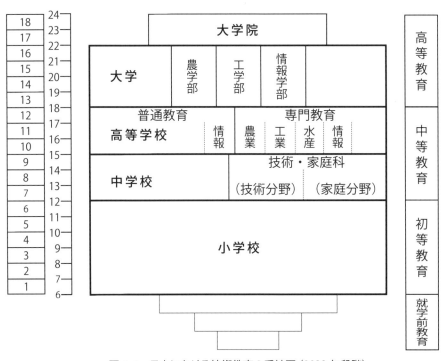

図4-6　日本における技術教育の系統図（2022年段階）

日本における技術教育は、初等教育の段階では、従来から図画工作科において、それに関わる教科として、技術教育関係者の中では位置付けられてきた。ところが、図画工作科における工作の学習では、前述したEDPのようなエンジニアリングの学習を取り入れておらず、技術教育を実施していないのが現状である。したがって、中学校技術・家庭科における技術分野、さらには高等学校における教科情報が、技術教育関係者の中では普通教育における技術教育に関わる教科として位置付けられている。

　これに対して、高等学校における専門教育には、農業や工業、水産、情報等の技術教育が実施されており、大学では農学部、工学部、情報学部等、それにつながる大学院において、専門的な技術・工学教育が行われている。本論では、初等・中等教育段階における普通教育が、前述した広く開かれた教育として位置付けており、中等・高等教育における専門教育が、STEM人材に繋がる人材育成のための教育として位置付けることができる。

２．STEM/STEAM教育の視点から捉えた広く開かれた技術・工学教育の必要性

　AIやIoTなどの急速な技術の進展により、新たな社会が到来しようとしている。このような社会においては、益々、新しい技術（テクノロジー）と共存するための教育が必要になってくる。本論で取り上げるSTEM/STEAM教育は、まさにそのような変革の時代に必要な教育を示している。特に、大きな変革を引き起こすような社会においては、広く開かれた教育において、我々一人ひとりが社会から取り残されないような、新たな裾野となる教育の在り方が求められる。

　以上のような現状に基づいて、図4-6に示した技術教育における系統図を俯瞰した場合には、初等・中等教育段階における新たな技術・工学教育の在り方が重要になってくる。特に、初等教育段階における技術教育に関しては、歴史的な経緯から、戦前において、小学校への手工科の導入等の試みが実施されている（国立教育政策研究所，2013）。また、アメリカやイギリスでは、小学校高学年の段階において、前述したEDPを取り入れた技術・工学教育が実施されている（大谷，2019）。ここで、最も重要なことは、技術教育が歴史的な変遷を通して辿ってきた経緯を踏まえ、初等教育段階において、本当に技術教育が必要であり、もし必要であるならば、新たな時代に求められる技術教育とは、どのような教育かについて示すことが重要になる。

　上記の問いに対して、身のまわりにおける基礎的な学習を重視する小学校段階において、STEM/STEAM教育の視点から捉えた広く開かれた技術教育には、テクノロジー（技術）社会において、これから我々が生活していくために最低限必要な技術的なリテラシーと、広く開かれた学校を目指して、社会を切り開いていくEDPの方法を取り入れた新たな技術・工学教育の導入が重要になってくると考えられる。身のまわりにおける自立した活動を重視する小学校の学習においては、このような社会を切り開く問題解決によるEDPの方法を学ぶことは、これから迎える社会において必要な教育であり、その教育はSTEM/STEAM教育による横断的な学習の中で求められる核となる学習である。このようなEDPを取り入れた新たな教育の重要性については、技術教育における中核的な学術団体である日本産業技術教育学会においても、次世代の学びを創造する新しい技術教育の枠組みが提案されている（日本産業技術教育学会，2021）。

第4節　技術教育における情報・データサイエンス教育の役割

1．技術・工学教育における情報・データサイエンス教育の必要性

　前述した EDP の学習方法は、工学的（エンジニアリングによる問題解決）なプロセスを学習に取り入れていることに特徴がある。このプロセスでは、図 4-5 に示したような、中学校技術分野の学習において、生活や社会における問題を見出し、問題の調査に基づいて、課題を設定する学習が取り扱われている。このような問題を調査する学習においては、闇雲に問題を調査したり、一部に偏った調査によって、問題を正確に見出しにくいことがある。また、このような調査では、インターネット等から収集される大量の情報を処理する力が必要になる。さらに、このような問題を見出す行為は、これからの社会において問題を解決する能力と同様に、新たな問題を発見できる能力として、重要な能力に位置付けられる。

　このような問題発見の能力は、前述した大学のデータサイエンス学部や学科等の新設に伴う、新たな STEM 人材の育成として注目されている内容に通じている。すなわち、技術教育において新たに取り入れた EDP の学習方法には、問題を見出すプロセスが含まれており、そのプロセスにおいて、多くの情報を巧みに使いこなしたり、活用したりできる新たな情報・データサイエンスに関する技術・工学教育が含まれていることに注意したい。

2．技術教育と情報教育との関係

　平成 29（2017）年の学習指導要領の改訂において、小学校に新たにプログラミング教育の導入が進められたことは記憶に新しい。このようなプログラミング教育の実践が、STEM 教育と混同して用いられる場合がある。前述した STEM 人材の育成において、情報処理・通信に関する技術者等（IT 人材）の増加を考えれば、プログラミング教育は STEM 教育における一部として考えることもできる。ただし、プログラミング教育を行うことが、情報教育であるとの考え方は、STEM 人材の育成や STEM/STEAM 教育における枠組みにおいては、ほんの一部に過ぎない。

　また、高等学校の普通教育において教科情報が設置されており、令和7(2025) 年の大学入学共通テストから、国立大学の一般選抜の受験生には原則として、入試に情報が課される予定になっている。このような情報の内容は、中学校技術分野において、30 年以上前から導入されている情報に関する技術の内容の延長線上に構成されているものである。また、小学校におけるプログラミング教育が情報教育の一部であることを考えると、このような現状の中で、さらに AI や IoT 等の情報に関わる技術が発達し、広く普及・促進されることが予想される。したがって、小学校の段階から、情報教育を展開する場合には、第 1 節でも述べたような、AI や IoT 等の電気や機械等の基盤技術と結び付いた生活における情報技術が広く普及することが予想されるため、単にプログラミングの技能を学習する内容だけで情報教育を展開することは不十分であり、広く開かれたテクノロジー社会で生きる技術教育を視野に入れた情報教育をいかに構成するかが重要になってくる。

3．技術教育におけるデータサイエンス教育

　技術教育における情報教育との関わりについては前節でも述べたが、データサイエンスの教育に関しても技術教育との関わりが深い。データサイエンスの考え方については、The Data Science Venn Diagram（Drew Conway Data Consulting, 2015）の分類において、図 4-7 に

示すデータサイエンスの要素が示されている。これら
の要素には、数学・統計に関する要素に加え、情報
や領域知識／価値創造等の要素が含まれている。こ
れらの要素に関わる学校教育の教科に関しては、数
学・統計では算数・数学の教科と関連が深い。これ
に対して、情報の内容は、小学校のプログラミング、
中学校技術分野の情報技術の内容、高等学校におけ
る教科情報と関連している。また、領域知識／価値
創造における価値創造のための内容は、数学・統計
や情報を駆使して、価値創造するエンジニアリング
のプロセス、すなわち EDP の学習と関連している。

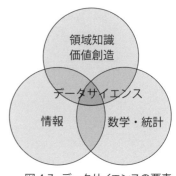

図 4-7　データサイエンスの要素

　現状の学校教育においては、データを活用するデータサイエンスに関する基礎的な内容
等は算数・数学の教科において実施されている。ところが、図 4-7 に示すデータサイエンスに
関する学習を構成するためには、情報や EDP の要素を含む学習を取り入れる必要があり、広
く開かれた教育においてデータサイエンス教育を実施するためには、技術教育が果たす役割
は非常に大きい。

第 5 節　技術教育の視点から捉えた STEM/STEAM 教育の現状と課題

1．教員養成の視点から捉えた技術教育の現状

　技術教育における性質上、歴史的な経緯から専門教育における位置付けが強く、これま
で中等教育段階以上における専門教育と中学校における普通教育に技術教育が限られてきた。
社会に開かれた学校がさらに促進すること、また AI や IoT に代表されるような、情報技術が
広がる新たな社会が到来することによって、EDP 等の学習方法を取り入れた情報教育を伴うよ
うな、広く開かれた技術教育が必要なことを述べた。

　以上のような状況を踏まえ、本節では教員養成の視点から、STEM/STEAM 教育を展開す
る上での技術教育の現状について考えてみることにする。STEM 教育を学校において展開す
る場合には、STEM を構成する教科、すなわち、理科、算数・数学、技術の役割が重要にな
る。特に、技術は中学校にしか教科が存在せず、小学校の段階において、STEM 教育を展開
するには、理科や算数を担当する教員が横断的な学習を展開する中心的な役割となっている。

　また、日本では STEAM 教育の普及・推進が検討されており、複数の教科を学際的に横断
する授業を想定して、総合的な学習（探究）の時間において、STEAM 教育を導入することが
検討されている。総合的な学習（探究）の時間を担当する教員は、固定された専門の教員が
採用されておらず、学校の現状を踏まえて、総合的な学習（探究）を任されている教員が担当
しているのが現状である。

2．技術科教員の必要性と STEM/STEAM 教育の課題

　STEM/STEAM 教育を効果的に展開するためには、前述したように、創造と探究の学習を
往還することが重要になることを第 2 節 3 でも述べた。図 4-8 は、このような創造と探究の
学習の往還についての学習モデルを示す（Kolodner, 2002）。

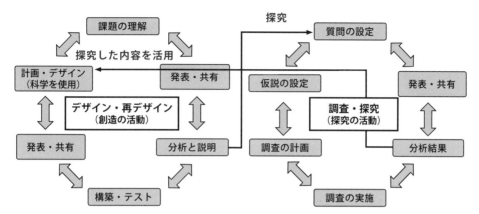

[Learning by Design(2002) による考え方を加筆・修正]

図 4-8　創造と探究の学習の往還

　図 4-8 右側における調査・探究の学習は、一般的には理科等の探究学習において行われている。一方、図 4-8 左側におけるデザイン・再デザインの学習は、技術科の創造学習において行われている。これらの学習は、各教科において担当する教員が実践するため、教員の性質上、いきなり探究学習を専門としている教員が創造学習の方法を展開するには無理がある。簡単に述べると、「自然に隠れている現象を探究する理科が好きで理科の先生になったのに、新たな価値を創造するような技術を教えて下さい」と無理を言われているような状況になる。このような状況を避けるために、これまで教員養成における専門性を尊重して、教科教育に関する教員養成が実施されてきたのである。

　したがって、系統的な効果のある STEM 教育を実施するためには、技術科教員のような、創造学習を担当できる配置を中等教育段階（中学校）から、初等教育段階（小学校）に拡張することが、現状の教員養成の制度を考えた上で、最も迅速で効果的な方法である。

　また、総合的な学習（探究）の時間においては、専門の教員が担当しておらず、このような時間では、図 4-9 に示すような学習方法を導入することによって、実際の授業が展開されている。図 4-9 は確かに課題解決の学習方法を採用しているが、この学習は情報を収集し、その情報を整理・分析することによって、まとめることが中心となる学習である。つまり、社会科等で実践されている調べ学習と類似の探究学習の方法であり、図 4-8 の左側に示した創造学習の方法を採用していないため、STEM/STEAM 教育における「ワクワクするような」社会的課題解決への実装を目指した効果的な学習の展開があまり期待できない。また、図 4-8 の左側に示す学習は、前述した EDP の学習に相当するものであり、GIGA スクール構想における一人 1 台タブレットの実際の技術的な使用・維持管理、今後の AI や IoT 等に関わる情報技術の進歩に対応できる教員の配置に関しては、既存の教員養成における技術科教員の果たす役割は大きい。

　以上のような課題から、文部科学省が期待するような、芸術、文化、生活、経済、法律、政治、倫理等を含めた広い範囲における学際的な教科横断を展開する STEAM 教育を実践するには、理科や社会科等の探究学習を中心とする教科の教員、さらにはありたい姿を創造する美術や音楽等の

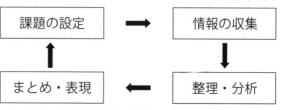

図 4-9　総合的な学習の時間における学習方法

表現活動を重視する教員等との複数によるチームティーチングが重要になる。また、その中に、いかに社会的課題解決の実装に向けて、EDP の学習を通してあるべき姿を創造し、情報技術の活用等を駆使することによって、総合的に STEAM をまとめ上げる技術科教員がどのように関わるかが重要になる。

問 い

1　STEM/STEAM 教育を考える上で、技術・工学分野の背景にある産業構造において、求められる STEM 人材とはどのような人材だろうか。

　　hint　STEM/STEAM 教育が推進されているアメリカや日本における STEM 人材は、どのような人材かについて考えてみよう。また、日本における STEM 人材において、最近 20 年で増えている人材について考えてみよう。

2　STEM/STEAM 教育において重視されている学習について考え、その学習において、技術教育が担う役割にはどのような特徴があるだろうか。

　　hint　文部科学省において推進されている STEAM 教育に関する学習について考えてみよう。また、技術（T）の内容やエンジニアリング（E）の活動の特徴を踏まえ、STEAM 教育においてどのような教育が行われるべきか考えてみよう。

3　STEM/STEAM 教育を考える上で、技術教育はどのようなことを大切にして、学校での教育の質を向上させ、未来の教育に貢献していけばよいだろうか。

　　hint　技術教育における技術（T）と工学（E）の関係に視点を当て、どのような学習の方法を取り入れたらよいか考えてみよう。また、技術教育における情報教育の性質を考え、どのような情報教育を進めていけばよいか考えてみよう。

引用文献

America Creating Opportunities to Meaningfully Promote Excellence in Technology, Education, and Science Act of 2007(2007).
　　https://www.congress.gov/bill/110thcongress/house-bill/2272/text（取得日：2022 年 8 月 10 日）
American Association for the Advancement of Science (AAAS) (1991): *Science for All Americans*. Oxford University Press.
Drew Conway Data Consulting（2015）：*The data science Venn diagram*.
　　https://drewconway.com/zia/2013/3/26/the-data-science-venn-diagram（取得日：2022 年 8 月 10 日）
Kolodner, J.L.（2002）：Learning by design TM：Iterations of design challenges for better learning of science skills, *Cognitive Studies*, *9*, 3, 338-350.
International Technology and Engineering Educators Association (ITEEA) (2020)：*Standards for technological and engineering literacy: The role of technology and engineering in STEM education*. ITEEA.
国立教育政策研究所（2001）：技術科教育のカリキュラムの改善に関する研究－歴史的変遷と国際比較. 国立教育政策研究所.
Liana, C. L., (2013)：The relationship between science and engineering education and employment in STEM occupations. *American Community Reports, ACS-23*. U.S. Census Bureau.
文部科学省（2021）：STEAM 教育等の各教科等横断的な学習の推進について，第 125 回教育課程部会資料 1，令和 3 年 7 月.
文部科学省（2018）：中学校学習指導要領（平成 29 年告示）解説技術・家庭編. 開隆堂出版.

National Research Council (NRC) (2013) *Next generation science standards: For states, by states, By States.* National Academy Press.

National Aeronautics and Space Administration（2018）：*Engineering Design Process.* https://www.nasa.gov/audience/foreducators/best/edp.html/（取得日：:2022 年 8 月 10 日）

大谷忠（2021）：STEM/STEAM 教育をどう考えればよいか―諸外国の動向と日本の現状を通して―，科学教育研究 , 45, 2, 93–102.

大谷忠, 谷田親彦, 上野耕史（2019）：中学校技術科を取り巻く学校教育における STEM 教育の現状とエンジニアリングの関わり , 日本工学教育協会第 67 回工学教育研究講演論文集 , 28-29.

田中若葉, 大谷忠（2021）：政府統計に基づく日本の STEM 分野における人材育成に関する分析 , 科学教育研究 , 45, 2, 206–214.

日本型 STEM リテラシーを育む評価のあり方
―パフォーマンス評価論の観点から―

はじめに

　本稿では、日本型 STEM リテラシーを育む評価のあり方について、日米におけるパフォーマンス評価論の蓄積をもとに考える。STEM/STEAM 教育は、日本において、理科、数学科、技術科等の各教科において、あるいは「総合的な学習（探究）の時間」において追求されてきた。特に、コンピテンシー・ベースのカリキュラム改革が展開する中で、それは現実世界の真正（authentic）な文脈において知識・技能を複合的に使いこなす、教科横断的な学びや探究的な学びとして遂行されてきている。そして、そうした真正で有意味な学びを評価する方法としては、多かれ少なかれ「パフォーマンス評価（performance assessment：PA）」論の知見が参照されてきた。本稿では、理科、数学科、技術科等の教科、そして「総合的な学習（探究）の時間」における PA を生かした理論と実践の展開を整理し、STEM リテラシーを育む評価のあり方を明らかにしたい。

　評価の問題について考える上では、何を育てたいかという目標を明確にする必要がある。STEM/STEAM 教育において評価すべき目標については、本書で言う「STEM リテラシー」という概念がそれに相当するが、そもそも STEM/STEAM 教育は、明確な内容と体系を持ったカリキュラムの領域等ではなく、スローガン的な意味合いが強く、その言葉が意味するところは各国の教育改革の文脈に依存している。そこで、本稿では、まず、日本における STEM/STEAM 教育がいかなるものとして捉えられ、どのように展開し実践されているか、その言葉にいかなる教育理念や価値が込められているかといった点について特徴を明らかにする。特に、日本における STEM/STEAM 教育は、後述するように、日本版コンピテンシー・ベースの教育改革である資質・能力ベースの改革の磁場の中において展開している。

　そこで本稿では、まず国際的なコンピテンシー・ベースの改革の展開を概観しつつ、日本における資質・能力ベースの改革の特徴を検討するとともに、日本における STEM/STEAM 教育の特徴と、そこで目指されているものについて論じる。続いて、パフォーマンス評価の基本的な考え方と方法を素描するとともに、日本の STEM/STEAM 教育が、教科と総合の両方にまたがり、汎用的スキルの育成も含んで全人教育的に実践されている状況に照らして、それが育てる資質・能力（学習成果）を捉える包括的な枠組みを提起する。最後に、STEM/STEAM 教育の評価のあり方について、教科に即した事例、教科等横断的な事例、「総合的な学習（探究）の時間」や課題研究の事例を示しつつ考察したい。

第1節　日本における STEM/STEAM 教育の位置づけ　　　　―資質・能力ベースという磁場―

1. コンピテンシー・ベースの改革の国際的展開

　後期近代、ポスト近代、ハイ・モダニティとも形容される現代社会の要請、特に産業界からの人材育成要求を受けて、「コンピテンシー（competency）」（職業上の実力や人生における成功を予測する能力）の育成を重視する傾向（コンピテンシー・ベースの教育改革）が世界的に展開してきた（松下, 2010；石井, 2015）。

たとえば、1990年代の米国のスタンダード運動は、情報、言語、映像、画像などのシンボルを操作して問題の発見、解決、媒介、知的生産を行う「シンボリック・アナリスト（symbolic analyst）」を重視する労働力需要の変化、および、職業教育（特定職種の技能訓練）からキャリア教育（「大学や仕事へのレディネス（college and career readiness）」の育成）への転回など、知識経済下で汎用的能力を志向するコンピテンシー・ベースの改革への芽を内包していた（現代アメリカ教育研究会，1998；松尾，2010；石井，2020a）。労働省長官の諮問委員会であるSCANS（Secretary's Commission On Achieving Necessary Skills）は、職種を越えて必要とされる一般的なエンプロイヤビリティ・スキルのスタンダードを開発した。そして、SCANSプロジェクトなどの知識経済に対応するコンピテンシー研究の延長線上に、2000年代以降、OECDは、DeSeCo（Definition and Selection of Competencies）プロジェクトを展開し、「キー・コンピテンシー（key competency）」の枠組みを提起した（ライチェン & サルガニク，2006）。また、様々な国や機関により、21世紀型スキルについての枠組みも次々と提示された（松尾，2015）。なお、OECDは、キー・コンピテンシーの一部である、現実世界で知識・技能を活用する力を測るべく、PISAを実施し、その結果を生かした「教育インディケーター事業」を通して、各国の教育政策を先導してきた。

　このように、今や書字文化と結びついた「リテラシー（literacy）」概念に代わり、社会の能力（実力）要求をストレートに表明する「コンピテンシー」概念がキーワードとなり、より包括的かつ汎用的な能力の育成に注目が集まっている。生活世界が書字文化とのつながりを強める中で、リテラシー（文字の文化：教養）概念は、客観的な文化内容を軸にした識字能力から、社会への参加に必要な機能的あるいは批判的リテラシーへと拡張され、一方、労働や社会の知性化・流動化の中で、コンピテンシー（実力）概念は、それぞれの職業に固有な実務能力（職業的スキル）から汎用的なスキル（ポスト近代型能力）へと展開しているのである。

2. コンピテンシー・ベースの改革の日本的展開

　2000年代に入り、日本でも、OECDのPISAの能力観、およびキー・コンピテンシーなどに触発されながら、初等・中等教育、そして高等教育に至るまで、「資質・能力」や「汎用的スキル」や学習者主体の横断的学習・能動的学習が強調され、内容ベースからコンピテンシー（資質・能力）ベースに向かうカリキュラム改革が進められていった。そして、平成29（2017）年に改訂された学習指導要領は、学力観（「コンピテンシー」「資質・能力」）、授業観（「アクティブ・ラーニング」「主体的・対話的で深い学び」）、評価観（「多面的な評価」）、学校経営（「カリキュラム・マネジメント」）を一体的に変革していくものであり、内容ベース（「何を教えるか」）から「資質・能力」ベース（「何ができるようになるか」）のカリキュラムへの転換を打ち出した。

　コンピテンシー・ベースの改革の日本的特質を考える際に、「資質・能力」論が進歩主義教育の再来として展開されている点に留意しよう（石井，2022）。1990年代、日本においては教育の自由化や規制緩和に向けた新自由主義的な改革が展開し始め、一方で、個性尊重と自己教育力重視の「新しい学力観」も展開した。さらに、平成10（1998）年改訂学習指導要領では、「生きる力」が強調され、教科の内容や時間数が削られて、「総合的な学習の時間」が創設された。だが、直後の2000年前後に学力低下批判が起こり、「ゆとり教育」から「学力向上」へと世論や政策はシフトし、基礎・基本の反復練習と習熟度別指導なども展開した。その後、平成16（2004）年のPISAショックを経て、PISA型学力を強く意識した学力観の転換が叫ばれ、「確かな学力」観の下で、習得型の学びと活用型の学びを車の両輪とする改革が進められ、学力低下論争を受けて開始された全国学力・学習状況調査も、知識問題と活用問題の2つで

構成された。しばらくして PISA の結果も上昇し、変化する社会ではキー・コンピテンシーにあるような全人的な能力が重要だという語りで、学力向上、教科の授業に視野が狭まりがちな状況に対して、資質・能力ベースの教育改革が展開されるようになった。このように、資質・能力ベースの教育改革は、「生きる力」への回帰ともみることができる。

　上記の動きの中で、学ぶ内容（結果）よりも学ぶ力や主体性（プロセス）、教師主導よりも学習者主体といった進歩主義の語りは、知識を主体によって構成されるものと捉え、学習者の能動性を強調する構成主義の学習心理学の進展によって科学的根拠を与えられて補強された（国立教育政策研究所, 2016）。そして、教育の語りにおいて、協働学習、知識構築、概念的知識、思考スキル、メタ認知、非認知的能力など、心理学や認知・学習科学の言葉が拡大した。他方で、「資質・能力」という中性的な用語が用いられたこともあり、コンピテンシー概念に内在していた、社会や個人にとっての意味や切実性（レリバンス）の観点から、教科内容を問い直す志向性は後景に退いた。

　さらに、学習評価において「主体的に学習に取り組む態度」の観点で自己調整学習が強調されたり、コロナ禍を契機とした一人1台端末の全国的な整備を背景に「個別最適な学び」の重要性が提起されたりする中で、「資質・能力」ベースの改革は「主体性」重視言説に回収され、具体的な社会・世界（外界）に向かう方向性よりも、対象性を欠いた抽象的な力や態度（内面）に向かう方向性が強まっている。こうして、経済界で有為な人材の育成を露骨に目標に掲げることは回避されたが、心理的で中性的な語りにより人間像は抽象化され、どのような社会を目指すのかというパースペクティブの差異や価値対立は顕在化されることなく、結果として既存の社会に適応的な人間形成に収斂していく状況も看取できる。

3. 日本における STEM/STEAM 教育の諸層

　以上のように、日本における資質・能力ベースの改革は、大人社会が設定した教科という枠や学校という場を超えて、学習者主語で教科・領域横断的でボーダレスな学びをめざしていく進歩主義教育の志向性と結びつくことで、教育における心理主義化に向かいがちであり、その磁場は日本における STEM/STEAM 教育をも特徴づけている。

　米国において STEM 教育が生まれてきた背景には、1990 年代の産業構造の変化と国際競争力の強化という文脈があり、それはコンピテンシー・ベースの改革と通底するものである。当時においては知識経済化や知識基盤社会といった言葉で、昨今では第四次産業革命や Society 5.0 等の言葉で概念化されているような、後期近代の具体的な社会変動への対応として、科学技術人材の育成や科学的リテラシーを備えた市民の育成が課題となったのである。そして、21 世紀型スキル等の育成につながることや、各教科を個別にではなく統合的に捉えることがうたわれつつも、そこで直接的に問われたのは、科学、技術、工学、数学の中身に即した相互の関連性であり、各教科・分野の社会的レリバンスの問題であり、歴史的に見れば、19 世紀後半の科学と教養をめぐる論争や 20 世紀初頭の数学教育改造運動、そして、1960 年代の教科内容の現代化運動等に続く、広義の科学教育カリキュラムの刷新運動として捉えうるものである（磯崎・磯崎, 2021）。

　日本においても当初 STEM 教育は、科学教育分野を中心に、日本の資質・能力ベースの学習指導要領改訂の動きと結びつきながら、社会・世界と関わる「実践」を組み入れ、教科横断的に知識・技能を統合的に使いこなす有意味な学習活動を志向するものであり、工学等との関連において科学教育のあり方を問い直す志向性も含んで紹介されていた（熊野, 2014; 磯部・山崎, 2015）。ただし、日本において、資質・能力ベースの改革が汎用的スキル重視とし

て形式的に捉えられる傾向があり、また、カリキュラム上に「総合的な学習（探究）の時間」という横断的・総合的な学習を展開する領域が明示的に制度的に位置づけられていることもあって、STEM教育が持つ科学教育の内容刷新の側面よりも、教科横断的な学習としての性格がより強調される傾向にあった。

　たとえば、松原・高阪（2017）は、日本のSTEM教育の研究動向を整理し、STEMを統合的に見る動きが進みつつあるとした上で、Vasquez et al.（2013）を参照し、カリキュラムの統合度合いによってSTEM教育を類型化し、そこで育成される資質・能力の特徴について整理している（表5-1）。松原（2020）では、「STEM/STEAM教育では一般にイノベーションや創造性の涵養の期待から、問題解決型の学習やプロジェクト型の学習を重視する」（p. 10）としつつ、他のプロジェクト型の学習との違いとして、各教科・領域の固有性を強く意識することだと述べている。そして、「各教科・領域固有の考え方を用いて真正の課題に取り組む」（pp.10-11）ものとして、その学習過程を捉えている。

表5-1　統合の度合いと特に育成される資質・能力
（松原・高阪, 2017: 157）

統合の度合い	アプローチ	特に育成される資質・能力
（分化）低い ↑↓ 高い（統合）	Thematic または Multidisciplinary	教科に固有な概念や個別スキル
	Interdisciplinary	教科等を横断する概念や汎用的スキル
	Transdisciplinary	実世界での課題を解決する能力

　さらに、日本において「STEAM」というキーワードへの注目が広がった契機は、経済産業省による「未来の教室」構想であった（経済産業省, 2019）。「未来の教室」構想では、未来を創る当事者（チェンジ・メイカー）育成のための柱として、「学びのSTEAM化」が掲げられ、文理を問わず教科知識や専門知識を習得すること（=「知る」）と、探究・プロジェクト型学習（PBL）のなかで知識に横串を刺し、創造的・論理的に思考し、未知の課題やその解決策を見いだすこと（=「創る」）とが循環する学びの必要性が提起されている。そして、上記の取り組みを進める上で、民間企業等が開発したEdTechの活用が推奨されている。「学びのSTEAM化」については、リベラルアーツ（Arts）の要素が加えられてはいるが、それは実質的には、教養・人文学的志向性というよりも、デザイン思考として読み替えられ、ロボティクスやプログラミングを駆使したものづくりや、実験・体験を通じて科学技術への理解を深める学びなど、産業競争力を支えるハイテク産業に従事できる人材の育成に強調点がある。そして、産学官連携でSTEAM学習プログラムの開発とそのデジタルコンテンツ化を促進することがめざされ、STEAMライブラリーも構築された。

　「未来の教室」において、STEAM教育は、探究的な学びとのつながりを強め、各教科・領域の固有性よりも、「知る」と「創る」を循環する思考過程や探究プロセス自体に重点が置かれ、扱うテーマも、子どものワクワクや楽しさを重視する方向で、ルールメイキングなども含めて、かなり広く捉えられている（浅野, 2022）。先述した、日本の資質・能力ベースの改革における進歩主義教育への志向性や心理主義化の磁場をここにも見ることができる。人材育成志向が強く、コンテンツ・フリーで探究モードの学び（内面的態度の育成）として抽象化されがちな近年の「STEAM」教育の展開に対して、主に各教科・分野の専門性や本質性の確認の上に学際的・横断的な学びとして議論されていた「STEM」教育の側面に、さらに言えば、その普通教育における教育内容刷新運動（「何を知るべきか」の議論の基盤である社会・世界認識の更新）としての側面に光を当てることも必要だろう。

第2節　日本の教育改革におけるパフォーマンス評価への着目

1. パフォーマンス評価の基本的な考え方と方法

　以上のように、日本において、STEM/STEAM 教育は、教科教育、そして総合的な学習（探究）の時間、さらには特別活動なども含め、幅広い領域や学びの場で展開されている。その形態も、教科の固有性の強いものから統合的なものまでさまざまであるが、真正な文脈において教科の内容習得以上のスキルや態度を育成する志向性は共通している。そして、そうした資質・能力の評価において注目されているのが PA である。たとえば、資質・能力ベースの学習指導要領の下での学習評価の指針を示した、文部科学省（2019）「児童生徒の学習評価の在り方について（報告）」では、「思考・判断・表現」の評価は、「ペーパーテストのみならず、論述やレポートの作成、発表、グループでの話合い、作品の制作や表現等の多様な活動を取り入れたり、それらを集めたポートフォリオを活用したりするなど評価方法を工夫することが考えられる」（p. 9）とされており、PA の有効性が示されている。

　PA とは、一般的には、思考する必然性のある場面（文脈）で生み出される学習者の振る舞いや作品（パフォーマンス）を手がかりに、概念の意味理解や知識・技能の総合的な活用力を質的に評価する方法である。それは狭義には、現実的で真実味のある場面を設定するなど、学習者の実力を試す評価課題（パフォーマンス課題（performance task: PT））を設計し、それに対する活動のプロセスや成果物を評価する、「パフォーマンス課題に基づく評価」を意味する。PT の例としては、学校紹介 VTR に BGM をつける音楽科の課題、電気自動車の設計図（電気回路）を考えて提案する理科の課題、地元で実際に活動している人たちとともに浜辺のごみを減らすためのアクションプランを考案して地域住民に提案する社会科の課題などがある。また PA という場合、広義には、授業中の発言や行動、ノートの記述から、子どもの日々の学習活動のプロセスをインフォーマルに形成的に評価するなど、「パフォーマンス（表現）に基づく評価」を意味する。「総合的な学習（探究）の時間」の評価方法としてしばしば使用されるポートフォリオ評価法も、PA の一種である 。

　テストをはじめ従来型の評価方法では、評価の方法とタイミングを固定して、そこから捉えられるもののみを評価してきた。これに対し PA は、課題、プロセス、ポートフォリオなどにおける思考の表現を手掛かりに、学習者が実力を発揮している場面に評価のタイミングや方法を合わせるものと言える。深く豊かに思考する活動を生み出しつつ、その思考のプロセスや成果を表現する機会を盛り込み、思考の表現を質的エビデンスとして評価していくのが PA なのである（授業や学習に埋め込まれた評価）。なお、パフォーマンスの質（熟達度）を判断する評価指標（成功の度合いを示す 3 〜 5 段階程度の尺度と、各段階の認識や行為の質的特徴の記述語や典型的な作品例を示した評価基準表）をルーブリックと言う。

　PT は、「問題のための問題」（思考する必然性を欠いた不自然な問題）に陥りがちな、学校での学習や評価の文脈をより真正なものへと問い直そうとするものである。パフォーマンス課題というと、「あなたは○○です・・・」といったシミュレーション的なシナリオから始まるものと思われがちだが、そうした文脈（シナリオ）のホンモノさよりも、思考過程のホンモノさ、学びのプロセスに見いだせる教科の本質（見方・考え方）を追求することが重要である（石井, 2023）。その単元で指導している内容が、学校を出た先に社会のどのホンモノの活動につながるものなのかを考えてみて、そこでどのような場（舞台）で実力が試され、どのようなプロ

セスが大事にされているのかを考えてみるとよいだろう。また、実際にありそうな場面でのシミュレーションでもよいが、教室や学校の外部のホンモノのオーディエンスに向けて表現したりすることは、学びの必然性や動機づけを生み出す上で有効である。そして、真正のパフォーマンス課題は、しばしば評価課題であると同時に、あるいはそれ以前に学習課題でもある。ゆえに、PTを単元や学期の節目に盛りこむことで、スポーツ選手などが試合（「学びの舞台」）に向けて、日々の技能習得や練習に目的意識的に取り組み、学んだ成果や高めたスキルを統合してその実力を試合で披露するような、単元を貫く課題や問いや活動を軸にしたPBL的な単元展開をデザインすることができる。

　なお、パフォーマンス評価に関わって、「ルーブリック評価」という誤解を招くような言葉遣いも耳にする。ルーブリックという表がまずありきで、その物差しを子どもに当てはめて評価するような捉え方は本末転倒である。あるパフォーマンスを見たときに、そこに何を見てどのような根拠からそのようにレベルを判断したのか、専門家としての見方や判断を、他の人たちに見えるようにしていくために基準表を作成する、これが逆になってはならない。ルーブリックという図表化されたものはあくまでも説明の道具であって、評価自体は教師の判断をベースになされる。ゆえに、パフォーマンス評価の妥当性や信頼性を高めるということは、ルーブリック（表）を作成して終わりというのではなく、そうした基準表づくりや、その共有化の過程で、評価者の見る目を鍛え評価力を高めていくこと(鑑識眼の練磨)につながらねばならない。

2. 資質・能力と学習活動の質的レベルに応じた評価方法のデザイン

　指導改善に生きる評価を設計するには、目標を明確化し、適した評価方法を設計していくことが求められる。その際、資質・能力と学習活動の質的レベルに注目することが有効である。たとえば、教科の学力の質は下記の3つのレベルで捉えることができる（図5-1）。個別の知識・技能の習得状況を問う「知っている・できる」レベル（例：「母集団」「標本平均」等の用語を答える）であれば、穴埋め問題や選択式の問題など、客観テストで評価できる。しかし、概念の意味理解を問う「わかる」レベル（例：「ある食品会社で製造したお菓子の品質」等の調査場面が示され、全数調査と標本調査のどちらが適当かを判断し、その理由を答える）については、知識同士のつながりとイメージが大事であり、ある概念について例を挙げて説明することを求めたり、頭のなかの構造やイメージを絵やマインドマップに表現させてみたり、適用問題を解かせたりするような機会がないと判断できない。さらに、実生活・実社会の文脈における知識・技能の総合的な活用力を問う「使える」レベル（例：広島市の軽自動車台数を推定する調査計画を立てる）は、実際に表現させたり創ったりやらせてみたりしないと評価できない。そうして実際に思考を伴う実践をやらせてみてそれができる力（実力）を評

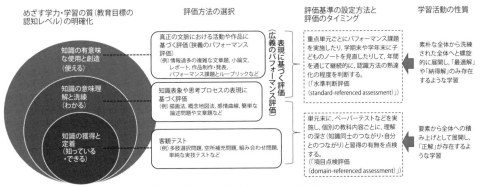

図5-1　学力・学習の質と評価方法との対応関係（出典：石井, 2023: 31）

価する課題が PT である。

　3層で学力の質を捉える発想は、目標分類学に関する研究の蓄積をもとにしている（石井，2020a）。「タキソノミー（taxonomy）」（分類学）というタームを教育研究に導入したのは、シカゴ大学のブルーム（B. S. Bloom）らである。ブルームらは、教育目標、特に、「○○を理解している」といった動詞部分を分類し明確に叙述するための枠組みを開発し、それを「教育目標の分類学（taxonomy of educational objectives）」と名づけた。このブルームらによる目標分類学は、一般に「ブルーム・タキソノミー」と呼ばれる。ブルーム・タキソノミーは、認知目標だけでなく情意目標についても、目標や学習成果を語る共通言語を提供するもので、各カテゴリーごとに、教育目標の例とその目標に対応するテスト項目の例とが紹介されている。たとえば、認知領域は、「知識」「理解」「適用」「分析」「総合」「評価」の6つの主要カテゴリーによって構成されている。しかし、大きくは、「知識」（事実的知識の記憶）／「理解」（概念的知識の理解）、「適用」（手続的知識の適用）／「分析」「総合」「評価」（さまざまな知識を状況に応じて組み合わせる高次の問題解決）として捉えることができる。

　近年、コンピテンシー・ベースのカリキュラム改革の世界的な展開の中で、汎用的なスキル等の概念化もなされているが、基本的に知育学校としての性格を持つ欧米の学校教育における目標分類学の研究は、主に教科学習を想定してなされている。これに対して、教科のみならず、総合学習、特別活動等が公式的なカリキュラムとして制度的にも位置づけられている日本の学

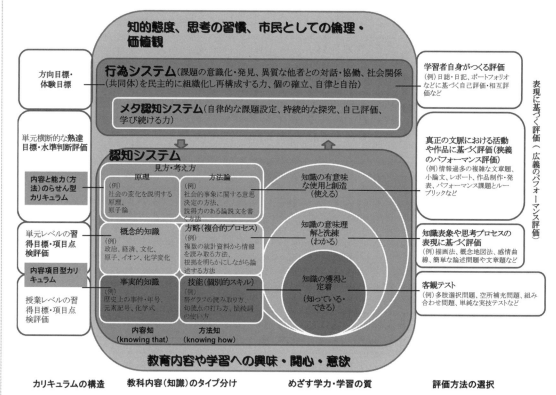

図 5-2 学校で育てる資質・能力の階層性（質的レベル）を捉える枠組み（出典：石井，2015: 22. 学力・学習の質の明確化の枠組みについては、R. J. マルザーノ（R. J. Marzano）の「学習の次元（Dimensions of Learning）」の枠組みに若干の修正を加えたものであり（Marzano, 1992）、教科内容のタイプ分けについては、G. ウィギンズ（G. Wiggins）らの「知の構造（Structure of Knowledge）」を再構成したものである（ウィギンズ＆マクタイ，2012））

校のカリキュラムが育てうる資質・能力（学習成果）の全体像を捉える上では、タキソノミーの拡張が必要となる（石井, 2015）。

　図 5-2 に示したように、内容単元の形で構成され、「認知システム」を主たる指導対象とする教科学習では、基本的には内容や学習課題の大枠を教師が設定するが、主題単元の形で構成される、「総合的な学習（探究）の時間」等においては、しばしば子どもたちに課題の設定が委ねられる（メタ認知システム）。さらに特別活動等の教科外活動においては、学習する共同体の関係性やルール（文脈）自体を子どもたちが共同で再構成したり新たに構築したりする（行為システム）。PBL を軸に展開する「総合的な学習（探究）の時間」においては、自ら課題を発見し持続的に協働的に学び続けていく息の長い取り組みを評価していくために、PBL を展開しつつそこで生み出されるレポートや作品、あるいは、それの背後にある思考とコミュニケーションのプロセス（学びの履歴）やその振り返りの物語をもとに評価していくことになる。

　このように、「総合的な学習（探究）の時間」においては、こだわりや研究的な問いや社会的な問題等をめぐって探究を深める活動を通して生み出される作品（レポート、論文、提案書、社会的アクション、スピーチ、身体表現、演劇、美的作品等）のみならず、子ども 1 人ひとりの個性的な探究の歩みに即して、その試行錯誤のプロセスの中に学びの価値を発見し、支援していくことが大事になるため、ポートフォリオ評価法の活用も有効である（西岡・大貫, 2023）。ポートフォリオとは、「紙ばさみ」や「書類を運ぶためのケース」、特にファイルにきれいに綴じられる前段階の紙書類をひとまとめにして、運びながら出し入れできるケースという意味を持っている。教育活動の文脈では、学びの履歴の質的エビデンス（学習者が学習過程で残した作文、レポート、作品、テスト、および、活動過程の様子を残したメモや動画や写真など）を、系統的に蓄積していくものである。ポートフォリオ評価法とは、ポートフォリオづくり（目的や状況や提示する相手に応じて、残す内容を選んだり差し替えたりする編集作業）を通して、学習者の自己評価を促すとともに、教師も学習者の学習活動と自らの教育活動を評価し指導や支援に活かすものであり、教師等による対話的なコーチングやチュートリアル（ポートフォリオ検討会）も含んで展開されるものである。

3. 「総合的な学習（探究）の時間」で評価すべき資質・能力

　表 5-2 では、資質・能力と学習活動の階層レベルごとに、主に関連する知識、スキル、情意（資質・能力の要素）の例を示している。教科で知識を習得して、「総合的な学習（探究）の時間」の探究を通して考える力や態度を育てるといった二元論的な段階論や分担論もしばしばみられるが、表 5-2 に示したように、どのような学習活動であっても、何らかの知識とスキルと情意の育ちを伴う。ゆえに、教科と総合のそれぞれにおいて、どの質の思考を目指すのかが明確化される必要があり、「総合的な学習（探究）の時間」のカリキュラム上の固有の意味を考慮するなら、教科の内容や方法論に即してそれを使いこなす思考に解消されない、自律的な課題や問いの設定・再構成、あるいは必要な情報を自ら収集し分析する経験などに注目すべきだろう。逆に、平成 29（2017）年改訂の学習指導要領で「課題発見」という文言が盛り込まれたりすることで、教科学習においても主体的な学習の名の下にそれが強調される傾向もある。しかし、「課題発見・解決学習」については、第一義的には「総合的な学習（探究）の時間」において担われるものであり、課題発見や探究的な学習活動のサイクルの形だけをなぞるような、教科学習での形式的運用にならないよう注意が必要である。

表5-2 学校で育成する資質・能力の要素の全体像を捉える枠組み (石井, 2015: 23)

能力・学習活動の階層レベル（カリキュラムの構造）		資質・能力の要素（目標の柱）			
		知　識	スキル		情意（関心・意欲・態度・人格特性）
			認知的スキル	社会的スキル	
教科学習	教科等の枠づけの中での学習	知識の獲得と定着（知っている・できる）	事実的知識、技能（個別的スキル）	記憶と再生、機械的実行と自動化	学び合い、知識の共同構築	達成による自己効力感
		知識の意味理解と洗練（わかる）	概念的知識、方略（複合的プロセス）	解釈、関連付け、構造化、比較・分類、帰納的・演繹的推論		内容の価値に即した内発的動機、教科への関心・意欲
		知識の有意味な使用と創造（使える）	見方・考え方（原理・方法論）を軸とした領域固有の知識の複合体	知的問題解決、意思決定、仮説的推論を含む証明・実験・調査、知やモノの創発、美的表現（批判的思考や創造的思考が関わる）	プロジェクトベースの対話（コミュニケーション）と協働	活動の社会的レリバンスに即した内発的動機、教科観・教科学習観（知的性向・態度・思考の習慣）
総合学習	学習の枠づけ自体を学習者たちが決定・再構成する学習	自律的な課題設定と探究（メタ認知システム）	思想・見識、世界観と自己像	自律的な課題設定、持続的な探究、情報収集・処理、自己評価		自己の思い・生活意欲（切実性）に根差した内発的動機、志やキャリア意識の形成
特別活動		社会関係の自治的組織化と再構成（行為システム）	人と人との関わりや所属する共同体・文化についての意識、共同体の運営や自治に関する方法論	生活問題の解決、イベント・企画の立案、社会問題の解決への関与・参画	人間関係と交わり（チームワーク）、ルールと分業、リーダーシップとマネジメント、争いの処理・合意形成、学びの場や共同体の自主的組織化と再構成	社会的責任や倫理意識に根差した社会的動機、道徳的価値観・立場性の確立

※社会的スキルと情意の欄でレベルの区分が破線になっているのは、知識や認知的スキルに比べてレベルごとの対応関係が緩やかであることを示している。

※網かけ部分は、それぞれの資質・能力と学習活動のレベルにおいて、カリキュラムに明示され中心的に意識されるべき目標の要素。

※認知的・社会的スキルの中身については、学校ごとに具体化すべきであり、学習指導要領等で示す場合も参考資料とすべきだろう。情意領域については、評定の対象というより、形成的評価やカリキュラム評価の対象とすべきであろう。

　こうして、資質・能力と学習活動の質的レベルを意識しつつ、また、探究的な学習活動のサイクルの節目も念頭に置きながら、課題発見、情報収集・分析、やり抜く力、協働、自己評価、表現といった具合に、主に育てられる資質・能力の要素を明確化することで、それらを観点として、子どもたちのパフォーマンスの質的な変容や成長を記述し、評価していくことができる。ポートフォリオ等に蓄積された子どもの学びの履歴については、特定の目標・観点や評価規準（criteria）に照らして、ルーブリックを教師の指導や子どもたちの自己評価の目安として用いたりしながら、能力等の水準を目標準拠で判断することもできる。その一方で、子どもの力を一定水準まで伸ばす側面のみならず、その子の個性的なありように即して、こだわりや持ち味や伸び具合を認め、その子なりの経験の固有の価値を個人内評価的に物語的に記述・解釈することも重要である。目標に準拠しつつ、そこに限定されない子どもの学びや経験の価値にも気付ける教師の繊細さや鑑識眼が求められる。

　なお、「総合的な学習（探究）の時間」については、実際には、各学校の状況によっては、教科の延長線上に発展的に総合的に学んでいくような形（教科発展型）もあれば、本来の趣旨に沿って、課題探究や教科横断性や知の総合を中心に据える形（探究・総合型）もあれば、特別活動とリンクした社会的活動に重点が置かれる形（自治活動型）もある。表5-2の学校カリキュラムで育成する資質・能力の全体像を下敷きに、自校のカリキュラムのどの領域がどの資質・能力の要素の育成を担っているのかを意識化することが有効である。教科発展型であれば、知識を使いこなす総合的な思考が、自治活動型であれば、社会的な能力や責任感が目標としてより重視されることになる。

第3節　諸教科と総合における STEM/STEAM 教育と評価 のあり方

1. 科学教育、数学教育、技術教育等における STEAM 的なパフォーマンス 評価

　ここからは、STEM/STEAM 教育に関わる評価実践の事例を紹介しながら、評価のあり方に関わる論点やポイントを示していこう。諸外国の STEM/STEAM 教育の評価は、ほとんどの場合、各教科内での評価として実施されている（鈴木, 2022）。そして、大嶌（2022）は、シンガポールの STEM/STEAM 教育の評価の動向をふまえた日本への示唆として、「STEM 教育の導入に際して、必ずしも STEM に特化した緻密な評価体制を整える必要はない…STEM の導入の目的を、各教科の真正な学習あるいは評価のためと捉え、理科等の既存教科における評価枠組みを用いて、可能な部分のみを評価することが可能である」（p.100）と述べる。このように、各教科の固有性を大事にした STEM/STEAM 教育は、社会的レリバンスや真正の学びを重視する方向での、既存の教科の学びのあり方を問い直す取り組みとして捉えることができる。そして、そこでは、「使える」レベルの学力を育てるパフォーマンス課題とルーブリックの活用が有効である。

　真正の課題の場面を考えたり、教科の本質的な問いやプロセスを見極めたりする上で、市民、労働者や生活者の「社会的・実用的文脈」と、研究者の専門的探究として、あるいは一般大衆の趣味や文化としての「学問的・文化的文脈」の両面を考慮することが重要である（石井, 2023）。現実世界を読み解く「眼鏡」として教科を学ぶという観点から、教科の学びの有意味性を捉え直していくのが前者である。たとえば関数というのは、その成り立ちからしても、未来予測の道具としての側面をもっているし、確率が使いこなせれば、物事の傾向を数量的に捉えることで、リスクなどを予測し判断する手助けとなる。

　他方、後者の「学問することの面白さ」ということで言うと、「なぜそれが正しいといえるのか？」「どの場面でもそれは成り立つのか？」と、前提を掘り下げ、すでに明らかにしてきたことをもとに論理的に推論して、新たに結論を積み上げ問いを展開させていくことを、つまり各教科・分野において「知を創る」学問の本物のプロセスを経験できているかを問うていくことが重要である。たとえば、理科において「実験する」というとき、子どもたちが頭の中でどんなプロセスを経験しているかを考えてみると、ただ実験の手順を正確にたどるだけの「作業」になっていないか。それでは仮説をもって探究する「科学する」ことにはならない。たとえば、誤差が生じたとき、「なぜ誤差が生まれたのか」という問いを投げかけて、実験過程を振り返る機会を軽く設けることで、子どもたち自身で誤差の原因に気づくこともあるだろうし、自分たちが行ったことがちゃんと尊重されることにもなる。

　教科における「真正の学び」の追求は、「教科の内容を学ぶ（learn about a subject）」授業と対比される、「教科する（do a subject）」授業（知識・技能が実生活で活かされている場面や、その領域の専門家が知を探究する過程を追体験し、「教科の本質」をともに「深め合う」授業）を創造することと理解することが肝要である。そして、STEM/STEAM 教育は、基本的には「社会的・実用的文脈」を重視しつつも、「学問的・文化的文脈」との往還によってその質やダイナミックさが担保されるものであろう。

　学習や問題解決の質を規定する要因として、近年の心理学研究では、「内容（content）」（その領域・分野についての既有知識）、「認知プロセス（cognition）」（知識を学習や問題解決に生かす思考）、「文脈（context）」（学習や問題解決が埋め込まれている文化や共同体）の

3つが確認されている。それに対応して、教師の側の意図（目標）と子どもの学習の必然性とをつなぎ、教科学習において知的深まりのあるパフォーマンス課題を作っていく方法として、内容中心、認知プロセス中心、文脈中心という3つのアプローチが考えられる。

まず、内容中心のアプローチとしては、「逆向き設計」論の提唱者のウィギンズらが提起しているアプローチを挙げることができる（ウィギンズ & マクタイ, 2012）。教科や単元の本質的な教科内容に即して、「本質的な問い」を考え、その問いへの答えとして、「永続的な理解」の内容（教材主語で教材観をまとめることにつながる）を具体化する。そして、「本質的な問い」を問い続け、「永続的な理解」に至る探究的な活動として、パフォーマンス課題を設計するわけである。また、認知プロセス中心のアプローチは、各教科において、あるいは、教科を超えて、すべての授業で折に触れて重視する活動や能力を明確化し、それと教科内容とを統合することで課題を作るものである。たとえば、教科内容を習得する過程に、意思決定、情報処理、コミュニケーションといった認知プロセスを組み込む形で設計するわけである（Marzano et al. 1993）。そして、評価においては、教科内容の理解（認識内容）とは別に、認知プロセス（認識方法）についてもルーブリックが設定され評価される。上記の2つは、教師の教えたい内容や能力（教科内容）から課題の設計を考える方法であった。これに対して、3つ目に挙げる文脈中心のアプローチは、子どもたちの追究を喚起しそうなネタ（教材）から課題の設計を考える。実生活を教科の眼鏡で眺め、その一場面を切り取ることで課題を構成するわけである。内容、認知プロセス、文脈の3つの視点のバランスをとることが求められる。

資料5-1は、理科のパフォーマンス課題である。実社会の文脈をシミュレーションするものであるが、課題の設計において「本質的な問い」と「永続的な理解」が意識されており、

資料5-1 高校化学（単元「高分子化合物の性質と利用」）の「薬中の解熱剤・添加剤の特定」のPT
（福本, 2020）

PT：
あなたは製薬会社の研究員です。他社の解熱剤の有効成分と薬中に含まれる添加剤を調べ上司に報告することになりました。各自（班）で実験を計画、実施し報告書を作成してください。

本質的な問い：
身の回りの物質に含まれる有機・（天然）高分子化合物はどのように特定できるのか。

永続的な理解：
身の回りの有機・（天然）高分子化合物を特定するためには呈色反応等を利用すればよい。

段階	実験の計画、実験・観察の技能	思考・判断・表現
S	実験を適切に計画し、実験を安全に正確に実施することができる。また実験結果を正確に観察し、記録することができる。	実験の意味を理解し、結果から解熱剤、添加剤を正しく特定できる。
A	実験を適切に計画し、実験を安全に実施することができる。また実験結果を観察し、記録することができる。	実験の意味を理解し、結果から添加剤を正しく特定できる。
B	実験を適切に計画し、実験を安全に実施することができる。また実験結果を観察し、記録することができるが、観察や記録がやや不十分である。	実験の意味を理解し、結果から解熱剤を正しく特定できる。
C	実験に計画性がない。実験を実施することができるが、観察、記録が不十分である。	実験の意味を理解していない。

そこで試されているものは、高分子化合物の性格を利用した物質の特定と、内容の輪郭は比較的はっきりしている。しかし、特定の内容をただ当てはめて問題を解決するような単純な思考過程ではなく、問題場面を定式化し既有の知識・技能を総合する、問いと答えの間の長い複合的な「使える」レベルの思考が求められるため、高分子化合物の概念理解というより、実験計画の立案や結果を踏まえた判断の妥当性といった科学的な思考のプロセスがルーブリックで評価される。たとえば、資料 5-2 の数学科の一般的なルーブリック（現実場面を数学の問題としてモデル化し、状況に応じて数学的にスマートな解法につながる方略を選んで問題解決する「数学を使う」パフォーマンス課題でカスタマイズして使える）のように、「使える」レベルの応用志向の思考は、その分野の真正の知的活動で繰り返し求められる認識方法や思考の習慣として明確化される。

資料 5-2 数学科の一般的ルーブリック（神原和之氏（元・広島大学附属東雲中学校）作成の年間評価計画より抜粋）

問題解決過程に着目した観点		評価基準				
		1	2	3	4	5
数学化	事象に潜む関係や法則を見出し、単純化や理想化などの定式化を施し、数学を使いやすい場面に移す。	具体的な場面の中で、数学の要素を見つけることができない。	具体的な場面の中で、数学の要素を見つけて、数学の問題にしようとするができない。	具体的な場面の中で、数学の要素を見つけて、数学の問題にすることができる。	具体的な場面の中で、数学の要素を見つけて、数学の問題に正しくすることができる。	具体的な場面を正しくモデル化し、より一般化し洗練したモデルをつくることができる。
数学的推論	定式化されたものを見通しをもち、数学的な推論の方法を用いて論理的に考察し、結果を振り返りその有効さを検討する。	見通しがもてず、状況に応じた推論を選択できない。	状況に応じた推論の方法を選択できるが、結論までたどり着かない。	状況に応じた推論の方法を選択できるが、ある部分で結論に跳んでいる。	状況に応じた推論の方法を選択し、結論まで説明する。	状況に応じた推論の方法を選択し、結論まで説明し、結果の妥当性を確かめることができる。
コミュニケーション	数理的な事象を、図、表、数、式、また言葉など多様な表現・表記を活用して表現する。また、解決の理由や探究の仕方を数学的な表現を用いて述べる。	自分の考えを述べることができない。また、他の人の意見を聴くことができない。	自分の考えを述べたり、聴いたりすることができる。	相手を意識して、自分の考えを述べたり、聴いたりすることができる。	相手を意識して自分の考えをわかりやすく述べたり、自分の考えと関連づけながら聴くことができる。	相手を意識して自分の考えをわかりやすく述べたり、自分の考えと関連づけながら聴くことができたりするだけでなく、さらに自分の意見を明瞭に述べることができる。

また、三浦寿史教諭（元・熊本大学教育学部附属中学校）による中学2年技術・家庭科の「ネットワークを利用した双方向性のあるコンテンツに関するプログラミングによる問題の解決」の単元では、「新しいテクノロジーを多面的に評価し、現在もしくは将来の生活がより良くなるにはどのような方法や考え方をしていけばいいのだろうか」という単元を貫く問いを意識しながら、AI（機械学習）技術の構造や情報のやり取りについて生徒が認識し、エネルギー変換の技術で学習したことを活かした「家庭の省エネ・感染対策問題を改善できるコンテンツを提案しよう」という課題に取り組む。生徒たちは、身の回りを見直し問題に気づき、そこからテクノロジーを用いた解決を構想していき、たとえば、密を避けるために人数によって、また、体温によって自動的に

資料 5-3. 省エネ・感染対策コンテンツ制作ルーブリック
（三浦寿史教諭（元・熊本大学教育学部附属中学校）提供資料）

カテゴリー	達成状況
A	生活の中から問題を見出し課題を設定して、ネットワークを利用した双方向性のあるコンテンツ（機械学習）を用いて、構想したコンテンツの再設計を行い、実際に省エネや感染対策に貢献することができる。（形にしたものを再設計しより良くする）
B	生活の中から問題を見出し課題を設定して、ネットワークを利用した双方向性のあるコンテンツ（機械学習）を用いて、構想したコンテンツの設計を行い、プログラムを組んで動作させることができる。（形にできる）

表 5-3 各教科の真正の課題のパターン（石井, 2023: 97）

	社会	理科	数学	英語	国語
社会的・実用的文脈	論争的な社会問題について、根拠をもって判断し、自らの主張や解決策を考える。 例：日清・日露戦争などを振り返り、なぜ戦争が起こったのか、避けられなかったのかを検討し、戦争を防ぐために大切なことを提案する。地元の過疎化対策を提言する。	日常的な自然事象を科学的に説明したり、科学技術が関係する実社会の課題について判断し解決策を考えたりする。 例：免疫のメカニズムをふまえて、エイズの特効薬について予想する。火事で破壊された森の植林計画について自然生態系への影響を判断する。	現実世界の事象や問題を数学化し、問題を解決したり変化を予測したりする。 例：文化祭でたこ焼き屋を出店するのに、過去のデータから一定の利益を上げつつ安い価格を設定する。データをもとに CO_2 排出量を予想するモデルを考案し、地球温暖化を考える。	日常生活で直面しそうな場面で、相手意識をもって自分の言いたいことを英語で表現し伝え合う。 例：地元の商店街に配布すべく、地元の観光食べ歩きマップを使った英語での会話問答集を作成する。オンラインでつないで海外の姉妹校の生徒に日本のおすすめスポットを紹介する。	実用的テクストを読み解き作成したり、他者と論理的に意思疎通したり議論したりする。 例：読書を推進するための取り組みを全校生徒に提案するために、資料やデータを収集・参照したりしながら、自分の考えをまとめる。社会問題について討論する会を開く。
学問的・文化的文脈	事象や史料を批判的に読み解き、根拠を明らかにしながら解釈や結論を導き出す。 例：アニメの舞台のモデルがどの地域なのかを自然環境や人間描写などから推理する、異なる立場から書かれた史料を読み比べて、解釈の分かれる歴史上の出来事の真相を探る。	問いや仮説を検証するために必要な実験手順を考えたり、事実から得られたことを考察したり、さらなる検証手順を考えたりする。 例：静止摩擦力について学んだあと、動摩擦力について調べる実験を計画・実施し結果を考察し、実験を練り直す。	数学的な問題や命題を論証し、筋道立てて説明し、統合的・発展的に問いを見出す。 例：三角形の面積を求める様々な公式の論証過程をわかりやすく説明・表現する。教科書の例題や適用題から数値や条件を変えて問題をつくり、算額風にその解答と解説を作成する。	英語で書かれた専門的なテクストを読み解き、パブリックな場面で論理的に議論を組み立て、コミュニケーションする。 例：教科書本文の内容と、それと異なる見解を記した英文を読み比べ、英語で各テクストの内容を要約しつつ、自分の意見を論理的にエッセイにまとめる。	学問的・古典的テクストについて、複数のテクストを読み比べたりしながら、解釈や主題への理解を深める。 例：教科書のテクストと関連するテクストを素材に、その主題に関して、論拠を挙げて意見文をまとめる。古文の一場面をグループで劇化する。

内容知優勢 ←—————————————————————→ 方法知優勢

扉が開閉するプログラムなど、リアルな実用場面を想定しながら個人やグループでそれぞれにコンテンツを開発し、それを紹介する YouTube を作成する。こうして、課題設定等を含め生徒の自己決定の余地の大きいプロジェクト型の学びを組織した上で、資料 5-3 のようなルーブリックで課題発見・解決のプロセスが評価される。

　各教科の特性は、内容知優勢か方法知優勢かである程度特徴づけることができる。内容知優勢の教科は、親学問を背景とするものが多く、何を学ぶのかが明確で、一般に暗記科目とみなされがちである。方法知優勢の教科は、実践に関わるわざ的な側面が強いために何を学ぶのかを言葉にすることは難しく、繰り返し練習してつかむことが大事とされがちである。表 5-3 は、いわゆる五教科について、内容知優勢か方法知優勢かで教科を配列し、それぞれについて、社会的・実用的文脈と学問的・文化的文脈に対応する真正の課題のパターンと例を整理したものである。内容優勢の教科は、その分野や学問で繰り返し問われる中核的な論点や問いが比較的明確なので、「本質的な問い」、あるいは「永続的理解」を意識することと相性がよい。他方、方法知優勢の教科は、スポーツの上達と同じように、プロの仕事やあこがれのパフォーマンスといったモデルを具体的に意識化したりして、プロの目線・着眼点や物事の捉え方・考え方といった「本質的なプロセス」、およびプロセスを導く善さやうまさの規準を共有することが重要になる。

　上述の例で言えば、理科は比較的内容知優勢なので、「本質的な問い」を明確化しやすいが、「使える」レベルの思考を試す課題になるほど問いと答えの間が長くなるために、科学的

探究のプロセスなど、トピックや単元を超えて繰り返し経験する教科固有の認識方法の洗練度が問われることになる。技術科は方法知優勢であるが、特に上記の例は、個人探究的な要素を持っており、メタ認知システムに相当するプロセスが問われる。各教科の固有性に立脚した学びを他教科・領域とつなぎ横断的な学びへと展開させる上では、文脈中心で共通のトピックやテーマや論点を軸に複数の教科の教師が分担・協働して学びをデザインし、それぞれの教科の目標の実現状況やプロダクトの質で評価する形も考えられるし、真正の学びのように、問いと答えの間の長いダイナミックな学習活動の中に見出される教科固有の認識方法に教科横断的性格や汎用性を見出し、そうした認知プロセスの育成を意識的に追究することで、内容にとらわれすぎずに教科の枠をはみ出す学びをデザインすることもできるだろう。あるいは、内容中心アプローチを軸に、「本質的な問い」の入れ子構造（例：「比例とは何か」も「三角関数とは何か」も「関数とは何か」というメタ一般的問いの特殊形であり、よりメタには「変化のパターンをどうモデル化するか」といった汎用性のある問いに包含される）や「分野横断的概念（cross-cutting concepts）」（例：因果関係、パターン、相互作用等）を意識することで、単元や教科を横断的に統合的に扱いやすくなる。次項では、横断的・統合的な STEM/STEAM 教育のパフォーマンス評価の事例を見ていこう。

2. 総合的な学習（探究）の時間や課題研究等における横断的・統合的なパフォーマンス評価

　教科等を横断した学びの事例として、従来の教科の枠を問い直し、子どもの学びの文脈を大事にした横断的・合科的・関連的なカリキュラムを実践している福岡教育大学附属福岡小学校の事例を紹介する。たとえば、西島大祐教諭による第6学年数学科「文様の美しさのひみつにせまろう」の単元では、学年としての横断的テーマである「私たちが残したいもの」（伝統や文化の探究）から生まれた「美しい形にはどのようなひみつがあるのか」という問いに、芸術科と関連させながら迫るものである。具体的には、「美しい文様はどのような形の特徴があるのだろう」という数学的な問いを軸に、形を構成する要素に注目し、対称性という観点から文様や既習の図形を見直し、その性質を捉えていく。そして、「紋切り遊び」でできる模様を基に、折りの回数と形の特徴の関係を調べ、偶数折りでは線対称かつ点対称になると

資料 5-4　グループワークのホワイトボード（出典：福岡教育大学附属福岡小学校, 2023:53）

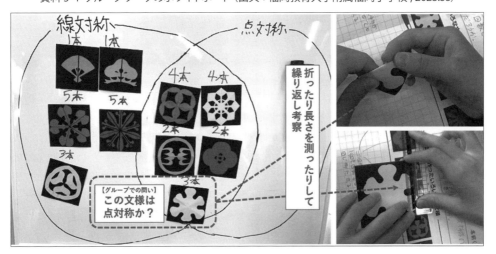

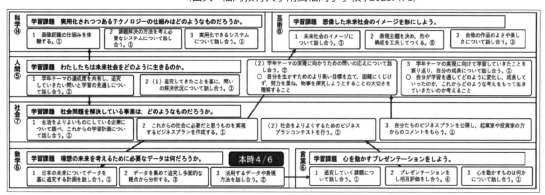

資料 5-5　テーマ「わたしたちは未来社会をどう生きるのか?」の過程
（出典：福岡教育大学附属福岡小学校, 2023: 178）

いった数学的特徴に気づいていく（資料 5-4）。また同じく第 6 学年数学科の、「データでせまるわたしたちの未来」の単元では、人間としての倫理観等について考える人間科を中心としたテーマ学習として、資料 5-5 のように、社会科、数学科、科学科において、現在の科学技術の進展について学んだり、未来の社会がどうあるのかについて考えたりするという教科横断的な学びの一環として展開していく。社会科で展開してきた社会問題を解決するビジネスプランを立てる学習の文脈を受けて、割合や変化、分布などの多様な視点から、自分たちが集めてきたデータやその分析方法を目的に照らして批判的に見直すことがめざされる。

　これらの教科横断的で真正の文脈を意識した学びは、数学科として単元横断的に長期的に育てたい数学的な思考の育ちについて評価される。資料 5-6 のような数学科としての一般的ルーブリックがあり、資料 5-7 のように単元ごとにカスタマイズされる形で、それぞれの単元における思考の熟達化の程度が評価される。なお、同校では、創造性（対象世界に向かう）、協働性（他者に向かう）、省察性（自己に向かう）という 3 つの柱で学校全体で育てたい資質・能力が設定されており、資料 5-6 のルーブリックは、数学科において「創造性」の部分を具体化したものである。そして、カリキュラム全体としてこの 3 つの資質・能力が伸びているかどうかは質問紙調査（間接評価）等を用いて、子ども集団全体の傾向が把握され、カリキュラム改善に活かされている。

　もともと SSH 事業などは STEM 教育としての性格を持っているが、高等学校の総合的な探究の時間や課題研究等を活用して、学校外の地域や大学や企業等との積極的な連携の下で、先端技術を使いこなして社会問題に取り組み新しい価値を創造する尖った科学技術人材や志のある社会の創り手を育成する取り組みとして、STEM/STEAM 教育が展開されている。たとえば、兵庫県教育委員会（2023）は、県下のいくつかの高校において、「兵庫型 STEAM」を展開している。「企業等との連携により得られた先端技術に関する知識をもとに、身近な課題の解決や新たな価値の創造に向けて、他者と協働しながら主体的に行う探究活動」を重視するものであり、実社会で実装されている道具として先端技術を学び、課題発見・解決において客観的データや実証を大事にし、理論や発想に止まらずモデルやプランといった形にしていき、英語等も用いて外部に発信することが大事にされている。モデル校の取り組みは多岐にわたり、カリキュラム・マネジメントなどの試行錯誤が続いているが、たとえば、兵庫県立加古川東高校（2023）は、STEAM の頭文字に関わらず「ワクワク」をキーワードに先端技術の社会実装や地域デザインなど、大学・企業・NPO 等と連携した多彩な特別講座を開設し、従来の課題研究の深化につなげようとしている。教科と総合に止まらず、さまざまな課外プログラムや体験活動等が提供されているため、その評価は、講座ごとの満足度や自由記述のアンケートや、目指す資質・能力の成長感

資料 5-6　教科ルーブリック（創造性）（出典：福岡教育大学附属福岡小学校提供資料）

	問いの見いだし	論理的思考・数学的表現	
ステージ5	具体的な場面を正しく数学の要素を見つけ、単純化・理想化し、より一般化し、洗練した問いにすることができる。	状況に応じて推論の方法を選択し、結論まで説明ができ、場面を発展させて考察をし、結果の妥当性を確かめることができている。	目的に応じて多様な表現方法を用いながら自分の考えを表現し、他者の考えと関連付けができている。
ステージ4	具体的な場面の中で、数学の要素を見つけ、単純化・理想化し、数学の問いに正しくすることができる。	自分の見通しにそって、状況に応じた推論の方法を選択し、場面を発展させながらより一般的な説明ができている。	目的に合った表現方法を用いて自分の考えを表現し、他者の考えと比べたりよさを取り入れたりしようとしている。
ステージ3	具体的な場面の中で、数学の要素を見つけて、自分なりに数学の問いにすることができる。	状況に応じた推論の方法を選択したり、場面を発展させたりしているが、ある部分で結論に飛んでいる。（説明が一部不足）	目的に合った表現方法を用いて自分の考えを表現し、他者と意見交換をしたりすることができている。
ステージ2	具体的な場面の中で、問題解決に必要な、数学の要素を全て見つけることができている。	見通しをもち、状況に応じた推論の方法は選択でき、結論を出すことができる。	数、量、形やその関係などの事象に応じて具体物や図などを用いて、自分の考えを表現することができている。
ステージ1	問題解決に必要な、数学の要素を一部見つけることができている。	教師や他の学習者の力を借りながら状況に応じた推論を選択している。	指定された具体物や図などを用いて、自分の考えを表現することができている。

資料 5-7　単元ルーブリック（6年　データでせまるわたしたちの未来）
（出典：福岡教育大学附属福岡小学校提供資料）

	問いの見いだし	論理的思考・数学的表現	
5	目的に応じたデータとなっているのか、分析の仕方や着目する点について問いを自分で設定することができている。	データを割合や変化、分布などの多面的な視点で分析、見いだしたデータ同士の関連性を批判的に捉えることができている。	目的に応じて割合や変化、分布といった多様なグラフを関連付けながら用いて、自分の考えを説明できている。
4	必要な数学的なデータについて、自分の見通しをもって問いを設定できる。	収集したデータを割合や変化、分布などの多面的な視点で分析し、場面を発展させて考察できている。	目的に応じてグラフを選択しながら、多様な表現方法を用いて自分の考えを説明できている。

覚を分析的に問う質問紙調査や汎用的スキルの測定をめざすテストの実施等、複合的なデータを用いて、プログラム評価的になされる。

　複合的な取り組みの成果をデータを生かして量的に実証的に捉えるのみならず、カリキュラム全体での生徒の育ちが集約的に表現される課題研究等での学びと成長の具体を、質的に物語的に把握・解釈することも重要である。先述のように、総合的な学習（探究）の時間や課題研究においては、探究のサイクルに即したルーブリックも手掛かりにして、長期にわたる探究的

資料 5-8　奈良女子大学附属中等教育学校の「課題研究ロードマップ」(2018 年作成)

（出典：奈良女子大学附属中等教育学校提供資料）

探究活動のアプローチ		4年世界史Ⅱ Stage1 探究活動の手法を学ぶ	6年SSベーシック Stage2 数理的解釈を重視した探究活動を行う	6年SSアドバンス Stage3 高校の学習範囲に捉われない高度な探究活動を行う	サイエンス研究会 Expert 自らの学問的背景に基づいた独創的で発展的な研究活動を行う
①課題の設定【問題の発見】	課題の発見	興味ある事柄の中から探究活動の対象につながる課題を見いだすことができる			・社会的な意義や学問的意義の高い課題設定を行うことができる
	課題の吟味	・課題設定において、検証可能な課題を選ぶことができる	・課題設定において、数理的解釈を深めることができる課題を選ぶことができる	・課題設定において、高校の学習範囲に捉われない発展的な課題に挑戦できる	・課題設定において、学ぶべき知識や領域を制限せず、高校生が未解決に近づいた課題設定に挑戦できる
	先行研究の調査	・先行研究を調査し、探究活動に必要な情報を見いだすことができる	・先行研究を調査し、既習の学習内容から理論的・実験的な分析が可能な課題を設定できる	・先行研究を調査し、必要な知識を学ぶことで理論的・実験的な分析が可能な課題を設定できる	・先行研究を調査し、未解決な問題を学ぶことで新たな視点から新たな課題を設定できる
	課題の適切化	・課題の難易度が高い場合、自身の探究スキルに合わせ、適切なレベルの課題を再設定できる	・課題の難易度が高い場合、必要な知識を学習しながら適切なレベルの課題を設定できる	・課題の難易度が高い場合、必要な知識を学習しながら課題に挑戦できる	・課題の難易度が高い場合、より高度な知識や技術の習得について、当初設定した目標の達成を目指すことができる
②研究活動【各ステージにおける「方法の重要さ」】	手法の構築	・初めて使う実験器具や理論への理解を深めるために、適切な手法を選ぶことができる	・数学や理科の知識を用いて、分析的な調査方法を見いだすことができる	・必要な調査方法を学びながら、より発展的な調査方法を構築できる	・新たな調査方法を構築したり、既存の方法に独自の視点を加えた調査方法を構築できる
③データの処理と分析【データや情報の収集】	データ処理	・得られたデータが示す傾向を読み取るために、適切なグラフや表で整理できる	・得られたデータが示す数理的な傾向を読み取るために、適切なグラフや表で整理できる	・得られたデータが示す数理的な傾向を読み取るために、適切なグラフや表で整理できる	・研究活動に適した有意性など、データ解析に必要な数学的な処理を行ったり、高校生の知識を超えた論理的分析を行うことができる
	分析	・先行研究の結果と比較し、誤差の要因について考察することができる	・先行研究の結果と比較し、誤差の要因を分析的に考察するとともに、それらを改善するためのアプローチを行うことができる	・先行研究の結果と比較し、誤差の要因を分析的に考察するとともに、それらを改善するためのアプローチを行うことができる	・先行研究が多い研究について誤差の要因を様々な視点から分析し、より妥当なアプローチを試みることができる
④考察と結論	先行研究との比較	・先行研究に近い結果を見いだすことができる	・先行研究をもとに、結果の妥当性を数理的に考えて評価できる	・先行研究をもとに、必要な数理的解釈を学びながら結果の妥当性を評価できる	・複数の先行研究を参考にしながら、独自の解釈を与えることができる
	結論	・得られた結果から、課題に対する結論を見いだすことができる	・得られた結果から、数理的解釈を交えて分析する結論を見いだすことができる	・得られた結果から、高校の知識を超えた分析的な結論を見いだすことができる	・結論の発展性について、学問的な視点から深く考察することができる
⑤記録と発表	活動の記録	・活動の様子を研究ノートに記録できる	・活動の様子を他者が理解できるように整理して研究ノートに記録できる	・活動の様子を整理しながら研究ノートに記録するとともに、次回の活動につながる分析的な振り返りを行うことができる	・研究ノートやデジタルコンテンツを用いて活動の様子を記録し、発表会などに利用できるように整理できる
	発表	・研究の成果をまとめたポスターを作成することができる	・研究の成果を分析的にまとめたポスターを作成することができる ・考察に重点をおいたポスター作成ができる	・難解な研究手法を分かりやすくまとめたポスターを作成することもできる ・考察に重点を論理的にまとめてポスター作成できる	・コンテストや大学での発表が可能なレベルでポスターや論文を作成することができる
⑥共創	協働	・指導教員とよく相談しながら各回の課題研究を計画したり、研究内容を振り返ることができる ・グループ内で必要に応じて役割分担を行いながら課題研究を進めることができる	・グループのメンバーと協働しながら課題研究の計画や、適切なタイミングで指導教員の助言を求めることができる	・適切なタイミングで指導教員と相談し、探究活動に長く携わる生徒主体と相談し、生徒主体で課題研究の計画や振り返りができる	・指導教員のみならず、研究者や大学教員など、研究活動に携わる生徒と議論を行うことができる
	観察	・他者の探究活動の手法に興味を持ち、自らの活動の類似点や相違点を見出すことができる	・他の探究活動の手法を観察し、他者の優れた手法を自身の活動に生かす方法を考えたり、新しい視点を獲得することができる	・サイエンス研究会の生徒など、探究活動に長く携わる生徒と議論を行いながら課題研究を行い、自身の探究活動に生かすことができる	・各分野の課題研究に取り組む生徒やサイエンス研究会の生徒の探究活動を観察し、自身の探究活動の視点や手法の確立につなげることができる

な学びの過程をポートフォリオに残しつつ生徒自らが振り返ったり、教師などがコーチ的、あるいはチュートリアル的な指導を行ったりすることが一般的である。たとえば、長年にわたり、リベラルアーツも重視しながらSSHの先進的な取り組みを進めてきた奈良女子大学附属中等教育学校では、1、2年における「身近なテーマについて探究する」段階から、3年での「ESDやSDGsの視点からテーマを探究する」段階へ移行し、4年では「課題研究入門」として自然科学と人文科学での探究手法を本格的に学び始める。その後、5年で「文理の垣根を超えた視点の獲得」を経験した後、6年では再び専門分野に戻り、探究活動の集大成として活動を行う（藤野・長谷, 2022）。同校の探究活動が目指す資質・能力を整理した「課題研究ロードマップ」（資料5-8）は、ルーブリック的な性格も持つが、単に課題研究での学びの目標や判定基準を示すというより、探究の質的向上の過程や見通しを示す点に主眼がある。これまでの同校における実際の生徒たちの学びの姿を具体的に想定しながら作成されたものであり、教師および生徒が、質の高い活動をロールモデルとしてイメージしながら、各生徒の状況や発達段階に応じた活動内容をイメージしながら、探究の試行錯誤の過程を物語としてつなぎ、支援する道しるべとして用いられる。

　課題研究等の評価というと、汎用的スキルのルーブリックのようなものを作成して、その表に基づいて、量的・質的なエビデンスを集めて、子どもの学習状況を分析的に説明することもしばしばなされる。そこでは、子どもの学びや変容は分析的に分解されたままで、具体的な子どもの姿が浮かび上がってこない。資質・能力の構成要素である汎用的スキルは、レントゲン写真のようなもので、生身の子どもの実際の姿と照らし合わせて解釈することで、その意味や子どもたちの課題は明らかになる。分析的で客観的な評価に加えて、子どもの学ぶ姿を収めた写真や動画やエピソードや、学びの成果物としてのレポートや作品を軸に、典型的な子どもの事実に焦点化するくらいで、課題研究が生み出した学びの物語を全体的に具体的に語れるかどうか。教師が子どもの姿で成長を語れるかどうか、子ども自身が自らの成長の物語を語れるかどうかが、子どもの学びや成長で勝負できる、中身のあるカリキュラム開発になっているかどうかの試金石なのである。

おわりに

　評価を問うとは、教育活動を通して確かな学びと成長があるかどうかを確かめることである。冒頭にも述べたように、STEM/STEAM教育における評価を問う作業は、その目標（学習成果）と教育的価値を問う作業に向き合わざるをえない。日本的なコンピテンシー・ベースの改革の磁場においては、「○○力」という言葉で、学習成果と教育的価値に関する問いは心理主義的に抽象化されており、それがSTEM/STEAM教育における、カリキュラムや取り組みの拡散にもつながっているのかもしれない。さらに、学びと成長は、数値的に客観的に把握されるのみならず、何をもって学びと成長とみなすのかという解釈や価値判断を伴って、究極的には子どもの具体的な姿において検証されるものである。STEM/STEAM教育が、子ども達をいかなる世界や知（内容）と出合わせ、その先に子どもたちの学びや生活の幅や視野をいかに広げ高めることになるのか。能力論として抽象的・形式的に語られがちな目標論と評価論を、内容論と子ども論の層で具体的に議論することが重要だろう。

```
━━━━━━━━━━━━━━━━━━━ 問 い ━━━━━━━━━━━━━━━━━━━
 1  STEM/STEM 教育で育てたいものについて考えてみよう。
    hint カリキュラム上のどの教科や領域で、どのような経験を保障したいのかを具体的に
        考えながら、本章で示した学校で育成する資質・能力の要素を捉える枠組みで分析
        的に捉えてみよう。
 2  STEM/STEAM 教育としての真正のパフォーマンス課題を作ってみよう。
    hint 単元の目標（学習成果）を明確化しつつ、文脈、認知プロセス、内容のバランスを
        意識しながら、既存の教科の枠にこだわり過ぎずに、先端的な科学技術が拓く活動
        や世界のリアルを体感することを大事にしてみよう。
 3  STEM/STEAM 教育としての総合的な学習（探究）の時間等での探究的な学びについて、
    学びの深まりや子どもの育ちをルーブリックで表現してみよう。
    hint 学校として目指す子ども像も念頭に置きながら、作品や発表の出来具合以上に、探
        究の過程での学びや成長に着目し、具体的な子どもの姿の実例をイメージしながら
        作ってみよう。
```

文献

浅野大介 (2022): 社会変容と探究モードへの挑戦，田村学・佐藤真久編「探究モードへの挑戦」，101-139，
　　人言洞．

藤野智美・長谷圭城 (2022): 多様な他者が共鳴する探究活動，石井英真編「高等学校 真正の学び，授業の
　　深み―授業の匠たちが提案するこれからの授業」，266-275，学事出版．

藤岡達也編著 (2022): よくわかる STEAM 教育の基礎と実例，講談社．

福本洋二 (2020): 化学と日常生活の関わりを深く探究する―単元「高分子化合物の性質と利用」，西岡加名
　　恵編「高等学校 教科と探究の新しい学習評価」，102-107，学事出版．

福岡教育大学附属福岡小学校 (2023): 令和 4 年度 研究開発実施報告書 資料編，福岡教育大学附属福
　　岡小学校．

現代アメリカ教育研究会編 (1998): カリキュラム開発をめざすアメリカの挑戦，教育開発研究所．

兵庫県教育委員会 (2023): 兵庫版 STEAM 教育について，令和 5 年 1 月 12 日 第 4 回高等学校教育の在り
　　方 ワーキンググループ提出資料．

兵庫県立加古川東高等学校 (2023): 兵庫県立加古川東高等学校での取組，令和 5 年 1 月 12 日 第 4 回高等
　　学校教育の在り方 ワーキンググループ提出資料．

石井英真 (2015): 今求められる学力と学びとは，日本標準．

石井英真 (2020a): 再増補版・現代アメリカにおける学力形成論の展開―スタンダードに基づくカリキュラムの
　　設計，東信堂．

石井英真 (2020b): 授業づくりの深め方，ミネルヴァ書房．

石井英真 (2022): コンピテンシー・ベースの教育改革の課題と展望―職業訓練を超えて社会への移行と大人
　　としての自立のための教育へ，日本労働研究雑誌，742, 16-27.

石井英真 (2023): 中学校・高等学校 授業が変わる学習評価深化論，図書文化．

磯部征尊・山崎貞登 (2015)：Design and Technology からのイングランド STEM 教育の現状と課題，科学
　　教育研究，39, 2, 86–93.

磯崎哲夫・磯崎尚子 (2021): 日本型 STEM 教育の構築に向けての理論的研究―比較教育学的視座からの分
　　析を通して，科学教育研究，45, 2, 142-154.

経済産業省 (2019):「未来の教室」と EdTech 研究会 第 2 次提言．

国立教育政策研究所 (2016): 資質・能力（理論篇），東洋館出版社．

熊野善介 (2014): 科学技術ガバナンスと STEM 教育―日本におけるガバナンス論とアメリカにおける新たな科
　　学教育改革からの観点，同編著「科学技術ガバナンスの形成のための科学教育論の構築に関する基礎
　　的研究 最終報告」，1-16.

熊野善介 (2021): STEM/STEAM 教育の基本的な考え方—海外の現状と日本の状況について, 科学と教育, 69, 8, 316-319.

Marzano, R. J. (1992): *A Different Kind of Classroom: Teaching with Dimensions of Learning*, ASCD.

Marzano, R. J., Pickering, D. J., & McTighe, J. (1993): *Assessing Student Outcomes: Performance Assessment Using the Dimensions of Learning Model*, ASCD.

松原憲治 (2020): 資質・能力の育成を重視する教科横断的な学びと STEM/STEAM 教育, 日本科学教育学会第 44 回年会論文集, 9-12.

松原憲治・高阪将人 (2017): 資質・能力の育成を重視する教科横断的な学習としての STEM 教育と問い, 科学教育研究, 41, 2, 150-160.

松尾知明 (2010): アメリカの現代教育改革, 東信堂.

松尾知明 (2015): 21 世紀型スキルとは何か, 明石書店.

松下佳代編著 (2010): 〈新しい能力〉は教育を変えるか, ミネルヴァ書房.

西岡加名恵 (2016): 教科と総合学習のカリキュラム設計—パフォーマンス評価をどう活かすか, 図書文化.

西岡加名恵・大貫守編著 (2023): 高等学校「探究的な学習」の評価—ポートフォリオ、検討会、ルーブリックの活用, 学事出版.

大嶌竜午 (2022): シンガポール, 鈴木敏之 (研究代表者), 学校における教育課程編成の実証的研究 報告書 4 諸外国の先進的な科学教育に関する基礎的研究〜科学的探究と STEM/STEAM を中心に〜, 国立教育政策研究所.

ライチェン, D. S. & サルガニク, L. H. (立田慶裕監訳) (2006): キー・コンピテンシー—国際標準の学力をめざして, 明石書店.

鈴木敏之 (研究代表) (2022): 学校における教育課程編成の実証的研究 報告書 4 諸外国の先進的な科学教育に関する基礎的研究〜科学的探究と STEM/STEAM を中心に〜, 国立教育政策研究所.

竹本石樹・熊野善介 (2022): STEM/STEAM 教育, 一般社団法人日本理科教育学会編著「理論と実践をつなぐ理科教育学研究の展開」, 86-92, 東洋館出版社.

Vasquez, J., Sneider, C., & Comer, M. (2013): *STEM lesson essentials, grades 3–8: Integrating science, technology, engineering, and mathematics*, Heinemann.

ウィギンズ, G.・マクタイ, J. (西岡加名恵訳) (2012): 理解をもたらすカリキュラム設計—「逆向き設計」の理論と方法, 日本標準.

―――――――――――――――――――――――――――――――――――――

[i] PA については、西岡 (2016)、石井 (2020b) などを参照。

理科の授業における知識の統合へ向かう学びを見とり、支える：「問」の共同探究に着目して

第1節　はじめに　～「知識の統合」へ向かう学びのプロセスをみとり、支える～

　本章では、理科の授業において学習者が「知識の統合」へ向かう学びのプロセスで特徴的に見られる対話のパタン（＝「『問い』の共同探究」）に着目し、具体的な事例に即して「『問い』の共同探究」を支える授業デザインの要件について考察する。

　近年、理数情報分野の教育をとらえなおす視点として「STEM教育」が注目されている。「STEM教育」が提供する重要な考え方の1つは、児童生徒自身による知識の統合を、授業で引き起こしたい学びの核とみなす発想である。ここでいう「知識の統合」は、必ずしも教科を超えた知識の統合（例えば、算数と理科の学習事項を結びつけること）だけではない。例えば、理科という教科の中で、「現実世界の課題解決」と「科学の知識」をつなぐといったように、児童生徒が授業で触れる様々な質の知識や経験を自身でつなぐことも重要視されている（齊藤, 2020）。同様に、人の学びのプロセスや仕組みを研究してきた認知科学（Cognitive Science）や学習科学（Learning Sciences）と呼ばれる分野においても、学習内容の深い理解は、学習者自身による知識の関係づけや統合に支えられるものであるという知見が示されている（白水・三宅 , 2009）。教室において「知識の統合」へ向かう学びのプロセスを支援することは、これからの理科の授業づくりにおいても重要な問題だということになる。

　それなら、学習者による「知識の統合」へ向かう学びを支援するにはどうすればよいのだろうか。この問いを考えるために、まずは「知識の統合」へ向かう学びのプロセスに着目し、そこでどのような思考や対話が生じているのかを明らかにする必要がある。「知識の統合」につながりやすい思考や対話のパタンが同定できれば、そうした思考や対話を促す授業デザインや支援を工夫することによって、「知識の統合」へ向かう学びを引き起こすことができるだろう。

第2節　「知識の統合」につながりやすい思考や対話のパタン～認知科学の先行研究から～

　「知識の統合」につながりやすい思考や対話のパタンの1つの有力な候補として、本研究では協調問題解決の過程における「『問』の共同探究」に着目する。

　人の学びのプロセスや仕組みの解明を目指す認知科学という研究領域では、参加者の深い理解に資する対話の特徴について多数の知見が蓄積されている。たとえば、Barnes（1976）は、「探究型の対話（exploratory talk）」と「最終稿・発表型の対話（presentational talk）」を対比させ、前者のような対話が理解深化を促進しやすいとした。「探究型の対話」とは、「え？」「もし○○なら、△△は？」のように、問の繰り返しを含む対話であり、考えの比較検討や吟味を生むことが多いという。「探究型」の対話の概念は、その後、協調問題解決過程において答えがはっきりしていない段階における自由な考えの出し合いによって、知識の共有や見直しを促す対話として拡張された。

　こうした研究を整理した遠山・白水（2017）も参考に、現時点での認知科学研究の合意を描出してみると、意見の述べ合い、全面的な批判や無批判の受け入れといった絡み合いのないパ

タンの対話に対して、不完全で疑問生成的な発話を頻繁に話者交代して行うパタンの対話が理解の深まりをもたらしやすいという共通見解を見出すことができる。実際、Chi and Menekese (2015) は、課題解決前後のテストにおける概念的な理解の深まり度合いと、対話パタンを関係づけた分析で「メンバーの１人が前に話したことを、他のメンバーが掘り下げていくような対話」(co-constructive dialogue) と理解の深まりが関係していることを確かめている。

　これらの知見からは、「不完全で疑問生成的な発話を頻繁に話者交代して行うパタンの対話が理解深化につながりやすい」という共通見解を見出すことができる。共に課題解決に取り組む学習者の間で、「問」が自発し、その「問」に解が提案されたり、更に次の「問」が生まれたりといった、『問』の共同探究」と呼べるような対話が、学習者の「知識の統合」に有益であると考えられる。

　そこで、本稿では、まず、協調問題解決活動を通じて「知識の統合」をうまく実現できた授業において、授業のなかで実際に「『問』の共同探究」が頻繁に起きていたかを確かめる。具体的には、本稿の目的と独立に、同じ教師によって同じ学校で同じ手法を用いて行われた２クラスの協調問題解決型の理科授業の授業中の対話記録を用いて、「知識の統合」において成果が高かった授業のほうが、「課題解決中に学習者から自発的に生成した『問』がグループのメンバーによって共同的に探究される割合」が高いことを示す。

　そのうえで、対象とした授業のデザインや支援のどういった特徴が「『問』の共同探究」を支えたのかを検討してみることで、「知識の統合」へ向かう学びを引き起こすための示唆を得たい。そのために、２つの授業の微妙な差異に着目しながら授業デザインと対話の特徴を対照してみることで、授業デザインが「『問』の共同探究」の生起に与える影響を考察する。

第3節　授業実践の概要

1．授業の手法とデザイン

　本稿で題材とした授業実践は中学校第２学年理科「運動の仕組」の授業２事例である 。授業は、協調問題解決型の授業手法の１つである「知識構成型ジグソー法」を (Knowledge Constructive Jigsaw, 以下 KCJ)（三宅ら, 2016）の手法を用いて行われた。KCJ の基本的な流れは表６—１のとおりである。KCJ は、５つのステップで協調的に問題を解いていく流れによって、多様な参加者の主体的な学習参加を促す手法である。この手法では、１）で自覚した一人ひとりの考えに、２）で学習したヒントとなる知識も結びつけながら、対話をとおして課題を探究することにより、課題に対して多様なアイデアを組み合わせたよりよい解答を生み出すことを期待できる。また、個人思考に始まり個人思考に終わる流れに表れているように、グループ活動が中心ではあるが、グループで１つの答えを発表することよりは、個々人の「知識の統合」へ向かう学びに主眼がある。

---

¹ 本事例については、下記３論文において様々な角度から分析がなされている。本稿においてもこれらの分析を参考にした。
飯窪真也, 齊藤萌木 (2018): 対話的な学びの中で何が起こっているか（2）, 三宅芳雄・白水始編 (編), 教育心理学特論 ('18), 放送大学教育振興会, 177-194.
白水始, 益川弘如, 堀公彦, 河崎美保, 齊藤萌木, 飯窪真也, 中山隆弘 (2018): 協調学習の評価の刷新：指標を探す, 日本認知科学会第 35 回大会論文集, 48-49.
飯窪真也, 齊藤萌木, 白水始, 堀公彦 (2020)：授業研究における教師と研究者の相互作用のリアリティ, 認知科学, 27, 4, 1-26.

あわせて、「運動の仕組」の授業デザインの概要を表6-2に示す。実践は、平成26（2014）年度と平成28（2016）年度に、同じ学校の同学年の生徒に対して行われた。各年度の授業デザインは、課題をのぞいてはほぼ共通であった。しかし、実践者にとっての手応えには大きな違いがあり、また図6-1で示すように知識の統合の程度にも大きな違いがあった。

表6-1 「知識構成型ジグソー法」（KCJ）の流れ

1) 教師から提示された課題について個人で考えを書く（最初の個人思考） 2) グループに分かれて、課題により良い答えを出すためのヒントになる知識を分担して確認（エキスパート活動） 3) 異なるエキスパートを担当したメンバーが集まって新しいグループを作り、情報を共有したうえで、自由に話し合いながら課題に取り組む（ジグソー活動） 4) 各グループの課題の解を全体で吟味（クロストーク） 5) 改めて個人で、本時の問いに対する答えを書く（最後の個人思考）

表6-2 「運動の仕組」の授業デザイン

課題	2014：「（所属する部活動での）ボールを打つ動きのストーリーを語ろう。～運動のしくみをわかりやすく説明してみよう～」 2016：「落ちてくる定規を指先でキャッチ～自分のからだの中で起きていることを細かく、わかりやすく説明してみよう～」
エキスパート A	＜神経＞（資料及び図の読解と小設問に取り組む） ○感覚器官 → 感覚神経 → せきずい → 脳 ：情報の流れ ○脳 → せきずい → 運動神経 → 筋肉 ：命令の流れ
エキスパート B	＜骨格＞（資料及び図の読解と小設問に取り組む） ○骨格のつくり（内骨格）と関節のつくり
エキスパート C	＜筋肉＞（資料及び図の読解と小設問に取り組む） ○筋肉のつくりとはたらき　○筋肉と骨のつき方（腱）
目標	○受けた刺激と器官、それが脳に伝わるまでのルートを図や言葉で表現すること（感覚神経系についての知識） ○脳で考えていることと命令を言葉で表現すること（脳の命令内容についての知識） ○脳から筋肉に伝わるまでのルートと、筋肉や関節の動きを言葉や図で表現すること（運動神経系についての知識）

2. 実践の結果

　表6-2に示したとおり、教師がねらっているのは、「感覚神経系についての知識」、「脳の命令内容についての知識」、「運動神経系についての知識」を現実世界の課題に即してつなぐことである。平成26（2014）年度実践であれば、「所属する部活動でのボールを打つ動き」、平成28（2016）年度実践であれば「落ちてくる定規を指先でキャッチ」という現実世界の課題が、それぞれ対象となる。そこで、以下では、授業の「最初の個人思考」（以下、授業前）と「最後の個人思考」（以下、授業後）の解答を基に、生徒が課題についての一連の説明の中でどの知識にどれくらい言及していたかを比較することによって、「知識の統合」における成果を確認したい。授業前より授業後の説明において課題と結びつけて言及できる知識が増えていれば、それが、授業をとおしての「知識の統合」の成果を示す1つの指標になると考えられる。

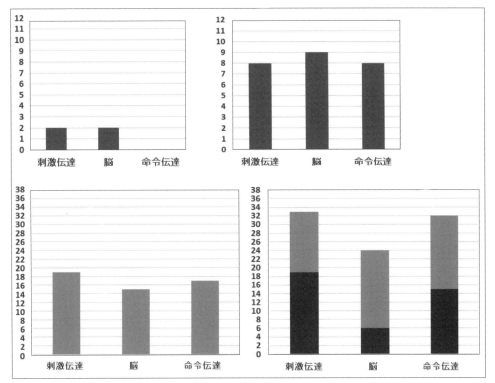

図 6-1 「運動の仕組」の授業前後の解答の様子
（上段平成 26（2014）年度 前／後・下段平成 28（2016）年度 前／後）
グラフの単位は人，2014 年度は N=12，2016 年度は N=38，黒＝完全，グレー＝不完全

　図 6-1 は、実際に各年度の授業において授業の前後に、それぞれどの程度の生徒が目標となる 3 つの知識を含む説明を書けたのかを示すグラフである。分析できた解答は、資料回収状況の違いにより平成 26（2014）年度の実践で 1 学級 12 名分、平成 28（2016）年度の実践で2 学級 38 名分である。

　グラフの作成にあたり、解答中での 3 つの知識への言及を「完全」と「不完全」に区分した。「完全」解答の規準として、「感覚神経系についての知識」は、刺激を受け取る感覚器官から大脳までの経路を過不足なく記述できている解答、「脳の命令内容についての知識」では、伝わってきた刺激の内容（定規が動き出したこと）と命令の内容（人差し指と親指の筋肉を縮ませる）の両方を正しく記述できている解答、「運動神経系についての知識」では、脳の命令から運動する筋肉までの経路を過不足なく記述できている解答をそれぞれ設定し、当該の知識には言及しているものの記述に抜けや誤りを含む解答を「不完全」とした。

　グラフからは、平成 28（2016）年度の実践において、3 つの知識と課題を結びつけた説明ができた生徒の数が授業の前後で大きく増えていることがわかる。3 つの知識すべてを課題と統合できた生徒も授業前は 7 名だったのに対して、授業後は 22 名確認できた。対して平成 26（2014）年度の実践では、授業をとおして「知識の統合」が進んだ様子は見受けられるものの、3 つのどの知識についても授業後に「完全」な形で課題と結びつけられた生徒がいなかったことなどを指摘できる。分析した解答例の数を考慮しても、実践者の振り返りにおける手応えのとおり、相対的に平成 28（2016）年度の実践のほうが、「知識の統合」における成果が高い傾向があったと言ってよいだろう。

　平成 28（2016）年度実践における「知識の統合」の具体像を、もう少し詳しく見てみよう。

表 6-3 は、ジグソー活動において同じ班で課題に取り組んだ 3 名の生徒の授業前後の解答の例である。

　3 名の生徒はいずれも授業前には期待する解答に照らして不十分な解答を書いているのに対し、授業後には、「落ちてくる定規を指先でキャッチ」という現実世界の課題に即して 3 つの知識を統合して一連の運動の仕組みを説明できるようになっている。例えば、生徒 X は授業前から、「感覚神経系」「脳」「運動神経系」3 つの知識に言及はしているが、感覚神経系、運動神経系とも経路に不完全な点があり、脳の指令の内容も記述できていない。それが授業後になると、「刺激」という科学の用語と「定規が落ちている」という現象をつなぎ、「刺激」の伝わっていく過程についても「感覚器官」「感覚神経」等の用語を関連づけながらより詳細に説明できるようになっている。また、生徒 Y や生徒 Z は、授業前は、つながりを表現する接続詞や矢印が含まれていなかったところから、課題と知識のつながり、知識間のつながりをあまり意識していなかったことが推測される。それに対し、授業後では、刺激から反応にいたる過程での出来事のつながりを説明できるようになっている。

　生徒 Z の説明には、「感覚神経系」と「運動神経系」の経路の説明に不完全な点も残る。とは言え、授業をとおして「知識の統合」の度合いは 3 名とも大きく高まっていると言える。

表 6-3　「運動の仕組」2016 年度実践における授業前後の解答の例（原文ママ）

	授業前	授業後
生徒 X	目→脳→手／映像←（光）／指令（手書き図）	授業でわかった答えを書いてみましょう。（図や言葉で自分なりの考えを書いてみよう。）／刺激――→感覚器官→感覚神経→…／（定規が落ちている日＝刺激）（目）（耳は神経）運動神経…／刺激に対し←筋肉／反応…（手書き図）脳に伝える／せきずい／送られてきた信号を分析し、正しい指令を筋肉に送る。
生徒 Y	五感で定規を落ちている事を感じ取り、その感じとった事を脳に送り、脳から指に「指動かし定規をつかめ」としれいがおくられる。	目→感覚神経→せきずい⇔脳（定規が落ちたという信号を受け取り、指の筋肉に定規をつかめ、と命令を出した）／↓／運動神経→手の筋肉
生徒 Z	指の筋肉が伸び縮み、関節が動く。指の神経に脳からの命令が出される。	目が光の刺激を受ける→脳に「定規が落ちている！」という信号を送る。→脳は「定規をつかむ！」という判断をする→脳が「定規をつかめ！」と定規をつかむために必要な筋肉などに、命令する。

第 4 節　「知識の統合」へ向かう学びのプロセス

　平成 26（2014）年度と平成 26（2014）年度の実践結果を比べてみると、平成 28（2016）

年度においてより「知識の統合」が進んだ様子が見られた。では、平成28（2016）年度の実践で生じていた「『知識の統合』へ向かう学びのプロセス」とはどのようなものだったのだろうか。平成26（2014）年度、平成28（2016）年度それぞれの実践における「ジグソー活動」（表6-1の3)）の対話を分析することで、比較してみたい。

１. 対話分析の方法と指標

① データについて

　分析対象としたのは、平成26（2014）年度の実践と平成28（2016）年度の実践それぞれ1クラス分のジグソー活動中の対話をICレコーダで録音し、音声データを書き起こしたテキストである。ICレコーダは各班に1台を設置し、平成26（2014）年度で8班分、平成28（2016）年度で6班分を録音した。音声データは、人が聞いて可能な範囲で話者を区別し、話者ごとに内容の判別ができる発話をテキスト化した。テキスト化の際、1呼吸で発した発話を「1発話」とした。

② 分析手順

　今回は、第2節に示した先行研究をもとに、「知識の統合」へ向かう学びのプロセスの生起を見とる指標として、「課題解決中に生徒が自発的に生成した『問』がグループのメンバーによって共同的に探究される割合」という指標を設定した。そこで、対話分析は、対話中の「問」の同定、「問」の後に生まれた学習活動のコーディングという2つの手順で行った。

　まず、各班の対話の内容と流れを確認し、班員から自発した「問」と判別できる発話を同定した。ここで「問」としたのは、疑問、質問、問いかけ、確認等、日本語でテキスト化したときに「？」が付くような発話である。

　次に、「問」の後に生まれた学習活動に注目し、班員から自発した「問」が共同的に探究されたかを判別した。「問」後の学習活動のコーディングは、「大カテゴリ」と「小カテゴリ」の2段階で行った（表6-4）。

表6-4　対話中に自発する「問」に着目した分析のための対話分析のカテゴリ

大カテゴリ	定義	小カテゴリ	定義
共有	問の提出後、他のメンバーから問いに対する反応と判断できる発言や動作が確認できる	応答完結	問の提出後、他のメンバーが一度応答し、その後はその問の解を探究する発言や動作が確認できない
		共同探究	問の提出後、問の提出者を含む複数のメンバーが、解を探究する発言や動作を行っていることを確認できる
非共有	問の提出後、他のメンバーから問いに対する反応と判断できる発言や動作が確認できない	自己探究	問の提出後、問の提出者自身が、解を探究する発言や動作を行っていることを確認できる
		探究なし	問の提出後、解を探究する発言や動作が誰からも確認できない
同定できず	問の提出後、他者から問いに対する反応と判断できる発言や動作の有無を確認できない	設定なし	設定なし

「大カテゴリ」は、「問」に対し、班の他のメンバーから何らかの反応があったかに着目し、「問」が「共有」されたかどうかを判別するためのカテゴリである。「問」の後に、解の提案、疑問の言いなおし、問い返しなど、班員から自発した「問」に対する発話であることが確認できる発話があった場合に、問が「共有」されたと判断した。対して「問」の後に、「問」に対する発話以外の関係ない発話のみしか見られない場合は「非共有」とした。更に、発話の内容ができないなど、「問」に対する発話であるかないかが判別できない場合は「同定できず」とした。

　「小カテゴリ」は、「大カテゴリ」で確認された「反応」の内容に着目し、「共有」された問が共同的に探究されたかを判別するためのカテゴリである。「問」の後、他のメンバーから一度応答があり、その後はその「問」の解を探究する発言や動作が確認できない場合を「応答完結」、一度の応答で完結せずに、問の提出後、問の提出者を含む複数のメンバーが、解を探究する発言や動作を行っていることを確認できる場合を「共同探究」とした。この「共同探究」の生起した割合に注目して分析を行う。

　「共同探究」とカテゴライズされた対話は、具体的には表6-5のようなやりとりである。ここでは、生徒Cが発した「1本だけやったらこうしか動かんけど、関節あるけん曲がるってことやろ？」という問は、生徒Bと生徒Aに受け取られ、「イエスイエス、細かい動きができる」、「ここまで実際でも動く」という解が提案されている、これらを受け生徒Cは「こう動かせるってことや」と自分でも動作を試みて納得した様子である。メンバーの1人が提出した問が、このように他のメンバーも巻き込んで解を提案したり探究したりする発言を生んだ場合は「共同探究」とコーディングした。それに対し、生徒Cが発した「終わり？」という問は、生徒Aに「うん」と応答されて完結している。こうした場合は「応答完結」とコーディングした。

表6-5　「共同探究」の対話例

生徒A	生徒B	生徒C	大	小
		1本だけやったら		
ここまで実際。		こうしか動かんけど、		
	そうそうそう、	関節あるけん、		
		曲がるってことやろ？	共有	共同探究
	イエス，イエス。			
ここまで実際でも動く。	細かい動きができる。			
		こう動かせるってことや。		
	ええ、気持ち悪い。			
	はい、いいよ。			
		終わり？	共有	応答解決
		それで。		
	うん。			
		はい。		

2．対話分析の結果

表6-6に対話分析の結果を示す。分析の結果、「課題解決中に生徒が自発的に生成した『問』」がグループのメンバーによって共同的に探究される割合」は、より高い学習成果のあった平成28（2016）年度の実践において、平成26（2014）年度の実践よりも多いことを確認できた。平成26（2014）年度ではジグソー活動中に自発した「問」の16%しか共同探究につながらなかったのに対し、平成28（2016）年度では自発した「問」の39%が共同的に探究されていた。この結果は、発達の途上にある中学生の場合でも、「知識の統合」へ向かう学びのプロセスでは、メンバーの1人が提出した問が、他のメンバーも巻き込んで解を提案したり探究したりされたりするような、不完全で疑問生成的な対話がそうでない場合でも頻繁に出現するということを示す。先行研究の知見を裏付ける結果であると言える。

表6-6　対話中に自発する「問」に着目した対話分析の分析結果
平成26（2014）年度（N=339）　平成28（2016）年度（N = 430）
※Nはジグソー活動中にメンバーから自発した「問」の総数

大カテゴリ	2014年度		2016年度		小カテゴリ	2014年度		2016年度	
	数	割合	数	割合		数	割合	数	割合
共有	148	44%	295	69%	応答完結	95	28%	128	30%
					共同探究	53	16%	167	39%
非共有	115	34%	67	16%	自己探究	47	14%	39	9%
					探究なし（スルー）	68	20%	28	7%
同定できず	76	22%	68	16%	設定なし	0	0%	0	0%

第5節　「知識の統合」へ向かう学びのプロセスを支える

では、一体どうして、平成28（2016）年度の授業では、平成26（2014）年度に比べて、「知識の統合」へ向かう学びのプロセスが生じやすかったのだろうか。最後に、2つの授業デザインの差異に着目しながら、デザインや支援のどういった特徴が「『問』の共同探究」を支えたのかを検討してみたい。

第3節で示した通り、2つの実践は、実践者、用いた授業手法、授業の目標や用意された資料や図の内容はほぼ同一である。また、教師の授業中の支援や活動の進め方の指示、生徒が使用したツール（ホワイトボード等）についてもほぼ同一であった。

2つの授業のほぼ唯一にして最大の違いは課題の設定（とそれに伴う課題提示の仕方）である。平成26（2014）年度の最初の実践では、「所属する部活動での『ボールを打つ動きのストーリーを語ろう』」という課題が設定された。導入では、生徒はそれぞれ自分の部活でボールを打つ場面の動きをビデオの映像を見て確認した。

他方、平成28（2016）年度の2度目の実践では、「落ちてくる定規を指先でキャッチ〜自分のからだの中で起きていることを細かく、わかりやすく説明してみよう〜」という具体的で焦点化された問へと課題が変更された。併せて、導入で題材となる活動を全員に経験させ、共通に経験した活動の仕組みを説明するという文脈を設定して課題解決に取り組ませた。

課題設定が変更された理由は、平成26（2014）年度の実践についての授業者の手応えとして、授業では活発な話し合いは起こったものの、刺激に対して反応が起こるプロセスや仕組みについて生徒の理解に曖昧な点が残ったと感じられたためである。この印象は、既に示した図6-1

の分析結果とも合致している。この反省を受け、授業者が具体的で考えやすい課題設定を工夫したのが平成 28（2016）年度の実践である。

　興味深いのは、教師の授業中の支援や、活動の進め方の指示、生徒が使用したツール（ホワイトボード等）については、どちらの実践にも差がなかったということである。対話の支援というと、役割分担や対話の留意点を示すなどの活動の進め方指示、ホワイトボードや共同編集のアプリケーションの活用といったツールの工夫などがまず思い浮かびそうである。しかし、平成 28（2016）年度の実践での変更点は、具体的で焦点化された問へと課題が変更されたこと、導入で題材となる活動を全員に経験させ、共通に経験した活動の仕組みを説明するという文脈を設定して課題解決に取組ませたことの 2 点であった。だとすると、得られる仮説としては、「具体的で明確な課題が設定されており、それに対する班の答えを作ることが本時の目標であることを班のメンバーが明確に意識できている」という要件が、『知識の統合』へ向かう学びのプロセスを支えたのではないか」ということになるだろう。

　仮説検証の手始めとして、平成 26（2014）年度と平成 28（2016）年度の対話の具体例を改めて見てみよう。表 6-7 は、それぞれの実践における同じ場面、「ジグソー活動」で課題に取り組んでいる場面の対話を比較したものである。アルファベットは発言者の別を示し、カッコ内は筆者の注である。

表 6-7　ジグソー活動中の対話の具体例

2014 年度：「所属する部活動での『ボールを打つ動きのストーリーを語ろう』」	2016 年度：「落ちてくる定規を指先でキャッチ〜自分のからだの中で起きていることを細かく、わかりやすく説明してみよう〜」
c：じゃあ何、ええと足と a：やけん b：足、手、腰。 c：腕？今筋肉の話してるんやろ？ a：どこの筋肉？ b：全部。体中に筋肉いっぱいある。 a：どこの筋肉って… b：腕、足… a：腕、 b：腰…くらいじゃないの？ a：じゃあ脳に、脳に？ c：動けや一。ふふふ。 a：腕、腕、足、腰の… c：んっと…足、足って？？	B：目の前って、目じゃなくて、何やったっけ？ A：え？何やったっけ。 C：刺激、刺激のこと書けばいい。 A：虹彩？ B：そうや、刺激というのが光。 C：刺激というのが、光が、光を反射してから、この物を見えちょって。 B：光、光。 C：そこまでは書かんでいいと思う。 A：ややこしい。 C：目のレンズのところからで。虹彩やったっけ？ B：え？でも、刺激ちゅうのが光。刺激が感覚器官に行くんよ（ホワイトボードに書き込む） C：あ、伝わるっちゅうこと？ B：イエス。 A：英語じゃなくていい。 B：網膜じゃなくて目でいいんやない。ここ（ホワイトボードを指さす） C：体の中で起きていることやけん、光が、脳に伝えているんじゃないの？ B：でも… A：でも、光で見えている。

平成 28（2016）年度のジグソー活動では、B さんの「目の前って、目じゃなくて、何やったっけ？」という問を、A さん、C さんが共同探究することをとおして、B さんが「目に刺激を与えるものが何か」を疑問に思っていたことが明らかになるとともに、「刺激」＝「光」、「刺激」→「感覚器官」といった知識のつながりが見出されていく様子がわかる。「目の前って、目じゃなくて、何やったっけ？」という B さんの疑問は、一見何を言っているかもわからないような問である。にもかかわらず、A さん、C さんは、やり過ごしたり「わからん」と応答完結させたりせずに、共同探究に進んだ。この背景には、「落ちてくる定規を指先でキャッチ」という具体的な現象が全員の念頭にあることで「あの実験の話をしているはずだから、みんなで考えればわかるはずだ」という見通しを持てたことが影響しているのではないだろうか。

対して平成 26（2014）年度では、「脳」と「筋肉」が話題にはなっているものの、3名それぞれ、頭・手・足・腰と思い浮かべているものが違うことで、c さんが「今筋肉の話してるんやろ？」と、論点が共有されていないという違和感を表明したり、a さん、b さんが「体中にいっぱいある」と、筋肉のありかを列挙してみる方向に対話が流れたりなど、対話が「脳」「命令」「筋肉」といった知識のつながりに焦点化しづらい様子が見受けられる。この背景には、「（所属する部活動での）ボールを打つ動き」という（定規キャッチと比べると）大変多くの筋肉や骨格の動きが関わる複雑な運動が課題となっていることの影響がありそうである。

対話の具体的な検討をふまえると、「『知識の統合』へ向かう学びのプロセスを支えるには、具体的で焦点化された課題が設定されており、それに対する班の答えを作ることが本時の目標であることを班のメンバーが明確に意識できていることが必要なのではないか」という仮説は、今後の授業研究において試してみる価値のある、有望な仮説であると言えそうである。

おわりに

以上、本章では、理科の授業において学習者が「知識の統合」へ向かう学びのプロセスで特徴的に見られる対話のパタン（＝「『問い』の共同探究」）に着目し、具体的な事例に即して「『問い』の共同探究」を支える授業デザインの要件について考察してきた。

その結果、学びのプロセスを見とり、見えてきたことに基づいて、プロセスを支援するための授業デザインの要件について仮説を得る、という一見回りくどいやり方をしたことで、「『知識の統合』へ向かう対話の実現には、対話に対する支援方略だけでなく、課題の設定が大きく影響している」という、有望な仮説を見出すことができた。本稿では、理科の実践をもとに検討したが、見出された仮説は他教科においても適用できる可能性がある。例えば飯窪ら（2017）では、中学校第 1 学年文字式の授業で「縦 x cm、横 y cmの長方形」の図を見ながら「2(x ＋ y)」の式がどのような数量を表していると考えられるか」という課題に取り組んだ生徒たちに、文字の意味や長方形の性質に関する「知識の統合」へ向かう対話が起こった事例が示されている。この事例でも、課題設定は具体的で明確なものとなっており、こうした課題設定が対話の生起に影響した可能性が考えられる。

教育実践において「知識の統合」のような新しい目標が提示されると、ともすればそれに対応した新しい支援方略を性急に試さなければいけないと焦ってしまうかもしれない。

しかし、目標と支援方略をいきなり一対一で対応付けて「正解」をさがすのではなく、まずこの目標が達成される過程ではどういったプロセスで学びが進んでいくかを具体的に想定し、そのプロセスに特徴的な思考や対話のパタンを支援するための工夫を実践に基づいて検討することで、新しい目標を達成するための授業デザインや支援のあり方についても、これまでの授業づくりで大事にしていた観点と結び付けながら新たな見方が可能になるのではないだろうか。

　もちろん、本章で示した授業デザインの仮説もこれが「知識の統合」を促す授業の「正解」というわけではない。授業は1回性を基本とするものである以上、授業デザインの仮説はあくまで仮説であり、次の授業デザインの指針でしかない。「学びのプロセスをみとり、支える」実践と授業研究の繰り返しのなかで、仮説を手がかりにより確かな知見が蓄積・共有されていくことが、理科の授業において、子どもたちにより豊かな学びを保証することにつながっていくだろう。もちろん他教科においても、「学びのプロセスに着目し、そこでどのような思考や対話が生じているのかを明らかにする」ことは、質の高い学びを支援するための重要な課題である。

━━━━━ 問　い ━━━━━

1　STEM 教育における「知識の統合」では、児童生徒がどんな知識を結びつけたり、関連づけたりすることが求められているか、第6章を振り返って確認してみよう。
　　hint 第1節を振り返ってみよう。
2　認知科学の先行研究では、「知識の統合」につながりやすい思考や対話にはどういった特徴があると言われているか、第6章を振り返って確認してみよう。
　　hint 第2節を中心に、要点を振り返ってみよう。
3　本稿で示した学習過程の分析から見えてきたことをもとにすると、「知識の統合」へ向かう対話の実現には、例えばどういった支援方略が有効か、考えてみよう。
　　hint 本稿で紹介された「運動の仕組」の2つの実践を比較しながら、どのような支援方略が学習に影響したのかに着目してみよう。

文献

Barnes, D. (1976): *From communication to curriculum.* Penguin.

Chi, M. T. H., & Menekse, M. (2015): Dialogue patterns in peer collaboration that promote learning In L. Resnick, C. Asterhan, & S. Clarke (Eds). *Socializing intelligence through academic talk and dialogue,* American Educational Research Association.

飯窪真也, 齊藤萌木, 白水始 (2017): 知識構成型ジグソー法による数学授業, 明治図書.

三宅なほみ, 東京大学 CoREF, 河合塾編著 (2016): 協調学習とは―対話を通して理解を深めるアクティブラーニング型授業―, 北大路書房.

齊藤智樹 (2020): STEM/STEAM 教育の構成概念, 日本教育工学会論文誌, 44, 3, 281-296

白水始, 三宅なほみ (2009): 認知科学的視点に基づく認知科学教育カリキュラム―「スキーマ」の学習を例に―, 認知科学, 16, 3, 348-376.

遠山紗矢香・白水始 (2017): 協調的問題解決能力をいかに評価するか―協調問題解決過程の対話データを用いた横断分析―, 認知科学, 24, 4, 494-517.

第6章 理科の授業における知識の統合へ向かう学びを見とり、支える‥「問」の共同探究に着目して

Nature of Scientific Inquiry を導入した STEM 教育の指導法の検討

第1節　問題の所在

1. 理科を含む STEM 教育の全体的な枠組みについての議論と事例

　STEM 教育においては、教科横断的視点が欠かせない。磯﨑（2020）は、我が国の理科と、数学、技術、エンジニアリングとの協調・連携・関係づけが重視されてきた歴史的経緯を振り返り、世界の STEM 教育の動向を我が国の文脈において解釈し捉え直すことの必要性を述べている。STEM 教育の一環として理科を位置づける際には、理科の授業を教科横断的な内容へ敷衍することが必要となり、その際、実践面でどのような視点を持つのがよいかを捉えなければならない。この問題意識に基づいて先行研究を分析するとともに、理科における STEM 教育の実践に必要な考え方について検討する。

　松原・高阪（2017）は、資質・能力の育成について、STEM 教育の観点から議論し、近年では科学・技術・工学・数学を統合的に見る動きが進みつつあること、国内における STEM 教育の研究事例の多くが、21 世紀型スキルの育成に寄与すると捉えていることを明らかにした。そして、各教科の統合の度合いに着目し、各教科が個別に学習される "Disciplinary"、何らかの主題によって各教科の概念やスキルをつなげていく "Thematic" あるいは "Multidisciplinary"、教科等を横断する概念や汎用的スキルを用いる "Interdisciplinary"、実世界での課題を解決していく能力が求められる "Transdisciplinary" に分類して議論している。加えて、汎用的な概念やスキルについて深く学ぶことを目的とする場合、教師の役割は、授業を受ける生徒にとって、どのような概念や汎用的スキルが必要なのかを教科横断的な視点から探究することである、と指摘している。

　木村ら（2021）は、STEM 教育の要素を取り入れた事例として、小学校理科にエンジニアリングの導入を図った実践を紹介している。社会的な問題を解決するという文脈を導入しつつ、理科の学びを深めることを意識した授業が展開された。実践の結果、科学の実用的な価値を意識できるようになったことや、その実用的な価値を意識できるようになった児童群では、理科が好きだ、理科が得意だという認識の向上に効果が示された。山中・木下（2020）は STEM の要素間の理解を高めるため、STEM の各要素について教示するとともに、その関係を図式化した。その上で、具体的な場面（自動車）の絵に物理基礎での学習事項を記述する活動や、ものづくりをテーマにした課題を設定して実施する等の実践を行った。小島ら（2021）は松原・高阪（2017）を基に、中学校理科における低・中統合度 STEM について実践し報告している。

　いずれも、理科の授業を STEM 教育という統合的・包括的な領域に位置づけることを指向しており、理科から他教科の内容へ踏み出して教科横断的に授業を展開すると同時に、理科およびその基盤である科学への理解を深めることをも目指していると言える。

2. 理科における統計への着目

　理科では、日本において STEM 教育の本格的議論が行われる前から、数学との関係が深い統計学の知見をどのように理科に取り入れていくかがしばしば議論されてきた。大髙（2010）は、統計的思考の意味について、狭義である「統計学の思考」だけでなく「とらえる」「あつめる」

「まとめる」「よみとる」「いかす」といったプロセスを含む広義で捉えられているにもかかわらず、日本の理科教育では全くと言ってよいほど、いずれの統計的思考も位置付けられていないことを指摘している。一方、アメリカの「全米科学教育スタンダード」およびそれに準拠する教科書においては、実験の科学的内容の理解よりも、そこで用いられるデータの収集・処理・分析・解釈等の探究スキルの習得が目指されており、探究の全体像を理解しつつ探究の個別的なスキル自体も磨くことによって、探究を遂行する実践力が向上する可能性を指摘し、科学関連のシティズンシップの育成においても、自然の理解とともに社会の理解をも目指す上で、広義の統計的思考が不可欠であることを指摘している（大髙, 2010）。また、渡辺（2011）は、統計を実際の文脈に沿って活用する力、すなわち統計的思考力により重点を置くことが世界の主流となっていることを指摘し、科学教育における科学的探究の内容を概観した上で、国際社会が進める科学的探究プロセスを組み込んだ統計的問題解決の枠組みについて考察している。その中で、海外では科学的探究や数学における統計的探究の教育の中で、相関関係と因果関係に対する解釈を早い時期から繰り返し考察させていることを指摘している（渡辺, 2011）。

　このように、理科教育においては統計的思考を念頭に置いた指導法の確立が望まれている。統計学は数学に根ざしていることは言うまでもなく、また、ICT を活用して、統計処理を短時間で効率的に行うという技術との関連も強い。この点で、理科の内容において統計を取り上げることは、STEM 教育の指導法を捉える上で大きな意味を持つ。そしてそれは STEM 教育に、探究の全体像の理解や、自然および社会の理解を目指す上での広義の統計的思考の獲得、というねらいをも提供するのである。

第2節　NOSI を導入した STEM 教育の視点

1.　Nature of Scientific Inquiry について

　科学的探究がどのような営みであるか、科学的探究を通して生徒が実際に何を学んでいるかは、学校教育で探究活動を行うことの意義を考える上で、極めて重要である。科学的探究の全体像とはどのようなものか、統計的思考がどのような意味を持つのかは、科学的知識から直接学べるものではなく、単に科学的探究活動を行うだけで理解できるものでもない。これらの内容について、意図的に指導するための方策を検討する必要がある。

　これらの内容は、Nature of Science（科学の本性、以下、NOS と略記）や、Nature of Scientific Inquiry（科学的探究の本性、以下、NOSI と略記）として検討されてきた。Schwartz et al. (2008) は NOSI について、NOS と完全に独立していないものの、NOS とは区別して捉えるべきものと主張しており、NOS が探究の産物である科学的知識に関連する一方で、NOSI は、探究の過程、すなわちどのように知識が生成され受け入れられるかに関連する、と述べている。NOSI の理解の実態いかんによって、生徒が探究活動や課題研究において解決策を追究する姿勢等に大きく影響することが考えられ、NOSI の理解を通じて科学のあり方を論考することは、科学者や科学を良く理解した次代の市民の育成に資すると考えられる（中村, 2021）。

2.　NOSI に含まれる内容

　Schwartz et al. (2008) は、科学的探究（Scientific Inquiry）の一般的側面を、研究（Investigation）を方向づける問い、研究の複数の方法、研究の複数の目的、科学的知識の正当化、外れ値の認識と操作、データと証拠の区別、実践の共同体の7点に整理している。さらに、全米科学教師協会出版（NSTA Press）から出された「NOS あるいは NOSI」を

強調した教材として *"Argument-Driven Inquiry in Physical Science: Lab Investigations for Grades 6-8"* (Grooms et al., 2016)（以下，ADIPS と略記）がある。ADIPS では、NOS あるいは NOSI の要素として、①観察と推論、②長い時間を経ての科学的知識の変化、③科学の法則と理論、④科学の文化、⑤データと証拠の違い、⑥科学的な研究で用いられる方法、⑦科学における想像力と創造力、⑧実験の本質と役割の 8 項目を示している。福田・大高（2015）は、上記の⑤⑥⑦が、特に NOSI との関連性が強いと分類している。中村（2021）では、これに⑧を加えた 4 項目に注目して ADIPS の分析を行っている。

3. NOSI の導入と STEM 教育との関連

STEM 教育の指導法を検討するにあたり、特に注目すべき NOSI の要素として、中村（2021）は、⑤データと証拠の違いを挙げている。この概念を基に、理科と数学の知識、技術を統合的に取り扱うことができる。ADIPS ではデータと証拠の違いについて「データは、研究の一部において収集された、測定値、観察結果、他の研究からの知見である。これに対して、証拠は、分析されたデータ及び分析の解釈である」（Brooms et al., 2016: 67）と述べられている。データを分析・解釈する過程において、理科の実験ではグラフを作成することが数多くある。グラフを作成した上で、変数間に関係が見られるかどうかを調べる学習活動は、中学・高校の理科ではよく取り扱われる。特にグラフに点を打った後、直線または曲線を添える活動は、考察する上で極めて重要な部分であるにもかかわらず、生徒の理解度や習熟度は様々である。この理由として、データと証拠の違いについての理解が不十分であることが考えられ、実践を行っている教師を悩ませる活動である。

この実態を踏まえると、グラフの作成場面の指導は、NOSI の理解を図る上で重要な場面の 1 つであると言える。また、ICT 活用の進展により、表計算ソフトウェアなどを用いたグラフの作成も活発に行われている。表計算ソフトウェアには近似曲線の作成なども実装されているため、グラフの傾きや決定係数、相関係数などを基にして、比例関係が見られるかどうか、比例定数がどの程度になるか、等の数値的判断も可能である。これらの近似曲線に関わる背景的な理論は、数学を基にしており、表計算ソフトウェアを用いたグラフ作成は技術の活用に当たる。STEM 教育において、表計算ソフトウェアを用いてグラフを作成することは、理科を題材にしつつも、技術や数学にも及ぶ活動である。

したがって、データと証拠の区別に着目し、グラフを活用する場面において、理科、数学、技術を統合的に取り扱う指導法を立案することで、理科のみならず、数学や技術とのつながりを生かした NOSI の理解が期待できる。

また、後に紹介する実践は、NOSI において重要な点とされている「実験の本質と役割」への理解も期待できる。「実験の本質と役割」は、「科学者達は、観察された現象に対して、仮説（すなわち、暫定的な説明）を検証するために実験を用いる。実験は、仮説が妥当であるかどうかという、予想（予想される結果）の検証や定式化を含む」（Grooms et al., 2016: 154）と説明されている。予想の検証や定式化において、グラフはきわめて重要な意味を持っており、統計学を念頭に置いてデータを分析することによって、実験の本質と役割の意味を生徒が実感を伴って理解するのではなかろうか。

以上から、本稿では、高等学校物理を例に、理科実験でありながら数学の知識、技術を統合的に活用する、グラフの回帰分析を含む実験を紹介する。そして、統計的思考を踏まえた実験データの分析・解釈の有用性、信頼性と限界を生徒が認識した上で回帰分析を効果的に使用できるよう促すとともに、実験における予想の検証や定式化についてのより深い理

解をも促進することを目指した指導法を探る。理科の授業に統計学的知見を取り入れる際に、NOSIを導入することで、理科、数学、技術の統合を図りつつNOSIを理解していくことが見込まれ、STEM教育の指導法の実践に新たな視点を提供することが期待できる。

第3節　NOSIの導入によるSTEM教育の実践事例

1．実践した授業の概要

　高等学校「物理基礎」の「力学的エネルギー保存則」を題材とした実験とそのまとめ（全2.5時間）において実践を行った（表7-1）。高等学校学習指導要領においては、力学的エネルギーに関する実験などを行い、力学的エネルギー保存の法則を仕事と関連付けて理解することが求められている。また、力学的エネルギーに関する実験として、鉛直に立てた透明なパイプの中を落下する物体の速さを測定する実験や、単振り子の最高点と最下点の高さの差から、単振り子が最下点を通過する速さを測定する実験などが例示されている（文部科学省，2019）。今回の授業においては、おもりをある高さから落下させて、杭に見立てた棒に衝突させ、杭を打ち込む実験を行った（図7-1）。

　杭は留め具によって動きが制限されており、杭が動くと、杭と留め具の間に大きな動摩擦力が生じる。おもりの持つ位置エネルギーが、おもりと杭の衝突により、杭の運動エネルギーに変換される。おもりを放した高さがおもりの位置エネルギーに比例する。そして、杭が動き出した瞬間から、動摩擦力による負の仕事によって杭の運動エネルギーが0になり、杭が静止する。この時の杭の動いた距離は、動摩擦力を一定だとすれば、動摩擦力にした仕事の大きさに比例する。したがって、おもりと杭との衝突の際にエネルギー損失がない、あるいは一定割合であるとすれば、おもりを放した高さと杭の打ち込まれる距離との間に、比例関係がみられることが予測される。また、重力による位置エネルギーは、おもりの質量にも比例するため、おもりを放した高さが等しい場合でもあっても、落とすおもりの質量と、杭の打ち込まれる距離の間に比例関係がみられるのではないかという予測ができる。これらの仮説の下、実験を行い、グラフ化をしていく。

2．実践した授業の対象と時期

　令和4（2022）年に、高校2年生「物理基礎」履修者80名（3クラス）を対象にし、4人グループを基本として実験を行った。生徒には、回帰分析を済ませたExcelファイル（図7-2）、実験の考察に関するレポートの2点の提出が、第2時後に求められた。また、近似曲線の持つ意味を問うためのアンケートが第2時で行われ、第1時（実験）と第2時（考察）の両方に参加した生徒58名の回答を分析した。

3．実践した授業における協働

　今回の実践では、近似曲線を付すことを必須にした。近似曲線を付すためには、生徒が統計学に関する知識を身につけていることと、近似曲線を付すためのICTスキルを獲得していることが求められる。そこで、実践の対象となった学年を指導している数学科や情報科の教員と意見交換を行い、今回の実践で取り扱う内容を生徒が経験しているかどうか、今回の実践で取り扱う内容のうち、どの部分について補う必要があるかを確定した。まず、高校1年の数学の授業において、高等学校数学I「データの分析」の範囲、すなわち、四分位偏差、分

散、標準偏差、散布図、相関係数などについて指導していることを確認した。一方、ICT スキルについては、高校 1 年の「社会と情報」の授業においてデータ分析を行う実習が行われるなど、表計算ソフトを用いた散布図の作成を経験している生徒が多いことを確認した。また今回の実践において必要になる ICT スキルについても、「社会と情報」における取り扱いについてあらかじめ確認するとともに、生徒の実際の理解について机間巡視等を通して確認した。

表 7-1　学習指導案

<第 1 時>

時間	生徒の学習活動	指導上の留意点、評価
0 分	実験プリントを読む。 実験の原理、比較する物理量を理解する。 安全上の注意を聞く。	実験プリントを配布する。実験道具の取り扱い方法、安全上の注意を伝える。生徒を 4 人 1 組のグループに分ける。繰り返しの回数について話し合いを促す。
20 分	データを収集する。次時に向けて、本時からパソコンで入力してもよい。	机間巡視を行い、実験の安全、グループ内の協力体制を確認する。（評価の視点…主体的に取り組む態度）パソコンが実験の妨げにならないかどうか、安全上の懸念はないかを確かめる。

<第 2 時>

時間	生徒の学習活動	指導上の留意点、評価
0 分	各自パソコンを立ち上げ、Excel にデータを入力する。データを基にグラフを描き、回帰曲線と近似式、決定係数を表示する。	グラフの描図は、データの分析・解釈にあたることに加え、Excel で近似曲線（直線）を引く操作が数学的な根拠に基づいていることを伝える。 Excel シートの例をプロジェクターで提示し、グラフや回帰曲線の描き方、近似式や決定係数の表示法について例示する。回帰曲線は線形近似、切片 0 にするが、その意味を問いかける。
35 分	アンケートに答える。 実験の考察を記入する。 グラフ、アンケート、実験の考察を、Google フォームを経由して提出する。	グラフおよび実験の考察は評価対象だが、アンケートは評価対象外であると伝える。 評価の視点①グラフが描ける（知識・理解）②グラフの様子を根拠にした考察を書いている（思考・判断・表現）

<第 3 時>

時間	生徒の学習活動	指導上の留意点、評価
0 分	自らのグラフと、周囲のグラフを見比べる。 グラフ作成の活動の持つ意味を振り返る。	グラフや回帰曲線、近似式や決定係数の表示の持つ意味について、生徒の製作物や、自由記述などを踏まえて振り返る。データと証拠を区別するという営みが実験の考察において重要であり、この過程で統計学の知見が活用されていることを理解できるようにする。
25 分	力学的エネルギー保存則について復習する。	力学的エネルギー保存則についてまとめる。

実験　力学的エネルギーの測定

手順

1.　右図のように力学的エネルギー実験器を設置する。　　　　　　　　（図略）

2.　下図のように、おもりをくいの上に落とすと、
　くいがわずかに沈み込む。何度か試しに落として
　みて、摩擦調整用ナットを調整する。

　　　　　　（図略）

3.　おもりの質量 m、AB 間の距離 h、AC 間の距離 y を表にして記録していく。
　　　m 一定で h を変えた場合の y、h 一定で m を変えた場合の y　の両方を測定するので、
　　m が 2 通り以上、h が 3 通りの場合は、下記のような記録になる。

　　（例）

おもりの質量 m	AB 間の距離 h	AC 間の距離 y
	h_1	（複数回測定）
m_1	h_2	（複数回測定）
	h_3	（複数回測定）
	h_1	（複数回測定）
m_2	h_2	（複数回測定）
	h_3	（複数回測定）
$\vdots$	$\vdots$	$\vdots$

4.　Excel を用いて、m 一定の場合の y-h グラフ、h 一定の場合の y-m グラフを描く。
　　その上で、近似曲線（直線）を付して考察する。

図 7-1　ワークシート

4．実践の結果

　アンケートは選択肢式の 3 問であった。第 1 問・第 2 問には、その選択肢を選んだ理由を自由記述することも求めた。まず、第 1 問「近似曲線（直線）を付すことは、グラフについて考察する際に役に立つと思いますか」（以下、「有用性」と略記）という質問に対する回答（N=58）は、「強くそう思う」が 27 名、「ある程度そう思う」が 29 名、「あまりそう思わない」が 2 名であった。次に、第 2 問近似曲線（直線）が、説得力のあるものだと思いますか」（以下、「信頼性」と略記）という質問に対する回答（N=58）は、「強くそう思う」が 5 名、「ある程度そう思う」が 37 名、「あまりそう思わない」が 16 名であった。さらに、第 3 問「どのようにして近似曲線（直線）が描けるのか、原理を知っていますか」（以下、「原理の理解」と略記）という質問に対する回答（N=58）は、「知っている」と答えた生徒は 18 名、「知らない」と答えた生徒は 40 名であった。

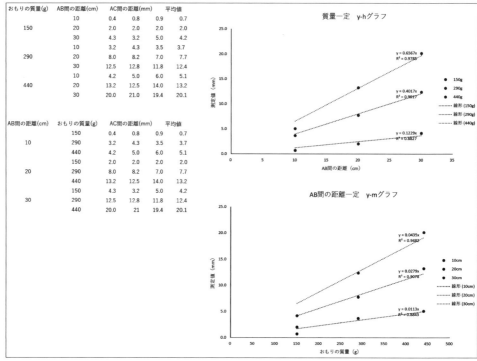

図 7-2　生徒が作成した Excel シートの例

5. 実践を振り返って

　アンケートの結果について、回答別にクロス集計表を作成した（表 7-2）。「原理の理解」で「知っている」と回答した生徒の中で、「有用性」の質問に否定的な回答をしている生徒はいなかった。回帰分析の原理を学んだ生徒は、回帰分析を通じて変数間の関係を示すことに有用性を実感していると考えられる。「有用性」に否定的な回答を示した生徒は、「相関関係をある程度信用してもいいと思うが時と場合によると思う」「離れている値も線で結んで表してしまうため、わかりにくいと思った」と自由記述しており、統計学的見地から得られた結論が、真の値と必ずしも一致しない部分に懸念を抱いていることがうかがえた。

　一方「信頼性」の質問に対する回答の傾向は、「原理の理解」の回答とは関わりがみられなかった。「有用性」の質問に肯定的な回答をしたものの、「信頼性」の質問に否定的な回答をした生徒が 58 名中 15 名いた。その理由として、表 7-3 のように、外れ値の扱いや、データのばらつきが大きいときのデータの扱い、適切な近似曲線（関数）の選択、データの数や範囲、真の値と近似値の違い、実験の条件設定等に関することが挙げられた。生徒は、グラフに近似曲線（直線）を付して分析することの有用性を認識する一方で、それだけでは信頼性のある分析をできたとは言えないというように考えていることがわかる。統計学的知見に基づく分析・解釈が、生徒自らの手で実験をして得たデータを外れ値とすることの妥当性や、データの数や実験そのものの適切性を問い直すことにつながり、データおよび証拠を批判的に捉える端緒となっていることがうかがえる。データをグラフに表し、近似曲線（直線）の作図を求めたことにより、NOSI における「実験の本質と役割」のうち、予想の検証や定式化に関する思考の深化がみられた。すなわち、統計学を基にした計算結果にただ従うのではなく、実験データを見直し、適切に分析できているかどうか、立ち止まって考えることを、生徒へ促したことが考えられる。

表7-2　クロス集計表（括弧内の数は、原理の理解で「知っている」と答えた生徒数）

		信頼性			計
		あまり そう思わない	ある程度 そう思う	強く そう思う	
有用性	あまり そう思わない	1(0)	1(0)	0(0)	2(0)
	ある程度 そう思う	9(2)	20(5)	0(0)	29(7)
	強く そう思う	6(2)	16(8)	5(1)	27(11)
	計	16(4)	37(13)	5(1)	58(18)

表7-3　「有用性」の質問に肯定的な回答をしたものの、「信頼性」の質問に否定的な回答をした生徒の自由記述

・はずれの値をすてるから。
・近似曲線のみだとグラフのばらつきがわからない。
・近似曲線はデータの分布を把握するのに優れているが、適切な近似曲線を選択していない場合、あまり説得力がない。
・データのばらつきが大きいと説得力がなくなる。
・今回の実験では各グラフにおいて、3つしかデータがなく、データがきれいな直線になっていたとしても、比例関係にあると断言することが出来ない。
・範囲が広いデータでも近似直線はひけるから。近似直線よりR2値の方が説得力がある。
・データがばらばらで分布しているときには近似曲線はなんとなくデータに沿っているだけなので説得力があまりなくなってしまう。
・近似曲線（直線）は得たデータの傾向を表示するだけであって、必ずしも直線的な関係性であるとは限らない。
・この実験に対して高さなどの適した条件で行っていないため、あまり正確ではない。
・ある程度のことでしかわからないため、その結果が妥当かどうかはわからない。
・近似曲線はある程度の予想であり、確実なデータではない。
・全ての値の平均的な値の直線であるため、大幅に値が違う場合は、データ同士に関係があるとは言いにくい。
・何らかの理由で値が大きく散布した場合には信憑性に欠ける。
・近似曲線・直線を作成する際に、グラフ上の値と実際の値はずれることの方が多く、場合によっては大きくずれることもあるため、実際のデータが示されず、グラフのみの場合、常識を外れた証明を納得させてしまうことが可能である。
・近似曲線はちゃんとプロットした点を通るわけではないのであまり正確な値を取ることができないので説得力はあまりないと思う。
・データの範囲が広くても近似曲線は描けるが、その時の近似曲線は実際の値やその近くを通らない部分が多くなってしまうため、あまり説得力がないと思う。

「力学的エネルギー保存則」の実験の考察に関するレポートについては、①決定係数や相関係数に言及しつつ、比例関係を述べた生徒が6名、②決定係数や相関係数には言及していないものの、比例関係であることを述べた生徒が23名、③「比例」という言葉を使わずに大小関係のみについて述べた生徒（Aが大きくなるとBが大きくなる、という形の記述）が24名、

④その他が5名であった。今回の題材は、エネルギーの保存の観点から、測定している物理量の間に比例関係が見られる可能性を予測しながら、測定・分析を行う事例であった。データをグラフに表し、自らのデータを分析・解釈して考察を記す過程に、敢えて統計学の知見を活かす場を設けることによって、グラフおよび回帰直線、決定係数や相関係数へ目配りしながら、自らの探究の結論を出すというプロセスを生徒が経験することをねらった実践であった。そのため上述①②の生徒の考察は、この経験を踏まえた記述であったことが考えられる。データ収集から考察に至る過程を順序だてて可視化して取り扱うことは、データが証拠になっていく過程を生徒がより強く意識することを促し、NOSIにおいて重要な「データと証拠との違い」への理解が深まることがうかがえた。加えて、本事例のように、結論が比較的シンプルであれば、表計算ソフトの使い方などにより多くの時間をかけることができるため、スキル習得に関しても有益であろう。

　また、回帰分析の原理など、統計の理論に理解を示している生徒は、データを考察する際に統計の有用性を実感していることが示唆された。STEM教育を念頭に置くときに、特にデータの処理と分析、考察へと至る場面の中で、積極的に統計学の知見を取り上げ、自らの考察を深めるための活用方法について、時間を取って考えることは、その後の科学的探究をより豊かにすることが見込まれる。変数間の関係性を議論する際に、例えば、比例・反比例と結論付けること1つをとっても、それを裏付ける理論があり、吟味する手立てがあるということを生徒へ話題にし、実践する機会を確保することが望まれる。

第4節　おわりに

　STEM教育の一環として理科の授業を構築する際に、教科を横断する概念としてNOSIを導入しつつ、理科、数学、技術を統合的に取り扱うことを目指して、理科の実験に統計学に基づく分析を組み込んだ。理科、数学、技術の知識やスキルを1つの授業内で統合的に習得することにとどまらず、NOSIにおける「データと証拠の区別」や「実験の本質と役割」といった要素についても、生徒により深い思考を促すことがうかがえ、理科、数学、技術との統合による相乗効果がみられることが明らかになった。NOSIの導入は、STEM教育の指導法を構想する際に、1つの軸を提供しうるのではなかろうか。加えて、準備段階において教員間の意見交換を行うことにもつながり、数時間の実践においても教員間の協働が重要であることを示した。

　令和4（2022）年度から学年進行で実施されている高等学校「理数探究基礎」においては、回帰分析の手法と原理を紹介している教科書も出てきている（野村ら，2022）。科学的探究への統計や統計的思考の導入は、今後もますます加速するであろう。ただし、生徒が科学的探究に限らず、実社会や実生活における探究の場にあっても、探究する意味を理解した上で探究スキルを活用することが重要である。STEM教育においても、探究スキルを身につけることにとどまらず、探究とはそもそも何なのか、自らの手掛けている探究はどのような意味を持ち、何をどのように明らかにしようとしているのか、一つ一つの活動を振り返りながら、深く理解していくことが望まれる。

```
┌─────────────────── 問 い ───────────────────┐
```

1　STEM の観点を取り入れることで理科の学びが深まる部分を挙げてみよう。

　　hint 技術、ものづくり、数学が必要になる場面を思い浮かべよう。

2　統計学の知見を、どのように理科の探究活動に組み込むとよいか、考えてみよう。

　　hint 繰り返し測定をするとき、条件を変えながら測定するときなどを想定しよう。

3　中学校理科における実験で作成したグラフを題材にして、科学的探究の持つ意味について生徒に振り返りを促す際には、どのようなことに留意するとよいか、考えてみよう。

　　hint 理科のグラフで、折れ線でなく直線や曲線を使うことを説明する際に、どう説明するか、どのような声掛けをするかを想像してみよう。

4　中学校理科第1分野に「フックの法則」について調べる実験があります。この実験に ICT を導入する場合、どのような ICT スキルを持っていることが必要か、挙げてみよう。

　　hint データ収集、まとめ、分析の場面などを思い浮かべよう。

文献

福田成穂・大髙泉 (2015)：理科教育における NOSI の内容に関する研究, 日本理科教育学会全国大会要項, 65, 389.

Grooms, J. et al. (2016): *Argument-driven inquiry in physical science: lab investigations for grades 6-8,* NSTA Press.

磯﨑哲夫 (2020)：STEM 教育をどう捉え展開するか, 日本科学教育学会年会論文集, 44, 13-16.

木村優里ほか 2 名 (2021)：実社会・実生活の問題解決という文脈を導入した STEM 教育型理科授業のデザインに関する研究, 科学教育研究, 45, 2, 184-193.

小島一生ほか 2 名 (2021)：中学校の各教科の時間における低・中統合度 STEM の試み, 日本科学教育学会研究会研究報告, 35, 5, 27-32.

Lederman, J. S. et al. (2014): Meaningful assessment of learners' understandings about scientific inquiry—The views about scientific inquiry (VASI) questionnaire, *Journal of Research in Science Teaching*, 51, 1, 65–83.

松原憲治・高阪将人 (2017)：資質・能力の育成を重視する教科横断的な学習としての STEM 教育と問い, 科学教育研究, 41, 2, 150-160.

文部科学省 (2019)：高等学校学習指導要領（平成 30 年告示）解説理科編理数編, 実教出版.

中村泰輔 (2021)：理科教育における NOSI（Nature of Scientific Inquiry）の理解を促す指導法の特質—"Argument-Driven Inquiry in Physical Science: Lab Investigations for Grades 6–8" を事例として—, 理科教育学研究, 62, 1, 297-307.

野村純ほか 13 名 (2022)：理数探究基礎, 数研出版.

大髙泉 (2010)：科学教育の教科課程からみた統計的思考の育成, 日本科学教育学会年会論文集, 34, 29-30.

Schwartz, R. S. et al. (2008): An instrument to assess views of scientific inquiry: The VOSI questionnaire, in paper presented at the international conference of the National Association for Research in Science Teaching (NARST).

山中真悟・木下博義 (2020)：高等学校物理における STEM 教育に関する研究：STEM の要素間の関係理解に着目して, 福山市立大学教育学部研究紀要, 8, 85-91.

渡辺美智子 (2011)：科学的探究・問題解決・意思決定のプロセスを通して育成する統計的思考力, 科学教育研究, 35, 2, 71-83.

第**8**章　実践にあたっての数学教育の課題

第1節　STEM（STEAM）教育における算数・数学の方法的側面と内容的側面

1. 「方法」としての算数・数学

　算数・数学が STEM（STEAM）教育（以下、STEM 教育と総称）の中に位置づいていることは、誰もが認めるところであろう。しかしそれは必ずしも STEM 教育で中核的な位置づけになっているとは言い難い。二宮・国宗（2007）は、「技術的素養の育成」を目指した授業おける問題解決プロセスを、算数・数学教育の視点から検討している。具体的には、平成 16 〜 18 年度文部科学省研究開発学校の指定を受けた東京都大田区立矢口小学校・蒲田中学校・安方中学校による「ものづくり科(Technology Education)教科書」において提案されている「ソーラークッカーをつくろう（小学 3 年生）」と「ザリガニロボットをつくろう（小学 4 年生）」の授業について、算数・数学教育の立場から分析している。その結果、技術科の活動の中に数学的活動（事象を数学的に考察し表現すること）が位置づいていることが確認できたものの、そこで顕在化される算数・数学は「道具としての算数・数学」であり、「価値ある数学の内容」が伴っているとは言い難いものであることがわかった。

　二宮（2017a）は、数学教育における「内容と方法」の議論を踏まえ、STEM における「方法としての数学」に対して、STEM における「内容としての数学」の可能性について論じている。二宮・国宗（2007）における分析事例は、算数・数学がその「方法」として位置づいていることに間違いないが、算数・数学の「内容」が STEM 教育に顕在化しているとは言い難いものであった。二宮（2017a）は、数学教育における内容と方法を相互構成的（Reflexive）な本性を持つものとして位置づけた上で、数学的な内容の学習を通して数学的な方法を習得するとともに、数学的な方法を用いて数学的な内容を学習するという相互構成的な活動を提起している。このような前提のもと、現状の STEM 教育において、科学技術の内容を「数学的な方法」を用いて学習しているということに異論は無いが、一方で、「（価値ある）数学的な内容」を伴わずに「数学的な方法」が位置づけられているだけのことであれば、STEM 教育における「算数・数学」は単なる道具でしかないと結論づけている。

2. 「価値ある数学的な内容」を伴う日常的な問題解決の事例

　二宮（2017b）は、中島（1981）や片桐（1988）の数学的な考え方を「算数・数学の内容と方法を融合したもの」と捉えた上で、高校数学の科目である「数学基礎」（平成 11（1999）年告示）や「数学活用」（平成 21（2009）年告示）の学習課題を、教科書にある事例をもとに示している。ここで例示された学習課題は、GPS（全地球測位システム）：**3つの球の交点**、音階のしくみ：**指数**、などである。その他にも、数学基礎や数学活用の教科書では、例えば次のような題材が扱われている。（括弧内が数学の内容）

　　複利計算（**指数**）、路線図（**離散グラフ**）、タイルの敷き詰め（**多角形**）、
　　黄金比・白銀比（**無理数**）、地図（**図形**）、最短経路（**作図**）、測量（**三平方の定理**）、

交通費（**関数**）、バーコード（**2進法**）、試合数（**場合の数**）、
美術館の順路（**離散グラフ**）、組み紐（**結び目理論**）

　これらの題材は、Science、Technology、Engineering、Arts、などの場面に内在する数学を扱うものである。生徒の活動の直接的対象は Science、Technology、Engineering、Arts、などの場面であるが、そこに内在する数学を学習すること（数学的活動）自体が、高校数学の内容として価値や意味を持つものにもなっている。このように、Science、Technology、Engineering、Arts、などの場面で数学を用いて問題解決をするような事例には、そこでなされる数学的活動自体が、数学的に価値を持つようなものを設計することが可能である。

　高校数学の科目である数学基礎や数学活用における事例は、数学的活動を通して、数学のよさを認識し、それらを積極的に活用して数学的論拠に基づいて判断する態度を育てることを目的とするものである。そして、「数学と人間とのかかわりや、社会生活において数学が果たしている役割について理解させ、数学に対する興味・関心を高めるとともに、数学的な見方や考え方のよさを認識し数学を活用する態度を育てる（「数学基礎」の目標）」ことや、「数学と人間とのかかわりや数学の社会的有用性についての認識を深めるとともに、事象を数理的に考察する能力を養い、数学を積極的に活用する態度を育てる（「数学活用」の目標）」ことを目指すものとして位置づけられている。具体的な場面は、Science、Technology、Engineering、Arts、などと解釈できるものであるが、そこでの学習には学習者にとって価値ある数学的内容が位置づいている。

第2節　数学的モデリング研究[(1)]

1．数学的モデルの果たす役割

　平成29（2017）年3月告示の学習指導要領 算数・数学科におけるキーワードの1つに「活用」がある。算数・数学科における活用は、数学を事象に適用する形での活用と、事象を数学に適用する形での活用という2通りの「活用」と想定されていることから、日常の事象と数学との関係を、「数学から日常事象への適用」と「日常事象から数学への適用」という2つの方向で捉えることができる。

　二宮（2017c）はこれら2通りの「活用」を踏まえ、算数・数学教育における「モデル」について論じている。算数・数学教育においてモデルが用いられる場合、何を原型とするかによって次の2つに分けることができる（小山, 1990：202）。

①「現実世界の事象」を原型とするもの
②「数学的概念や原理・関係」を原型とするもの

「現実世界の事象」を原型とするモデルの例には次のようなものがある。

店でいくつかの品物を買うという現実世界の事象に対し，それらの品物の値段や重さなどを数値化した数や文字、あるいは値段や重さの合計を表す数式や文字式などのモデル

一方、「数学的概念や原理・関係」を原型とするモデルの例には次のようなものがある。

「円」という数学的概念に対して

そのモデルとして円板や紙を切り抜いて作った円（物的モデル）

黒板やノートの上に描いた円形（図的モデル）

$x^2 + y^2 = 1$ という方程式（言語数式的モデル）

　これら2つの数学的なモデルのうち、前者は実用的な傾向にあるものであり、現実世界の事象を原型とするモデルである。そのモデル化の過程では、単純化・理想化・数値化などの処理がなされ、そのままでは考察の対象として困難の多い「現実の事象」を「数学的な考察」の対象とする。本来直接的に検討が難しいものについて、数学的考察が可能である「代用品（モデル）」を用いて検討する、と言い換えることができるかもしれない。ここでの数学は「現実の事象」を検討する際の手段であり、考察の最終目的は「現実の事象」を解決するところにある。一方で後者は、数学的概念や原理・関係を原型とし、形式的な水準において数学的に推論するためのモデルである。このモデルは精緻な数学的検討を行うためのモデルであり、数学的な考察において本質的であるとともに、よりよいモデルを作成することが数学の学習の一環でもある。ここでの数学は学習の目的であり、考察の最終目的は「数学的概念の理解・獲得」にある。これら2つの種類のモデルは異なる機能を持つことから、算数・数学学習において「何を目的とする活動か」により、その活動で用いられる数学的モデルの本質は異なるという点に留意すべきである。

2. 数学的モデリング研究の概観

　池田（2013）によると、数学教育におけるモデル・モデリング研究は、1980年代まで大きく2つの傾向があり、その後はそれらの傾向を継承・発展する形で更なる広がりを見せている。1980年代までは、①実用的な傾向、②科学的－人間的な傾向、の2つが認められる。モデル・モデリング研究の実用的な傾向とは、実利的・実用的な目標を重視し、実世界の問題の解決のために数学を用いることができる生徒の能力を全面に出すものである。ここでは数学的モデリング過程を強調しており、実世界の問題から数学へ、さらに実世界へ戻るというループを想定している。実世界の問題を理解する段階と、数学的問題へと定式化する段階とを区別し、数学化の段階、問題解決の段階、解決を修正する段階、により定義づけられている。一方、モデル・モデリング研究の科学的－人間的な傾向とは、「数学教育は数学者が導き出した最終的結果を出発点とするのではなく、活動としての数学（mathematics as an activity）の中に出発点を見出すべきである」（Freudenthal, 1968: 7）というフロイデンタールの数学化の考えに基づいている。フロイデンタールの数学化はその後、Treffers（1987）により「水平方向の数学化」と「垂直方向の数学化」とに区分されるようになる。前者は「生活」の世界から「記号」の世界へと導く行為として位置づけられるのに対して、後者は「記号」の世界を数学的に処理したり再構築したりする行為として位置づけられている。

3. エンジニアリングデザインプロセス（EDP）

　数学的モデリングとSTEM教育の接点を探る数学教育学研究者の一人であるEnglish（2017）は、STEM教育とは、「エンジニアリングのチームワークとデザイン方法論を取り入れ、適切なテクノロジーを使いながら、数学と科学の概念や手続きを参照して問題を解くこと」（p.6）についての教育であると述べている。その上で「エンジニアリング」というキーワードから「エンジニアリングデザインプロセス」（以下、EDPと略記）に関する論考を行っている。そしてEnglish（2017）は、EDPはSTEMを構成している4つ

の学問分野すべてにわたって重要な基盤を与えてくれるが、多くの国でまだ十分に認識されていないとしている。

　二宮・日野（2018）は、アメリカで最大規模の数学教育者団体である全米数学教師協議会（National Council of Teachers of Mathematics：NCTM）が定期的に発行している小学校・ミドルスクールの教員向けの雑誌『Teaching Children Mathematics』と、Purdue大学工学部（Department of Engineering）における数学的モデル化の教材を用いた試みの報告書『Models and Modeling in Engineering Education：Designing Experiences for All Students』を用いて、EDPに関する考察を進めている。前者については、平成26（2014）年から平成28（2016）年にかけて連載されたSTEM教材を紹介するページに掲載された教材を調べ、その特徴や傾向、特に、EDPに関わる情報を調査した。一方後者については、工学の文脈に置かれた問題への解答として、数学的モデルをデザインし適用することを要求する活動が検討された。そこでは、数学的モデル化として、Lesh and Doerr（2003）のModels and Model-eliciting activityが用いられている。

　考察の結果、雑誌『Teaching Children Mathematics』に掲載されている教材は多種多様であり、すべての学年（幼稚園から高等学校まで）が対象になっていることが明らかとなった。数学の側面からみると、他分野と融合する中での応用を志向したものがある一方で、特定の数学の概念の利用に特化したものもある。活動のねらいも、環境、資源、健康等をターゲットにしたもの、ものづくり、コンピュータソフトウエアを使ってバーチャルな世界を対象にしたもの等、多様であった。一方、Models and Model-eliciting activityをエンジニア教育の文脈で活用しているPurdue大学では、活用のための原理・原則として、(1) モデルの構成、(2) リアリティー、(3) 自己評価、(4) モデルのドキュメンテーション、(5) モデルの共有力と再使用可能性、(6) 効果的なプロトタイプ（簡潔性）、の6点を強調していた。

4.　Models and Model-eliciting activity（MEA）

　Lesh and Doerr（2003）において提唱されるModels and Model-eliciting activity（MEA）は、数学教育において「モデリング」研究の1つとして位置づけられている。MEA理論は1980年代以降のアメリカにおける問題解決学習を背景とし、その問題点を克服するための提案として登場した。その哲学的背景として、以下の4点があげられる。

　①概念システムは人間が構成するものであり、それらは本来、社会的なものである。
　②構成されたものの意味は、話し言葉、書き言葉から図やグラフへ、具体的モデルへ、メタファーを基にした経験へ、といった具合に、多様な表現様式によって広がっていく傾向にある。
　③知識は抽象概念として組織されると共に、経験としても組織される。現実的で複雑な意思決定場面を解明するために必要な思考様式は、1つ以上の学問分野、1つ以上の教科書の内容領域、1つ以上の理論から得られた考えを統合していなければならない。
　④人が理解し説明する必要のある「経験世界」は、固定したものではない。それらの大部分は、人間の創造による産物である。それゆえ、それらは絶えず変化していく。そして、それらを創造した人間の知恵が必要となる。

　そして以下の6つの原理に基づく教授学デザインを開発・検証することに焦点を当て

ている。

(ア) 現実に関する原理
　　問題場面は、生徒に有意味でなければならない。そして、生徒の先行経験に関連
　　づけられなければならない。
(イ) モデル構成に関する原理
　　生徒が意味のある数学をつくっていくための必然性のある場面がなければならない。
(ウ) 自己評価の原理
　　生徒が自分のつくったモデルを評価する場面がなければならない。
(エ) 構成したことの記録に関する原理
　　問題解決を通して、生徒が自分の考えを表現することが要求される場面・文脈が
　　なければならない。
(オ) 構成したことの一般化に関する原理
　　つくったモデルを他の似たような場面に一般化することが可能でなければならない。
(カ) 単純さに関する原理
　　問題場面は、シンプルでなければならない。

第3節　フロイデンタールの「数学化」とRME理論

1. フロイデンタールの「数学化」

　オランダの数学者・数学教育学者であるフロイデンタール（Hans Freudenthal, 1905
－1990）は数学学習を、組織化（organization）や数学化（mathematization）という
用語で特徴づけており、組織化・数学化という活動こそ学習者になされるべきであると
している。「数学的な方法を伴って組織化すること」を「数学化」とし、それは学習者自
身の経験の領域を数学的な方法によって組織化する活動であるとする。数学化される経
験の領域が現実世界であれば「現実を数学化する活動」、数学の世界であれば「数学を数
学化する活動」とそれぞれ特徴づけている。またフロイデンタールは、言語や芸術と同
様に、数学においても既成としての数学（ready-made mathematics）と、活動としての
数学（acted-out mathematics）という2つの側面があるとし、後者の「活動としての数
学」こそが学習者に学ばれるべきものであるとしている。そして数学とは、学習者自身
が数学化を行うことにより発明されるものと捉え、そのような教授原理を「再発明（re-
invention）の原理」と呼んでいる。逆に、学習者自身に数学を発明させるのではなく、最
初に定義を与え、そこから応用を与えるような学習を「反教授学的逆転（antididactic
inversion）」と呼び、痛烈に批判した。

2. Realistic Mathematics Education（RME）

　フロイデンタールが提唱したオランダにおける数学教育の取り組みが Realistic
Mathematics Education（RME）である。RME理論の根底には、フロイデンタールの「人
間の活動としての数学」という数学観があり、「人間が学ばなければならないのは閉じた
体系としての数学ではなく、むしろ活動としての数学であり、現実を数学化することの
過程、さらには数学を数学することの過程である」とする。更には「人間の活動として
の数学」は、「現実を数学化すること」と「数学を数学化すること」の2つに特徴づけて

いる。RME は Freudenthal(1973) の述べる「導かれた再発明（guided reinvention）」の考えを引用し、強調すべきは児童生徒が発明すること自体にあるのではなく、児童生徒が教師に支援されながら発明していく学習過程にあるとしている。ここでは、文脈のある問題（context problem）が重要な役割を果たすとされるが、問題場面は必ずしも日常生活の問題に限定されているわけではなく、数学的な問題でも生徒にとってそれが具体的で何が問題であるのかがイメージできれば「文脈のある問題」として扱われる。

小林（2007）は、RME における活動の水準を以下のようにまとめている。

1. 課題設定における活動：解釈と解決が、課題設定における行動の仕方の理解に依存する。
2. 参照的活動：Model-of が、教授活動において記述される設定における活動を参照する。
3. 一般的活動：Model-for がその意味を数学的関係の枠組みから引き出す。
4. フォーマルな数学的推論：数学的活動のためのモデル（Model-for）の支えにもはや依存しない。

ここで、Model-of とは文脈に依存するモデルであるのに対して、Model-for とは新しい問題状況を組織するためのモデル・形式的な水準において数学的に推論するためのモデルである。まず、モデルが状況において活動することの文脈特有モデル（文脈に依存するモデル：model-of）として構成され、それからそのモデルは状況を越えて一般化される。そのモデルは特徴を変化させ、それ自身実在となり、そうであるがゆえに、それはよりフォーマルな数学的推論のためのモデル（model-for）として機能できる。（小林 , 2007 : 182）

第 4 節　算数・数学の問題発見・問題解決の過程

1. 算数・数学の学習過程のイメージ

中央教育審議会教育課程部会 算数・数学ワーキンググループ (2016) では、新たな算数・数学の学習プロセスを提案している。ここでは「事象を数理的に捉え、数学の問題を見出し、問題を自立的、協働的に解決することができる」ことを目標とした上で

① 日常生活や社会の事象を数理的に捉え、数学的に処理し、問題を解決する
② 数学の事象について統合的・発展的に考え、問題を解決する

という 2 つの数学的活動（サイクル）を規定し、図 8-1 のようにモデル化している。

上記①が図 8-1 の左側のサイクル（A1（数学化）→ B → C → D1(活用・意味づけ) → A1(数学化) → B → C → ・・・）、上記②が図 8-1 の右側のサイクル（A2(数学化) → B → C → D2(統合・発展／体系化) → A2(数学化) → B → C → ・・・）である。これら 2 つのサイクルが相互に関わり合いながら、相互構成的・互換的に学習が展開することが望ましい。従来からの算数・数学学習の多くは、「数学的に表現した問題」を「焦点化した問題」に変換し、その結果を導くまでのものが多かったと指摘されている。それに対してこれからの算数・数学学習は、「結果」が出たら終わりではなく、導かれた結果に更に「活用・意味づけ」を行うことで、日常生活や社会の事象に結び付けて考えたり、導かれた結果を「統合・発展／体系化」するなどして、より深く考え続けることが求められている。

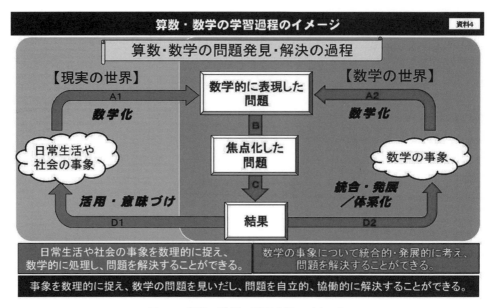

図 8-1　算数・数学の学習過程のイメージ

　日本の算数・数学の授業では、伝統的に「問題解決」を重視してきた。これは、私たちの先人が長い時間をかけて確立させた、日本の算数・数学教育が世界に誇るべきものの１つである。日本の問題解決の授業の特長として、「新たな知識や技能、数学的な見方や考え方などを身につけていくこと」「問題や課題に対して生徒が自ら主体的に取り組むこと」「未習の問題を自分なりの方法で解くこと」などが指摘されている。実はこのような特長は、「主体的・対話的で深い学び（アクティブ・ラーニング）」の目指すところと同じと捉えることができ、日本の算数・数学教育は従前からアクティブ・ラーニングを積極的に進めてきたと解釈することができる。STEM 教育における「算数・数学」もそのような特長を備えるものとして位置づけていきたい。

２．算数・数学の学習過程に位置づく「数学化」

　算数・数学の学習過程のイメージにある「数学化」（A1、A2）に注目して更に論を進めていきたい。前述の通り、①が左側のサイクル（A1 → B → C → D1 → A1 → B → ・・・）、②が右側のサイクルであるが、①については「日常生活や社会の事象」へと活用・意味づけをした後に数学化をすることで新たな問題を見出すことになる一方で、②については「数学の事象」へと統合・発展させたり体系化した後に数学化をすることで新たな問題を見出すものである。

　これら２つのサイクルの「数学化」は、Treffers(1987) の「水平方向の数学化」と「垂直方向の数学化」にほぼ対応させることができよう。「水平方向の数学化」は「生活」の世界から「記号」の世界へと導く行為として位置づけられており、図 8-1 で言えば「A1」の数学化とほぼ同義である。一方、「垂直方向の数学化」は「記号」の世界を数学的に処理したり再構築したりする行為として位置付けられている点で、「A2」の数学化のプロセスと捉えることができよう。そして STEM 教育における算数・数学は、日常生活や社会の事象としての Science、Technology、Engineering、Arts、などの文脈において数学的活動を進めるものと捉えることができる。それは図 8-1 の A1（現実の世界での数学化）

を前提として、算数・数学を「活用・意味づけ」たり「統合・発展／体系化」すること
により数学的活動を進めるものと解釈できよう。

第5節　STEM 教育における算数・数学の位置づけ

　これまでの議論を踏まえ、STEM 教育における算数・数学の位置づけについて、1つ
の私案を導き出したい。まず、STEM 教育における算数・数学は、Science、Technology、
Engineering、Art、などの文脈における問いを単に解決するための「道具」に留まるこ
となく、算数・数学教育の本質的な目的に適うものでありたい。そのためには、そこで
用いられる算数・数学の内容に、学習者の発達段階や学習段階に応じた「価値ある数学
性」が備わっているかが問われる。そして STEM 教育を通して、数学と人間とのかかわ
りや数学の社会的有用性についての認識を深めたり、社会事象・自然事象などを数理的
に考察する能力を養ったり、数学を積極的に活用する態度を育てたりするようなもので
ありたい。それは例えば、本章第1節で示した高校数学の科目「数学基礎」や「数学活
用」の教科書で扱われている内容のように、Science、Technology、Engineering、Arts、
などの場面に内在する数学を学習すること自体が高校数学の内容として価値や意味を持
つものである。或いは、小学校算数や中学校数学の内容を扱うものであっても、Science、
Technology、Engineering、Arts、などの課題を解決する際に用いられる算数・数学自体が、
学習者の数学的活動に価値や意味を持たせるものである。
　そのような算数・数学を模索するための手がかりの1つが「数学的モデリング」である。
特に、数学的モデリング過程において、実世界の問題から数学へ、さらに実世界へ戻る
というループが担保されることが求められる。また、「数学教育は数学者が導き出した
最終的結果を出発点とするのではなく、活動としての数学（mathematics as an activity）
の中に出発点を見出すべきである」というフロイデンタールの数学化の考えに立脚した
ものでありたい。そのためには、「現実の事象」を検討する際の手段としての算数・数学が、
数学的概念や原理・関係を原型とするモデルとしても機能する必要がある。そして参
考となる事例として、エンジニアリングデザインプロセス（EDP）、Models and Model-
eliciting activity（MEA）、Realistic Mathematics Education（RME）などを挙げることが
できる。特に RME における活動の4つの水準における「model-of」と「model-for」の
関係に留意することが重要であろう。モデルが状況において活動することの文脈特有モ
デル（model-of）として構成され、その後そのモデルは状況を越えて一般化され、その
モデルは特徴を変化させそれ自身実在となり、よりフォーマルな数学的推論のためのモ
デル（model-for）として機能できるように活動を展開させていくことが大切である。
　このような趣旨を別のモデルで表現しているのが、中教審教育課程部会 算数・数学ワ
ーキンググループによる「算数・数学の学習過程のイメージ（図8-1）」である。① 日常
生活や社会の事象を数理的に捉え，数学的に処理し，問題を解決する、② 数学の事象につ
いて統合的・発展的に考え，問題を解決する、という2つの数学的活動（サイクル）に
ついて、①のサイクルにおいては「日常生活や社会の事象」へと活用・意味づけをした
後に数学化をすることで新たな問題を見出すとともに、②のサイクルにおいて「数学の
事象」へと統合・発展／体系化した後に数学化をすることで新たな問題を見出すことで、
これらのサイクルをランダムに何度も「ぐるぐると回る」ように活動を継続させ、発展

的に問題を解決するよう努めたい。ここで①のサイクルでは、日常生活や社会の事象として の Science、Technology、Engineering、Arts、などの文脈で算数・数学を活用したり、算数・数学をこれらの文脈の中に意味づけたりする。それを数学化することで新たな問いを生成・解決した上で、今度は②のサイクルにおいて、得られた結果を更に数学的に統合・発展させたり体系化したりする。それを更に数学化することでまた新たな問いを生成する。このような活動のプロセスが実現することで、STEM 教育における算数・数学は、単なる道具としてではなく、STEM 教育において実質を伴う形で位置付けることが可能になるのではないだろうか。

問 い

（1）STEM 教育における算数・数学が、科学的・技術的な問題を解くための単なる「道具」でないとするなら、STEM 教育における算数・数学はどのような役割を果たすものになるだろうか。

　　hint 道具（方法）としての数学と目的（内容）としての数学、価値ある数学性を考慮しよう。

（2）数学的モデリングは STEM 教育でどのように活かすことができるだろうか。

　　hint 繰り返し測定をするとき、条件を変えながら測定するときなどを想定しよう。

（3）STEM 教育における算数・数学の位置づけをどのように考るか。

　　hint 算数・数学の学習過程のイメージ（図 8-1）における左側のサイクルを参照しよう。

註

(1) 本章第2節第2小節から第4小節は、二宮・日野（2018）の内容に加除修正を加え再構成したものである。

文献

中央教育審議会 (2016)：幼稚園，小学校，中学校，高等学校及び特別支援学校の学習指導要領等の改善及び必要な方策等について（答申）．

　　https://www.mext.go.jp/b_menu/shingi/ chukyo/chukyo3/073/sonota/__icsFiles/afieldfile/2016/09/12/1376993 pdf.

Diefes-Dux, H. A., Hjalmarson, M. A., Miller, T. K., & Lesh, R. (2008 : Model-eliciting activities for engineering education. In J. S., Zawojewski, H. A. Diefes-Dux, & K. J. Bowman, (Eds.), *Models and modeling in engineering education: Designing experiences for all students* 17-35, Sense Publishers.

English, L. D. (2017 : Advancing elementary and middle school STEM education., *International Journal of Science and Mathematics Education*, 15 (Suppl 1), 5-2x.

Freudenthal, H.(1968)：Why to teach mathematics so as to be useful, *Educational Studies in Mathematics*, 1, 3-8.

Freudenthal, H.(1973)：*Mathematics as an Educational Task*, Reidel, Dordrecht.

池田敏和（2013）：モデルに焦点を当てた数学的活動に関する研究の世界的傾向とそれらの関連性，日本数学教育学会 , 95, 5, 2-12.

片桐重男 (1988)：数学的な考え方の具体化 , 明治図書 .

小林簾（2007）：現実的な文脈を取り入れた数学科授業の設計に関する研究，日本数学教育学会第 40 回数学教育論文発表会論文集, 181-185.

小山正孝（1990）：数学的モデル, 算数・数学教育学, 福村書店, 202-216.

Lesh, R. & Doerr, H. (Eds)(2003): *Beyond Constructivism － Models and Modeling Perspectives on Mathmatical Problem Solving. Learning and Teaching.* Lawrence Erlbaum.

中島健三 (1981)：算数・数学教育と数学的な考え方―その進展のための考察, 金子書房.

二宮裕之（2017a）：STEM 教育における数学の位置づけ－数学は STEM の「道具」に過ぎないのか－, 日本科学教育学会年会論文集, 41, 209-210.

二宮裕之（2017b）：STEM の "M" はどこにあるのか－算数・数学教育における「方法」と「内容」に着目して－, 熊野善介編著 日本及びアメリカにおける次世代型 STEM 教育の構築に関する理論的実践的研究, 文部科学省科学研究費補助金基盤研究 (B) 研究成果中間報告書 (課題番号 16H03058) pp.93-107.

二宮裕之（2017c）：モデルは「数学の代用品」などではない, のか？, 日本科学教育学会年会論文集, 41,79-80.

二宮裕之・日野圭子（2018）：STEM 教育における数学の位置づけについて－数学的モデリング研究の成果を踏まえて－, 長洲南海男編著 教科と内容構成新ビジョンの解明：米国・欧州 STEM・リテラシー教育との比較より, 文部科学省科学研究費補助金基盤研究 (B) 研究成果報告書 (課題番号 15H03493) pp135-149.

二宮裕之・国宗進（2007）：技術的問題解決プロセスに算数・数学を位置づける, 日本科学教育学会年会論文集, 31, 167-170.

齋藤雄（2020）：H. Freudenthal の「数学化」を志向した複素数指導に関する研究, 埼玉大学大学院教育学研究科修士論文.

東京都大田区立矢口小学校（2007）：ものづくり科（Technology Education）教科書, 平成 16・17・18 年度文部科学省研究開発学校報告書.

Treffers, A.(1987): *Three dimensions, mathematics education library.* D. Reidel Publishing Company.

第1節　はじめに

　日本の理科教育において、課題設定から探究を経て問題解決へと至る過程を生徒にたどらせる中で、理科の資質・能力を育成することが目指されている。STEM教育に見られる問題解決型学習やプロジェクト型学習は、我が国における探究的な学習の重視と方向性を同じくするものとして、魅力的に捉えられている（文部科学省, 2018）。このような背景から、理科の学習活動の枠組みの1つとして、日本の実情に合わせたSTEM教育を展開し、探究的な学習を自ら立案し実践できる教師が求められる。

　本章では、STEM教育を意識し実践できる理科教員を育成する上での視点を整理した後、探究的な実験教材や学習活動を開発できる理科教員の育成を目指した大学および大学院における教員養成教育の実例を述べる。また、学校現場で物質合成やエネルギー環境教育に関する教材開発と授業実践を重ねた高等学校理科教員の足跡を紹介しながら、教育現場でSTEM教育を意識した理科授業を自ら実践できる現職教員への支援についても合わせて述べる。

第2節　STEM教育を意識した理科教員の養成・支援に対する視点

　STEM教育の冒頭に掲げられているSは科学Scienceであり、日本の教科では理科が相当する。日本の理科においてSTEM教育を根付かせていくためには、そのような教育を実現・実践する担い手としての理科教員をどのように養成・支援していくかが重要であろう。

　松原・高坂（2017）は、我が国の教育課程において求められている資質・能力の育成をSTEM教育との視点から論じており、STEM教育が21世紀型スキルの育成に寄与することを指摘している。合わせて、STEM教育における統合の度合いに着目し、教科横断的な学習を構築するための視点と、STEM教育における教師の役割を述べている。磯﨑・磯﨑（2021）は、日本型STEM教育を構築し展開していく上での重要な視点として、① STEMの目的・目標の設定、② STEM系教科の存在意義と価値、③ STEM系教師の協働、④ STEMの学びの意味の理解、の4つの視点を挙げている。そして、竹本・熊野（2022）は、日本の学校におけるSTEM教育実践へのアプローチとして、学習者が教科に固有な概念や個別スキル（領域コア概念）をもとに、領域横断概念を働かせながら領域コア概念を実社会と関連付けながら学ぶことで、現実社会で生きて働く力を身につけることができるようになると述べている。日本型STEM教育を根付かせるとともに、STEM教育の学習展開をどのように構成するか、そしてそのような指導方略を実践しうる理科教員の育成に対して指針を与えるこれらの論考をもとに、本節では、STEM教育を意識して実践できる理科教員の養成・支援に対する視点を、以下の4つの点から整理する。

1. STEM教育の目的・目標に対する視点

　STEM教育における生徒の学びは、科学、技術、工学、数学それぞれの領域における概念やスキルの獲得に留まらず、それらの知識・技能を統合する活動である。科学の本質に迫

りつつ21世紀の知識基盤社会を生き抜くための資質・能力を育むというSTEM教育の目的を、指導者・実践者は認識しておかなければならない。

　ともすれば、STEM教育は我が国の産業基盤を直接担う理工系人材の育成のための科学教育の枠組みと見なされる向きがあるが、決してそうではない。このことは、科学教育がfor allであるかfor excellenceであるかという議論とも関係する。磯﨑・野添（2017）は、for excellenceはfor allの1つの重要な要素であって、科学や科学技術に関する社会的問題（Socio-Scientific issues: SSI）に対して正当に判断するための幅広い科学的教養とリベラルアーツを併せ持つ、科学に対する価値観や倫理観を持った市民を育成することの重要性を述べている。すなわち、科学や科学技術の発展こそが人間生活を豊かにするという認識を醸成し、国民の共通基盤としての科学ならびに科学技術に対するリテラシーを理系・文系を問わず育むこともまた、STEM教育の重要な目標であり、STEM教育を通じて学習者が学ぶことの意味である。

　以上のことは、① STEMの目的・目標の設定、④ STEMの学びの意味の理解の2点に関連して、STEM教育を実践する上で理科教員が理解しておくべき視点である。

2. STEM教育を意識した理科授業の構成に対する視点

　では、上述したSTEM教育の目的・目標を理科授業の中で実現するには、理科教員はどのようなことを念頭に置く必要があるだろうか。まずは、STEM教育を取り入れた理科授業をどのように構成するかについて考える。

　このことを考える上で、アメリカの次世代科学スタンダード（Next Generation Science Standards: NGSS）に、STEM教育を取り入れた授業を構成する上での示唆的な視点が見られる（National Research Council, 2013）。それらは、（1）領域横断概念（cross-cutting concepts）、（2）科学的・工学的実践（scientific and engineering practices）、そして（3）領域コア概念（disciplinary core ideas）であり、それらを関係づけながら行う3次元的学習を提唱している（NRC, 2013）。領域横断概念は科学全体に適用できるキー概念であり、各学問領域の内容を分野横断的に関連づける結節点ともになり得るもので、(a)パターン・類似性・多様性、(b)原因と結果、(c)スケール・比率・量、(d)システムとモデル、(e)エネルギーと物質、(f)構造と機能、(g)安定性と変化といった7つが提示されている。これらの領域横断概念を各学問領域の中核となる概念である領域コア概念と結びつけ、研究者が自然科学を探究したり技術者がシステムを構築したりする方法論である科学的・工学的実践と同様の過程をたどりながら、（1）〜（3）の3つの側面を統合的に習得することが目指されている。

　このような授業構成は、我が国で目指されている探究の過程と軌を一にしていることに注目したい。平成28（2016）年度12月の中央教育審議会答申において、問題解決型の学習やプロジェクト型の学習が重視されるSTEM教育は我が国における探究的な学習の重視と方向性を同じくするものであり、観察・実験等を重視して学習を行う教科である理科がその中核となって探究的な学習の充実を図っていくことが重要であることが明記されている（中央教育審議会, 2016）。理科における資質・能力を育むために重視すべき学習過程として課題の把握（発見）→課題の探究（追究）→課題の解決という探究の過程が示され、見通しと振り返りを往還させるスパイラル学習を通じて知識及び技能を定着させ、表現・伝達を通じて思考力・判断力・表現力等を養い、さらには課題解決に至る中で学ぶに向かう力、人間性等を育成することが目指されている。このような探究

の過程は、先に述べた NGSS に示された科学的・工学的実践に相通じる。例えば、物質を探究する化学の研究者は、未解明の化学事象を認識すると、既存の学問体系や先行研究と比較検討し、仮説と課題解決のための方法を提起する。実験や解析を通じて明らかになった事実から法則を見いだし、関連事象の理解に普遍化され、初期の課題が解決されると、学会発表や論文等でその成果を表現・伝達し、その理解に基づいて新たに設定された課題の解決に向かって、研究をさらに発展させていく。このような化学の研究者がたどる科学的・工学的実践の過程は、理科において目指される探究のそれとよく符合している（古賀・網本, 2020）。

　以上のことから、STEM 教育を意識した理科授業を行う上で、理科教員は自身の専門とする領域コア概念に十分な理解を有することは勿論、関連する他領域との関連のもとで形成される領域横断概念にも精通しておきたい。特に後者については、② STEM 系教科の存在意義と価値、③ STEM 系教師の協働の2点に関係する。それぞれの学問領域の多様な知識や技能、各教科の論理性や目標を1人の理科教員が把握して、STEM 教育を理科授業として構成・実践することは現実的ではない。むしろ各教科・教員の専門性を尊重して協働することが、STEM 教育を教育現場で実現していくための近道である。

3. STEM の各領域を横断させる手立てに関する視点

　次に、STEM 教育の目的・目標を達する上で STEM の各領域を取り入れた理科授業を行うのに、どのような手立てが考えられるかについて考察する。

　そもそも、授業が STEM 型であるか否かにかかわらず、各領域において習得されるべき確かな学びが確保されなければならない。高等学校理科（化学）を例にすると、化学の基本的な概念や原理・法則の理解を深めさせ、科学的に探究する力や態度を育成することが求められている（文部科学省, 2018）。すなわち、前者は化学的内容の習得を目指すコンテンツ基盤型学習、後者の科学的に探究する力と態度を養う学習活動は生徒に知識基盤社会を生き抜くための能力を獲得させるコンピテンス基盤型学習であり、これら両方の学習活動が同時に目指されるべきであると唱われているのである。コンテンツとコンピテンスの関係に言及した論考として、磯﨑（2014）は、科学の知識（コンテンツ）だけでなく、科学がどのように機能するかなどの科学についての知識を加えることで、科学的な証拠に基づいた意思決定や科学に関する価値観（コンピテンス）の形成につながるとしている。また、鈴木（2016）は、コンピテンス基盤型の理科教育を指向するにあたって、領域を超えた知見を集積し、学習内容に多様な学習方法を適用させることによって、合理的で効果的なコンピテンスの醸成が児童や生徒に対して目指されるべきであると述べている。このように、日頃の授業の中に「何を学ぶか（コンテンツ）」と「学んだことを通じて何を習得するか（コンピテンス）」の要素が常に含まれるように授業を設計することが、学習者に STEM の各領域の概念を深く学び取らせる上で大切な視点である。

　上記のことに加えて、STEM 教育においては、各領域を有機的に連接させることで領域横断概念を習得させることが加わる。松原・高阪（2017）は、教科固有の学習は Disciplinary なアプローチであるのに対し、教科横断的な学習には Thematic、Interdisciplinary、Transdisciplinary の3つのアプローチがあり、

● Thematic なアプローチでは、各教科で固有な概念やスキルを個別に学ぶ
● Interdisciplinary なアプローチでは、2つ以上の教科から深く関連する概念やスキルを学ぶ

● Transdisciplinary なアプローチでは、実世界の課題やプロジェクトに取り組み、2つ以上の教科の知識やスキルを活用した学習を行う

ものと述べている。このようなアプローチを理解しておくことは、生徒の実情に応じて教科横断的な学習を段階的に設計するうえでの指針になる。まずは、Thematic なアプローチや Interdisciplinary なアプローチを通じて、領域コア概念と領域横断概念を育成する基盤を形成させ、その学びを基づいてより上位の Transdisciplinary なアプローチによって実世界で生きてはたらく力の育成が目指す段階へと生徒を導くことが望まれる。

1. で述べた STEM 教育の目的には、生徒に21世紀の知識基盤社会を生き抜くための資質・能力を育むことと、科学ならびに科学技術に対するリテラシーを広く育むことが含まれる。その基盤となる科学的な知識や技能はスパイラル的に積み上がって形成されるという見方からは、それぞれの教科において Disciplinary なアプローチで系統的に学ぶ学習が効果的である側面をもつが、それぞれの Discipline 相互の関係性は希薄である（Discipline とは各教科・領域で形成された学問体系をさす）。一方で、ある文脈に沿っていくつかの Discipline を相互に関連づけながら科学的な知識や技能を再構成する文脈学習は Interdisciplinary なアプローチの手立てとなる。さらに、実世界の課題やプロジェクトを扱うことが意図されている Transdisciplinary なアプローチでは、科学や科学技術に関する社会的問題（Socio-Scientific issues: SSI）を素材として扱うことで、より高次な STEM 教育の実践につながると期待される。

4. STEM 教育の視点を育成するための教員養成ならびに現職教師への支援

STEM 教育を意識した理科授業を構成し実践できる人材育成の場として、大学・大学院における教員養成を機能させるには、これまでに述べた 1. ～ 3. の視点を教員を目指す大学生・大学院生の皆に根付かせることのできる次世代の教育カリキュラムが望まれる。

1. ～ 3. で述べた STEM 教育の実現に向けた視点を、各教科の指導法に関する科目を通じて教員を目指す学生が理解する必要がある。その教育には、STEM 教育に対する教科教育学研究の成果が活かされる。加えて学生は、教科に関する専門的な事に関する科目の履修を通じて教科内容の理解を児童生徒に適切に指導できるレベルにまで高めておくとともに、探究活動の論理性と指導力を洗練させる必要がある（網本, 2021）。図 9-1 は筆者が考える、探究活動の開発の流れを模式的に図示したものである。児童生徒によりよい学びを提供するための探究活動の素案を考え、教材開発の基礎研究を経て探究活動の具体を構成し、教育

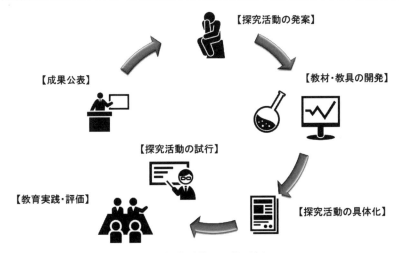

図 9-1　探究活動の開発の流れ

実践を通じて評価・考察されたことをもとに有効な教材・教具・学習プログラムとして成果公表するという一連の流れは、研究者がたどる科学的・工学的実践の過程にほかならず、さらに言えば理科において目指される探究の流れとも同一である。これらの教科教育学研究や教材開発研究が我が国の大学での卒業研究や大学院での学位論文研究の中で行われ、教員を志望する学生の理科教員としての資質・能力の向上に大きく貢献している。

　従来の教員養成では、教科教育学と教科内容学の2つの潮流の中で、教科教育学が教科の教育に関する理論研究をつかさどり、教科内容学が教科の専門性に基づく教育研究を進める風潮にあったのかもしれない。これからは教科教育学と教科内容学が協働し、STEM教育のような先進的な教育手法に対する理論と実践をともに推進することが望まれる。例えば、教科教育学研究で明らかにされた視座に立脚して教科内容学の立場から先端的な観察・実験、教具やICTが開発されるとともに、それらが活用される学習プログラムを実践・評価するのにも教科教育学研究によって得られた知見が活用されること、など想定される。このような教科教育学と教科内容学の協働は、先述した② STEM系教科の存在意義と価値、③ STEM系教師の協働とも相通じる思想である。

　また、教員となってからの教育現場での教師間の協働を容易にするためにも、教員養成課程の段階から教科横断的・分野融合的な教員養成教育を経験させることが望まれる。広島大学では、大学院共通科目として教科教育学融合プロジェクトという必修の演習プログラムが設定され、学生はSTEMやCLIL（Content and Language Integrated Learning：教科内容の理解と外国語の習得を組み合わせた学習活動）など4つの複合的な知の領域に所属して、教科の枠組みを越えた多面的・複眼的な教材開発を通じて教科教育の現実的問題について協働的に探究し、多角的な課題設定と問題解決の能力の育成を目指す教育が実践された（柳瀬ら, 2017；柳瀬ら, 2018）。このような取り組みも、STEM教育の実現を目指した大学院教育の1つの取り組みと言えよう。

　現職の教員については、STEM教育を意識した理科授業の実践例に触れる機会を積極的に活用するとともに、望ましくはSTEM教育に関する研究者と協働して、STEM教育を目指した理科授業を構成するための視点や科学的・工学的実践の過程を知り、授業実践とその省察を通じてSTEM教育の雰囲気を校内に醸成することが考えられる。このことは、現行の学習指導要領で示されたカリキュラム・マネジメントにもつながり、新たな教師教育の場となることが期待される。

第3節　STEM教育を意識した理科教員養成の実例

　本節と次節では、STEM教育を意識した理科授業を実践できる理科教員をどのように育成・支援するかについて、実例をもとに議論を進める。本節では、教育現場でこれから活躍しようとする前段階にある大学および大学院での教員養成課程において行われた中島の教材開発研究とその実践を通じて、教材開発者がSTEM教育の視点を獲得していった過程を紹介したい。

1. STEM教育を実現するための素材の選定

　STEMを指向した理科教育では、理科の確かな学びを基盤にして、技術・工学・数学などの各領域（STEAMとすれば、芸術やリベラルアーツ、農業などの領域も含まれるかもしれない）とも関連づけながら統合化する過程を含む設計が不可欠である。従って、そのことを実現で

きる素材を探索する必要がある。

　この視点から、当時大学生であった中島は、色材に着目した。有色の化学物質は、古くから顔料や染料として、日常生活に彩りを与え、人間生活を豊かなものにしてきた。顔料や染料となる物質の構造や性質をもとにそれらを合成することに関連する領域は理科であるが、それらをさまざまな物質を複合化させて材料としての色材にするためには工学的な領域が関連する。色材が彩る世界を描くには芸術やデザインのセンスが問われるが、その作品の保存には技術的な手法が用いられ、発色の程度を正しく分析するには光の吸収や反射に関する数学的処理が必要となる。有色の化学物質をこのように眺めると、顔料や染料は STEM（あるいは STEAM）の各領域に見事に関連付いた素材であり、STEM 教育における探究素材の1つになり得る可能性を期待させる。また、先に述べたように、STEM 教育において領域を横断させる手立ての1つとして、それぞれの領域の相互関連性を人間生活との関わりで紐付ける文脈基盤型の学習展開が有効である。化学と人間生活の関わりに触れる学習文脈として、色材の化学を取り上げている教科書は国内外に見られる。文脈基盤型の学習カリキュラムで構成されている Salters Advanced Chemistry（A2）には "Colour by Design" という章があり、生活や芸術を彩る色素の化学がその構造や性質、化学分析の手法や染色に触れながら記述されている（Otter et al., 2009）。高等学校化学の教科書においても、「芸術作品にみる無機物質」を特集記事として掲げられており、鮮やかな無機物質が顔料として使われていることが解説されている（大野ら, 2023）。

2. STEM 教育を志向した教材開発研究

　中島は、無機物質の色材が含まれる絵具を数種取り上げ、金属イオンの反応性に関する生徒の既習事項を駆使して、絵具にこれらの金属イオンが含まれていることを探究的に明らかにすることができる実験教材を開発している（網本・中島, 2013）。無機顔料を希釈し画材や繊維等に定着させるための固着剤となる有機物を混合することで、絵具という色材となる。まず、絵具を硝酸で加熱分解することで顔料を金属イオンとして溶解させ、ろ過により有機物などの不溶成分と分離させる。次に、金属酸化物に対してろ液の水溶液にどの金属イオンが含まれているかは、生徒は無機物質の単元で学ぶ金属イオンの分離と確認に関する既習事項を活用して判定させる。すなわち、金属イオンを含む水溶液に対して適切な分族操作を行った後、金属イオンに特有の検出反応を適用したときにそれが陽性であるか否かを判定することで、絵具に含まれる金属イオンは何であるかを、生徒自らが判定する探究的な活動となる。例えば、青色顔料である銅フタロシアニンを含む絵具を硝酸で分解すると、銅（Ⅱ）イオン Cu^{2+} を含む水溶液を得られる。これに硫化水素 H_2S を通じると、硫化銅 CuS の黒

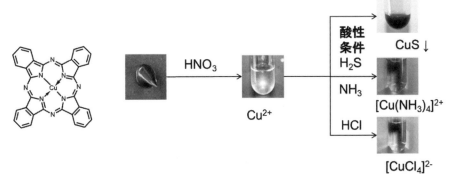

図 8-2　青色顔料である銅フタロシアニンの分析

色沈殿を生じる。過剰量の濃アンモニア NH_3 水を加えると、テトラアンミン銅（II）イオン $[Cu(NH_3)_4]^{2+}$ を生じて濃青色溶液となる。そして、塩酸を加えるとテトラクロロ銅（II）イオン $[CuCl_4]^{2-}$ を生じて緑色溶液となる（筆者が作成した図 9-2 参照）。このような絵具を構成する金属イオンを探究させる活動は、酸化亜鉛 ZnO を含む白色絵具、酸化鉄（III）を含む赤色絵具、酸化カドミウム CdS を含む黄色絵具、酸化クロム（III）Cr_2O_3 を含む緑色絵具等に対しても行うことができる。

　さらに、中島は高校 2 年生および理科教員を志望する大学 1 年生を対象とした授業実践を通じて、本実験教材の有用性をそれぞれ検証している。無機物質の単元を学習している最中の生徒に対しては、金属イオンの反応性を振り返らせた後に、実験操作に基づいて金属イオンの確認実験を行い、絵具に含まれる金属イオンを同定させる。この流れを通じて、生徒は絵具に含まれる金属イオンを無理なく同定できることから、学習した知識・理解をより定着させるための観察・実験として適用できることが示されている。他方、大学生のように無機物質の学習を終えた学生に対しては、既習事項を活用した探究活動として実施することが試みられた。すなわち、「ある絵具に含まれている金属イオンは何か?」を目的として、その目的を達するための方法を教員側から明示せずに彼らに提案・議論させた後、実験を実際に行った結果から、初期の目的を達成させるというものである。この学習活動は、自身の経験や既習事項をもとに仮説を立て、適切な実験を行った結果から仮説の妥当性を評価するという、STEM 教育で期待される探究活動の流れで構成されている。実際には、いずれかの絵具を用いて典型的な分析を行った後、それを「探究のモデル」として他の絵具の分析に適用させる。このようにすると、学生は自身の提案した方法に自ら修正を加えながら正答に至る中で、探究的な学びの定着を図ることができる。一連の学習は、無機物質に関する化学的内容を学ぶコンテンツ基盤型学習であるとともに、探究のモデルを通じて課題に取り組む方法を学びながら探究に向かう態度を養うコンピテンス基盤型学習としての両方の側面を持つ。

　上記の教材は、色材を分解して金属イオンを同定するという、物質・材料に対してブレイクダウン（break-down）型のアプローチであった。これに対し、中島が次に行った教材開発は、原料から顔料を合成しさらに色材にするという、ビルドアップ（build-up）型のアプローチに基づくものである。その素材として、彼は青色顔料である銅フタロシアニンを再度取り上げている（中島・網本, 2014）。上述のブレイクダウン型アプローチで、銅フタロシアニンを分解した水溶液には銅イオンが含まれていることは、既に示されている。銅フタロシアニンという顔料を合成するには、銅イオンを取り囲む有機配位子の構造を知る必要がある。銅フタロシアニンを硝酸で酸化した後の水溶液に含まれる有機成分を抽出によって単離し、標品との比較で物質を同定する薄層クロマトグラフィー（Thin Layer Chromatography：TLC）という分析手法を用いることで、有機配位子の構成単位がフタルイミドであることが容易に示される。銅フタロシアニンは Cu^{2+} とフタルイミドから構成されている事実と、青色に呈色する Cu^{2+} の錯イオンに関する既習事項をもとに、銅フタロシアニンの構造に関する仮説を立てさせる。すなわち、濃青色を呈する $[Cu(NH_3)_4]^{2+}$ が Cu^{2+} にアンモニア NH_3 の窒素原子が平面四配位した構造であるという知識から、銅フタロシアニンは Cu^{2+} にフタルイミドの窒素が平面上で 4 つ配位できる構造をとっていることを想起させる。加えて、$[Cu(NH_3)_4]^{2+}$ が過剰量の NH_3 を必要とするのは単座配位子としての NH_3 が容易に脱離してしまうためであることを踏まえると、4 分子のフタルイミドを何らかの方法で結合させて Cu^{2+} から離れないようにすれば、安定して青色を示す金属錯体となるのではないかという仮説が導かれる（筆者が作成した図 9-3 参照）。こうして銅フタロシアニンの構造に関する仮説が導かれた後で、フタルイミド 4 分

子は窒素原子で架橋すること、そのための窒素源には尿素を用いること、フタルイミドと尿素と反応を促進させる触媒を添加して加熱する、などといった、銅フタロシアニンの合成に関する付加的な情報を指導者が助言する必要はあるものの、生徒は明確な指針を持って実験を行い、銅フタロシアニンをよい収率で得ることができる。さらに、合成された銅フタロシアニンをアラビアガムなどの適切な固着剤とともに混合すると青色絵具を調製することができ、色材を作るという工学的な応用にまで展開させることも可能である。

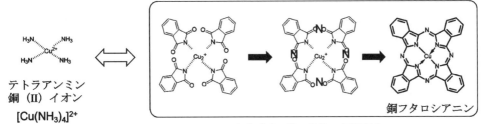

図 9-3　銅フタロシアニンを合成する際の生徒の仮説設定

3. STEM 教育を意識した教材・学習活動としての特徴と教員養成への視座

　銅フタロシアニンを合成する教材的な先行研究はいくつか報告されている（例えば、Sharma, et al., 2011）が、本教材の大きな特徴は銅フタロシアニンを分解させて構成成分を知る分析結果をもとに、銅フタロシアニンおよび青色絵具を再構築させるという探究的な過程をたどらせていることである。青色絵具を作るという色材調製の実験では、市販の絵具に含まれる固着剤の成分を調べ、顔料と固着剤との配合を試行錯誤しながら色材を作り上げる活動を行うと、材料開発に対する試行的な取り組みともなる。これらの過程は、生徒が探究の中でたどる科学的・工学的実践にほかならない。理科と工学に関連する本教材は Thematic で Interdisciplinary なアプローチを含んでおり、STEM 教育で目指される探究の好例であると言えるだろう。

　一連の教材開発に携わった中島は、その修士論文抄において、自身が開発した教材を次のように評している（中島, 2014）。

　　いずれの教材も、高等学校までの既習事項を活用した観察・実験としての使用に加えて、探究活動や科目横断型の課題研究への展開を含んでいる。「色素」という共通のキーワードをもとに、中学校理科・高等学校化学での学習事項を多面的に関連づけながら、さまざまな化学現象を捉える視点を養う教材および学習活動としての活用が期待される。

　大学及び大学院で探究活動を開発・実践を行った経験を通じて獲得した視点が STEM 教育を実現する基盤となり、STEM 教育の実践者として今後も教育現場で飛躍することを期待したい。

第 4 節　理科教員による STEM 教育の実践例

　STEM 教育を教育現場で実現し根付かせていくためには、STEM の実践を現職教諭が自ら取り組むことが望まれる。本節では、理科に関する自身の教職経験と教材開発をもとに、理科の他科目や技術などの他教科の内容との連接を図る探究的な理科授業や観察・実験の開発とその実践を行った植田の実践例について紹介する。

1. STEM教育を実現するための素材の選定

　植田の教材開発は、友人から透過集光型太陽炉（以下、太陽炉）を譲り受けたことに端を発する。太陽炉はレンズや鏡を用いて太陽光を集光させて焦点位置で高温を作り出す装置であり、オリンピックの聖火の点火や野外調理でのソーラークッカー等、太陽エネルギーを熱エネルギーに変換する装置として知られる。そこで植田は、太陽炉が発生させる2000℃の超高温を用いて、通常の実験室環境ではなし得ない物質合成を行うことを着想し、最初に報告したのはルビーの合成であった（植田ら, 2013）。ルビーは酸化アルミニウム Al_2O_3 に1%程度のクロム（Ⅲ）イオン Cr^{3+} が混入したコランダムの結晶であり、濃い赤色をした宝石として珍重される。通常のルビー合成では、混合物の融点を下げるための融剤（フラックス）を加えて電気炉で焼結して合成するが、高温を容易に作り出せる太陽炉を用いると融剤を使うことなく短時間でルビーを合成できる。また、酸化クロム（Ⅲ）Cr_2O_3 と Al_2O_3 の混合粉末は緑色をしているが、太陽炉で加熱すると試料が溶融し、それが冷却される過程で赤色の結晶が成長する様子を目視で観察できる。生徒は、酸化物の融解や結晶成長に伴う鮮やかな色変化を観察しながら宝石作りの楽しさを味わう中で太陽エネルギーの威力を実感できることから、太陽炉に関わる事象は理科他に対する生徒の強い興味・関心を引き出す素材として有用であると言える。

2. STEM教育を志向した教材開発研究

　植田らは太陽炉を用いた物質合成の教材開発を続け、二酸化ケイ素 SiO_2 をマグネシウム Mg で還元して単体のケイ素 Si を得る実験（植田ら, 2016a；植田ら, 2019）や、酸化カルシウム CaO と炭素 C との反応で炭化カルシウム（カーバイド）CaC_2 を合成する実験教材（植田ら, 2022）を報告している。これらの教材開発における特徴は、生徒が行う探究活動の中に異なる他科目での方法を援用した実験を組み合わせたり、化学の他の単元で取り扱われる内容を利用したりすることで、物質の同定を行わせていることである。すなわち、前者の Si 合成における同定には、Si の密度測定や鉱石ラジオの検波作用など、物理に関わる実験を組み込んでいる。後者のカーバイド合成では、カーバイドの水和反応で気体のアセチレン C_2H_2 が発生するという有機化学の学習に架橋させ、その発生量から生成物の中に含まれるカーバイドの含有率を求めるところでは気体の状態方程式を用いて定量する考察へと、それぞれ展開している。このように、ともすれば物質が得られたことに留まってしまう物質合成の実験に対して、科目・分野横断的あるいは定量的な視点を組み合わせた生徒の探究活動が提案されている点が興味深い。

　一方で植田は、太陽炉は1台しかない上にかなり大型で教具としての汎用性に乏しいという難点を克服したいと考えていた。そこで、口径と焦点距離との関係が太陽炉と相似的であれば焦点位置での温度も同程度になると考え、光学系に大きさ 29.5 × 36 cm、焦点距離 55 cm のアクリル製フレネルレンズを2枚重ねて使用して短焦点化させることで、1200℃の温度が得られるミニ太陽炉を完成させた（植田ら, 2016b）。このミニ太陽炉は、これまでは野外かつ1台で行っていた高温加熱実験を、窓に近い室内で複数台で行うことを可能にし、太陽炉を用いた生徒の探究活動の汎用性・機動性を一気に向上させた。例えば、酸化鉄（Ⅲ）Fe_2O_3 を炭素 C で還元して鉄 Fe の単体を得る反応は、鉄の精錬という日常生活との関連を理解させる上でも重要な化学の学習内容の一つであり実験教材化が望まれるが、ガスバーナーでの加熱では到底実現できないし、たたら製鉄のように炉の中で加熱すると時間がかかる上に化学変化の様子を捉えることはできない。ミニ太陽炉を用いると、鉄の精錬に必要な温

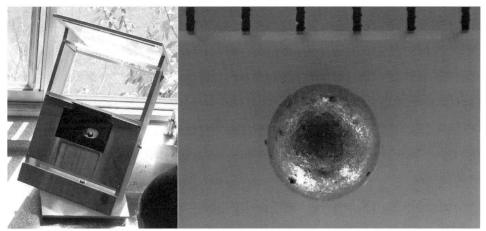

図9-4　ミニ太陽炉を利用した鉄の精錬（左）ミニ太陽炉による加熱の様子，（右）精錬で得られた鉄の小球（植田氏提供）

度を一瞬で実現でき、鉄の精錬を短時間かつ目視しながら行うことができる（図9-4）。生徒は、鉄の塊が得られる様子から鉄の精錬の具体を学ぶとともに、ガスバーナーでの熱エネルギーをはるかに凌駕する太陽エネルギーの威力を改めて実感することができる。

　さらに、植田は太陽エネルギーによる化学蓄熱に着目したエネルギー環境教育の教材を報告している（植田ら, 2020）。用いる化学反応は、水酸化カルシウム（消石灰）$Ca(OH)_2$ の脱水と酸化カルシウム（生石灰）CaO の水和である。いずれも高等学校化学で学ぶ化学反応であるが、脱水 $\rightleftarrows$ 水和の可逆反応で熱の蓄熱と排熱を行うことのできる安価な化学蓄熱システムとして注目されている。この教材では、$Ca(OH)_2$ をミニ太陽炉で加熱して CaO を生成させる過程が太陽エネルギーで CaO に蓄えられたエネルギーであり、CaO を水に加えて $Ca(OH)_2$ となるときの発熱量を測定して CaO に蓄えられた化学蓄熱量とする。実際にミニ太陽炉に当てられた太陽エネルギーは、地学で用いられる日射量計で求めた日射量とミニ太陽炉のレンズ面積の積で見積もり、化学蓄熱量との比からエネルギー変換効率としての蓄熱率を求めると、期待に反して 0.3 ～ 0.4% という小さい値となることが導かれる。太陽エネルギーはこれからも進展が期待される再生可能エネルギーの一形態であるが、そのエネルギーを定量したりその利用の難しさを実感させたりすることのできる実験教材は少ない。本教材は太陽エネルギーの利用を主観によらず定量的に深く考えさせるものであり、生徒が自ら評価・考察したことを根拠にエネルギー変換の問題点や今後の技術革新への期待を引き出させるという観点からは、コンピテンスの形成や SSI に関わる学びの場面が設定された学習活動と言える。

3. STEM 教育を意識した教材・学習活動としての特徴と教師教育への視座

　太陽炉に関する植田の教材開発は、物質合成と太陽エネルギーの威力を生徒に体感させる実験教材に始まり、科目・分野横断的、定性的・定量的な視点を徐々に組み合わせ、生徒に考察させる場面を多彩に取り入れていった。これらのアプローチは理科、特に化学の内容に留まっているという視点からは Thematic なアプローチと言える。太陽エネルギーのエネルギー変換に関する探究を通じて、再生可能エネルギーの活用のあり方を生徒に考えさせた実践においては、化学の素材や見方を起点にして、エネルギー変換の点からは物理、日射量の測定では地学、エネルギー変換モデルを規定してその変換効率を定式化する点からは技

術や工学など、複数領域を横断させて、生徒の科学的な見方や考え方を広げるという STEM 教育の目標に通じる理科授業を自ら構成するに至っている。物理や地学との科目横断や再生可能エネルギーに関わる判断を含む点から、Interdisciplinary から Transdisciplinary なアプローチへと、教材開発者の授業構成に対する考え方が発展していることが伺える。さらに、ミニ太陽炉という教具開発の過程では、レンズと焦点との関係に関する物理や地学の知識に加えて、木材加工に関する技術の技能にも関わり、他領域に対する理解や感覚がさらに高められたことも、STEM 教育を実践する教員の経験の向上に寄与していると思われる。

　一連の取り組みは勿論植田の力量と教育に対する情熱のなせる技であるが、物質合成に対する化学分析、探究活動の構成や授業実践の評価、論文への助言などの大学研究者による継続的な支援、開発された教材を実践することを認めた学校の理解、理科の他科目（物理と地学）の教員の協働、財団からの金銭的な支援などに恵まれたことも大きい。教育現場の要請に応えるかたちで STEM 教育の実践・普及に関わるカリキュラム・マネジメントを推進することが、我が国の教育現場に STEM 教育を根付かせていく教師教育の機会となることだろう。

問 い

1　STEM 教育は我が国における探究的な学習の重視と方向性が同じであるとされるのはなぜだろうか。

　　hint 我が国の探究的な過程と STEM 教育との類似点を、目標・目的・構成などの観点から論じてみよう。第 1 章も参考にしてみよう。

2　STEM 教育の実現に向けて、理科教員にはどのような資質・能力が求められるかについて考えてみよう。

　　hint 第 2 節の内容を、理科教員の目線で整理しよう。

3　STEM 教育を意識した理科授業を実践できる理科教員を養成・支援する上で、どのような視点が重要視されるかについて考えてみよう。

　　hint 第 2 節の内容を、教員養成の目線で整理しよう。

4　理科に関わる事物や現象を素材として、STEM の他領域と関連させた探究活動を提案し、その概要をまとめてみよう。

　　hint その素材の探究に対してどのようなアプローチをすることで、どのような科学コア領域と科学横断概念の獲得にそれぞれつながるかを考えてみよう。

文献

網本貴一・中島純平（2013）：金属イオンの反応性を理解させる実験素材としての色材の活用，科学教育研究，37，1，47–55.

網本貴一（2021）：第 7 章　Q-3　化学（粒子）領域の教材研究について述べなさい，山本容子，松浦拓也編著「新・教職課程演習第 20 巻　中等理科教育」，238–243，協同出版.

中央教育審議会（2016）：幼稚園，小学校，中学校，高等学校及び特別支援学校の学習指導要領等の改善及び必要な方策等について（答申要旨）.
https://www.mext.go.jp/b_menu/shingi/chukyo/chukyo0/toushin/__icsFiles/afieldfile/2017/01/10/1380902_0.pdf（取得日 2023 年 5 月 25 日）

磯﨑哲夫（2014）：理科教育における学力観の再考−比較教育史的アプローチからの示唆−，理科教育学研究，55，1，13–26.

磯﨑哲夫・野添生（2017）：卓越性の科学教育を意図したカリキュラムの構成原理序説，科学教育研究，41，4，388–397.

磯﨑哲夫・磯﨑尚子（2021）：日本型 STEM 教育の構築に向けての理論的研究：比較教育学的視座からの分析を通して，科学教育研究，45，2，142–154.

古賀信吉・網本貴一（2020）：第 7 章　化学教材の開発と学習指導，磯﨑哲夫編著「教職教育講座第 15 巻中等理科教育（改訂版）」，219–249，協同出版.

松原憲治，高阪将人（2017）：資質・能力の育成を重視する教科横断的な学習としての STEM 教育と問い，科学教育研究，41，2，150–160.

文部科学省（2018）：高等学校学習指導要領解説理科編・理数編，実教出版.

中島純平・網本貴一（2014）：銅フタロシアニンを含む青色顔料の分析と合成に関する実験教材，化学と教育，61，3，136–139.

中島純平（2014）：色素が関与する化学現象に関する実験教材，平成 25 年度教育研究科修士論文抄，広島大学大学院教育学研究科，未出版，61–62.

National Research Council (2013): *Next Generation Science Standards* ; *NGSS*.
https://www.nextgenscience.org/（取得日 2023 年 5 月 25 日）

大野公一ら 他 19 名（2023）：化学 academia，pp. 258-260，実教出版.

Otter. C et al. (2009): *Salters Advanced Chemistry (SAC) AS/A2 level*, 3rd Edition, OCR & Heinemann.

Sharma, R. K. et al. (2011): Solventless and One-Pot Synthesis of Cu(II) Phthalocyanine Complex: A Green Chemistry Experiment, *Journal of Chemical Education*, 88, 1, 86–87.

鈴木誠（2016）：コンピテンスに基づく新しい教育課程の創造，理科の教育，65，2，21–25.

竹本石樹・熊野善介（2022）：第 1 章，理科教育学研究の方法論と実践，第 14 節　STEM/STEAM 教育，一般社団法人日本理科教育学会編著，「理論と実践をつなぐ理科教育学研究の展開」，pp. 86-92，東洋館出版社.

植田和利，伊東和彦，上原誠一郎，宮﨑一博，佐藤博樹（2013）：太陽炉を用いたルビーの合成，化学と教育，61，12，610–611.

植田和利，伊東和彦，上原誠一郎，佐藤博樹（2016a）：太陽炉を利用したマグネシウムによる二酸化ケイ素の還元とその教材化，科学教育研究，40，1，39–45.

植田和利，伊東和彦，上原誠一郎，佐藤博樹（2016b）：ミニ太陽炉の製作と金属化合物の還元への利用，科学教育研究，40，4，334–340.

植田和利，伊東和彦，上原誠一郎（2019）：太陽炉を利用したマグネシウムによる二酸化ケイ素の還元とその教材化（2），科学教育研究，43，2，146–153.

植田和利（2020）：太陽エネルギーを利用した化学蓄熱の実験，令和元年度東レ理科教育賞受賞作品集（第 51 回），15–18.

植田和利，伊東和彦，上原誠一郎，網本貴一（2022）：太陽炉を利用したカーバイドの合成とその教材化，科学教育研究，46，1，59–68.

柳瀬陽介ら他 16 名（2017）：異教科で協働できる教員を育成するための実践的研究 (1)：教科教育学専攻の共通科目の始動を通じて，広島大学大学院教育学研究科共同研究プロジェクト報告書，15，57–61.
http://ir.lib.hiroshima-u.ac.jp/00042729（取得日 2023 年 5 月 28 日）

柳瀬陽介ら他 15 名（2018）：異教科で協働できる教員を育成するための実践的研究 (2)：異教科が協働する授業づくりへの「広大モデル」提示を目指して，広島大学大学院教育学研究科共同研究プロジェクト報告書，16，77–83.
http://ir.lib.hiroshima-u.ac.jp/00045428（取得日 2023 年 5 月 28 日）

第10章 授業実践事例(1)

小学校　第3学年　理科「磁石の性質」

「じしゃくのふしぎ」
～ロボットをうごかしてゲームをしよう～

授業のねらい・目標

　本単元のねらいは、磁石の性質について、磁石を身の回りの物に近付けたときの様子に着目して、それらを比較しながら調べる活動を通して、磁石の性質について理解を図り、観察、実験などに対する技能を身に付けるとともに、問題を見いだす力や主体的に問題解決しようとする態度を育成することである。具体的には、①磁石に引き付けられる物や引き付けられない物を調べることや磁石を近付けると磁石になるものがあること、②2つの磁石を近付け、磁石が相互に引き合ったり、退け合ったりする様子に着目して、それらを比較しながら、磁石の極を調べることである。これらの活動を通して、磁石の性質についての問題を見いだし、表現することができるようになることが求められる。このような学習は、問題を科学的に解決していく上で意義深い。

　本単元の指導にあたっては、児童が繰り返し観察、実験を行い、磁石の性質を実感していくものにする。理科の見方・考え方を働かせながら、楽しく問題解決していくことができるようにしたい。そのために、第1次では、磁石を搭載したロボットを使ったゲームの活動を設定する（実習生による授業）。その中で、磁石の性質について、問題を見いださせるようにする。さらに磁石に引き付けられる物や引き付けられない物を調べる。第2次では磁石の性質を調べる活動を設定する。さらに，磁石の極を調べる。第3次では、学んだ内容・方法を用いて磁石を搭載したロボットをプログラミングして遊ぶゲームを行い、学びを実感できるようにする。単元全体を通して、体験的な活動を重視し、児童の考えを大切にして、問題解決の流れを重視する。

この授業で養いたい「理科の見方・考え方」
　磁石の極はより多くの鉄を引きつけることなど、量的・関係的な見方・考え方を深めるようにする。体験的なゲーム活動を仕組むことによって児童が興味・関心をもって磁石の性質を活用していくようにする。

関連付けたい「技術の見方・考え方」
　中学校の技術科では、プログラミングの処理について基本的な内容と表現を学ぶ。小学校段階において、ロボットを用いて体験的に学ぶ機会とすることで、中学校につなげたい。

「探究的な見方・考え方」
　小学校では、総合的な学習の時間の中で、プログラミングの学習活動について体験的に学ぶことが示されている。プログラミング的思考の育成とともに、操作方法の習得についても計画していく。

この授業で養いたい「数学的な見方・考え方」
　理科の学習で行ったゲームの得点を数量に着目して捉え、正確に表やグラフに表す方法について考えるようにする。また数の大小関係を分かりやすくまとめるようにする。特に二次元表を活用し、有用性を感じさせたい。

「じしゃくのふしぎ」～ロボットをうごかしてゲームをしよう～

114

教材・授業のポイント

【理科】（小学校）（文部科学省 , 2018b）

　小学校第3学年という発達段階も考慮して、体験的な活動を重視する。児童がより興味・関心をもって学習に取り組むことができるよう、ゲーム活動を設定する。磁石を搭載したmBotを用いて、どのような仕組みになっているのか考えたり、学んだ磁石のきまりを活用して活動したりすることができるようにする。

【算数科】（小学校）（文部科学省 , 2018c）

　小学校第3学年単元「わかりやすくまとめよう」において、グラフや二次元の表について学ぶ。ゲームをした際その得点をグラフや表にまとめることで、必然性をもって学習に臨むことができるようにする。

【技術科】（小学校・中学校）（文部科学省 , 2018a）

　小学校では、プログラミングについて体験的に学ぶことで科学技術の良さや面白さを感じることができるようにする。中学校技術科ではプログラミングの基礎を学ぶ。

　本実践の単元構成は以下の通りである。

次	活動と内容	指導の意図と手立て	配時
一	1　磁石の力を想起し、プログラミングを用いたゲームの活動を行う。	※　磁石について問題意識をもたせるために、磁石によって物が引き付けられる事象を体験させる。	2
二	2　磁石に引き付けられる物と引き付けられない物について調べる。	※　磁石の働きを実感させるために、1人1個の磁石を用いて繰り返し調べさせるようにする。	2
	3　磁石から離れていても引き付けられるか調べる。	※　離れた物を引き付ける様子を調べさせるために、間にいろいろな物をはさんで調べさせるようにする。	1
三	4　磁石のどの部分が鉄をより引き付けるかを調べる。 (1) 棒磁石を用いて、磁石の極を調べる。 (2) 様々な磁石を用いて、磁石の極を調べる。	※　磁石と鉄、磁石と磁石を近付ける活動を通して、極の性質を考えさせる。 ※　磁石の極についての理解を広げるために、球形など多様な形の磁石を提示する。	2
	5　磁石によって鉄が磁化することを調べる。	※　磁石と釘を用いることで、磁化の様子を観察できるようにする。	1
四	6　磁石の性質をつかって、プログラミングを用いたゲームの活動を行う。	※　鉄や磁石を集めるゲームの活動を設定することで、学んだ内容を活用させる。	2

授業（教材）開発・実践のながれ

2022年5月　中学校理科の教員と、中学校理科や技術科との関連性を協議した。中学校技術科ではプログラミングの基礎を学ぶことを教科書や学習指導要領をもとに確認していった。また具体的な指導事項をもとに、小学校で目指す姿を具体化していった。

2022年6月　小学校算数科を専門とする教員と、グラフや表の学習との関連性を協議した。ゲームの要素を取り入れた学習内容と、算数科のグラフや表の学習は関連させやすく、算数の内容を扱う必然性が生まれることを確認した。

2022年6月　教育実習生に内容を提案し、授業づくりについて確認した。はじめは授業のイメージをもちにくい様子だったが、実際にロボットを扱ってみることで、活用の仕方について考えることができていた。

2022年9月　教育実習生の授業を参観し、その後実習生グループと協議会を行った。その中で、実習生が考えていたよりも児童自身でプログラムを組んでいたことや、意欲的に学習に取り組んでいたことなどの意見があった。

2022年10月　小学校算数科を専門とする教員と、二次元表の取り扱いについて協議した。二次元表を扱う第3学年算数科において、情報を整理させる方法について確認した。

2022年10月　理科教員が体育館で授業を行い、児童の様子を分析した。児童自身がプログラミングを体験しながら、理科の内容を活用していた。

大学教員より　〜実践に関する注意事項・助言〜

　本実践は、小学校でのプログラミング教育として、理科の授業でもありながら、STEAM教育として実施することで、まず、他教科（算数科）や総合的な学習の時間とのつながり、そして、中学校とのつながりを意識した実践である。また、附属の教員以外にも実践ができることを示すために、教育実習生にも授業案を検討し、実践を行ってもらった。

　特に本実践で注意をすべき点は、小学校3年生で初めて理科を学習する児童という点である。そのため、理科の導入として、遊びの要素（この場合は、ゲームを取り入れている）を取り入れて単元を構成している。その点で、小学校教育で期待されるプログラミングをSTEM（この場合は、Multidisciplinary approach）教育として、何をすれば良いかが示された実践である。

（広島大学大学院教育学研究科　磯﨑哲夫）

指導の実際

第1・2時　※教育実習生（大学3年生）が実践

時限	学習内容	指導上の留意点
導入	1　磁石の性質について考える。 2　本時のめあての確認	○日常生活の中での磁石の性質を想起させるために、身近なところにある磁石を提示する。
	磁石の性質をいかして、落とし物を集めよう。	
展開	3　プログラミングゲームをする。 ①落とし物の配置をみる。 ②どれが磁石に引き付けられるか考える。 ③班でプログラムを組み立てる。 ④車を走行させる。 ⑤プログラムを見直す。 ⑥再度車を走らせる。 4　ゲームの振り返りをする。 5　学習のまとめ	○プログラムを組み立てさせるために、落とし物の配置を意図的に行う。 ○磁石の性質に着目させるために、引き付けられたものが比較できるように板書で提示する。
	磁石には、つくものとつかないものがある。	

　授業作りの際には、同学級の実習生グループ（5名）で、実際にロボットに触れながら計画を立てた（図 10-1-1）。授業後には担当教員と同学級の実習生グループで協議会を行った。

【教育実習生による実践の感想】
・新しい内容であるプログラミングに挑戦できたことがよかった。
・3年生の子どもでも、タブレットで操作していくことが可能だと分かった。
・ICTの活用については今後教員になった時も積極的に取り入れたい。

図 10-1-1　教育実習生が授業計画を立てる様子

第3・4時　※この後の実践は本校理科教員が実践

時限	学習内容	指導上の留意点
導入	1　プログラミングゲームを振り返る。 2　本時のめあての確認をする。	○磁石の性質について考えさせるために、プログラミングゲームを実習生と学習したことを想起させる。
	磁石につく物とつかない物を調べよう。	
展開	3　いろいろなものを使って磁石につくか調べる。 【ワークシート】 	○身近にある物の中から、子どもが迷いそうな物（アルミホイル等）を提示することで、めあてに対する考えをつくらせるようにする。 ○磁石の性質に着目させるために、磁石につくものを比較できるように板書で提示する。
	4　調べたことを交流し、まとめをする。	
	鉄でできたものが、磁石につく。	

第5時

時限	学習内容	指導上の留意点
導入	1　磁石に鉄が引きつけられる様子を想起する。 2　本時のめあての確認をする。	○既習の事項を想起させることで、磁力の強弱に着目させる。
	磁石のどの部分が、鉄を引きつける力が強いか調べよう。	
展開	3　間に紙をはさんで、クリップが動くかどうか実験する。 4　磁石の力でクリップが宙に浮く様子を観察する。 5　調べたことを交流し、まとめをする。	○磁石と鉄、磁石と磁石を近付けさせることで、Ｎ極とＳ極について考えさせる。 ○Ｎ極とＳ極の性質を整理する。
	磁石は、はしの部分（きょく）が鉄を引きつける力が強い。	

「じしゃくのふしぎ」〜ロボットをうごかしてゲームをしよう〜

第6・7時

時限	学習内容	指導上の留意点
導入	1　磁石の力の強い部分について考え、本時のめあてについて話し合う。	○既習の事項を想起させることで、磁力の強弱に着目させる。
	磁石のどの部分が、鉄を引きつける力が強いか調べよう。	
展開	2　2種類（棒磁石、ボタン型磁石）の磁石の極について調べる。 3　実験した結果を整理し、磁石の極について考えを表現し話し合う。	○磁石と鉄、磁石と磁石を近付けさせることで、N極とS極について考えさせる。
	4　学習のまとめをする。	○N極とS極の性質を整理する。
	磁石は、はしの部分（きょく）が鉄を引きつける力が強い。	

第8・9時

時限	学習内容	指導上の留意点
導入	1　予想したことを振り返り、本時のめあてについて話し合う。	○事前にいろいろな形の磁石と極についての予想をもたせておくことで、考えの分類・整理ができるようにする。
	どのような形の磁石にも、2つの極があるか調べよう。	
展開	2　実験の計画を整理する。 3　どのような形の磁石にも2つの極が存在するか、実験する。	○様々な形の磁石を置いたコーナーをつくることで、自分で選択して実験させるようにする。
	4　実験した結果を交流し、磁石の極についてまとめる。	
	どのような形の磁石にも、2つの極がある。	

第 10・11 時

時限		学習内容	指導上の留意点
導入	1	本時のめあてについて話し合う。	○クリップ同士が引きつけ合っている様子を想起させる。
		磁石についた鉄が、磁石になるか調べよう。	
展開	2	実験の計画を整理する。	○釘をクリップに近付けて調べることを確認する。
	3	磁石についた鉄（釘）が磁化するかどうか実験する。	○磁化してクリップを引きつける様子を観察させる。
	4	実験した結果を整理し、鉄が磁化する様子について考えを表現し話し合う。	
		磁石についた鉄が磁石になって、鉄を引きつける。	

　ここまでの学習の中では、はじめに行ったプログラミングゲームの内容を想起させるようにした。また、ゲームに学習内容をどのように組み込んでいくか（例えば「極」をどのように活用するか、など）交流しながら単元を進めていくようにした。

第 12・13 時

時限		学習内容	指導上の留意点
導入	1	磁石の性質を振り返り、本時学習の見通しをもつ。 ・磁石は鉄を引き付けること ・磁石同士の極の関係	○これまでに学んできた磁石の性質を想起させるために、磁石を画面に映して、演示実験を行う。
	2	本時のめあての確認をする。	
		磁石のひみつをつかって、プログラミングゲームに挑戦しよう。	
展開	3	磁石の性質をつかって、どのように鉄（ポイント）を集めるかグループで話し合い、ボードに表現する。	○グループごとにプログラムを組み立てさせるために、視覚化できるボードを準備して交流させる。
	4	グループでプログラミングして、mBotを動かして、鉄（ポイント）を集め、表と棒グラフにまとめる。 ・繰り返しゲームを行い、プログラムを見直していくようにする。 ・棒磁石（得点高）の取り方を考えることで、極に着目する。	○プログラムを実行して、磁石の性質を生かして動かすことができているかを検討させるために、グループで取り組む場を準備する。

	1	2	3	4	5	6	7	合計
クリップ								
ボルト								
ぼうじゃく								
合計								

・得点を表にまとめることで、数について整理できるようにする。

○プログラミングしたｍＢｏｔの動きを確認させるために、テレビを用いて映像を流す。

まとめ	5	得点を整理し、磁石の性質の面白さについて話し合う。	○磁石の性質に焦点化して、活動を振り返らせる。

実践は、理科の学習内容とプログラミングの考え方について、ゲーム的要素を取り入れたものである。単元終末の第 12・13 時の具体を以下に示す。

導入場面の具体

磁石の性質について学んだことを、電気の性質と比較しながら振り返っていた。電気を通すものと異なり、磁石では鉄のみを引き付けることを話し合った。

展開場面の具体

グループで話し合いながら、ポイントの取り方について整理していった。ポイントはそれぞれ、クリップ（1点）、ボルト（2点）、棒磁石（3点）とした。実際にプログラムを作る際には、ポイントを置かずに試してから動かすなど、試行錯誤する姿が見られた（図 10-1-2 及び図 10-1-3）。活動する中で、鉄のみが磁石に引き付けられることを実感していた。棒磁石についても、極がどちらなのかを方位磁針を活用して話し合い、ポイントを取ろうとする姿が見られた（図 10-1-3）。

結果については二次元表にまとめて、合計を出していった（図 10-1-4）

図10-1-2　試行錯誤する様子　　図10-1-3　話し合いの様子　　図10-1-4　表に記入する様子

終末場面の具体

振り返りでは、磁石の極をうまく利用して活動することができたという記述が見られた。また何度も試行錯誤しながら活動を行うなど、プログラミング的思考を働かせる姿も見られた。

【児童の感想】

・自分たちで磁石のきまりをつかって、作戦を立てることが楽しかったです。
・最初はうまくいかなかったけど、何度もプログラムをやり直すことで、だんだんポイントをとることができるようになりました。
・棒磁石をとるときは、Ｓ極とＮ極の向きに気を付けて動かすようにしました。
・友達と協力して、動きを考えることが楽しかったです。またやってみたいです。

友達と協働して学ぶことや、プログラミングの面白さ、理科の内容を活用することなどの記述が見られた。プログラムを試行錯誤しながら創り上げることへの達成感も味わっていた。しかし、「楽しかった」など、理科の内容について振り返りをせずに、興味のみで終わっている記述も2名見られた。単元を通して、理科の視点をもって考えを創り上げていくことへの課題も見られた。

授業づくりのきっかけ

平成29（2017）年告示の学習指導要領では、プログラミング教育について示された。この学習指導要領の中で具体的に指導例が示されているのは算数、理科、総合的な学習の時間である。具体的に理科で言えば、第6学年「電気の利用」にプログラミングを体験することが記されている。小学校という段階でプログラミングという新たな内容にどのように出合わせていくかは、1つの単元でなく、単元同士、または教科を横断しながら捉えていく必要があり、またそのことが中学校以降の技術科の学習にもつながっていくと考えている。

特に小学校段階においては、実際にプログラムすることによってロボットを動かすなど、その面白さを十分に味わわせることも大切だと考えた。そこで、今回はmBotというロボットを、タブレットを用いてプログラムを組み立てて動かすことができる活動を行うようにした。

理科の内容・視点

第3学年では、磁石や電気、風やゴムのはたらきなど、様々なエネルギーについて学ぶ。ものを動かしたり光らせたりする単元の特性から、ものづくりの時間を最後に設定することに適している。ここでは、第3学年という発達の段階も考慮して、体験的な活動を重視した。児童がより興味・関心をもって学習に取り組むことができるよう、ゲーム活動を設定した。磁石を搭載したmBot（図10-1-5）を用いて、どのような仕組みになっている

図10-1-5　磁石を搭載したmBot

のか考えたり、学んだ磁石のきまりを活用して活動したりすることができるようにした。

算数科の内容・視点

第3学年では、単元「わかりやすくまとめよう」において、グラフや二次元の表について学ぶ。ゲームをした際の得点を表やグラフにまとめるようにした。このことによって数値（データ）にこだわりをもって、まとめていく姿も見られた。

以下に示すものは、本実践を進めるにあたって、算数科の視点に基づく本校算数科担当教員からのコメントである。内容のつながりだけでなく、子どもの意識レベルでのつながりを考えていくことは、他実践においても重要な視点であると考えている。

算数科のD「データの活用」領域には、次の3つのねらいがある。　　　　　（文部科学省, 2018c）

①目的に応じてデータを集めて分類整理し、適切なグラフに表したり、代表値などを求めたりするとともに、統計的な問題解決の方法について知ること。

②データのもつ特徴や傾向を把握し、問題に対して自分なりの結論を出したり、その結論の妥当

性について批判的に考察したりすること。

③統計的な問題解決のよさに気付き、データやその分析結果を生活や学習に活用しようとする態度を身に付けること。

これらのねらいを達成するために欠かせないのが、「子どもの学ぶ必然性」である。「集めたデータを表やグラフに整理した方が、この問題を解決するのにきっと役立つ（わかりやすい）」との思いは、子どもの主体的な学びを実現する上でも欠かせないものである。今回の理科の実践は、そういった思いが活動の中から自然にわき上がってくると思われる。そして、実際に表やグラフを活用することで、表やグラフに表すよさを実感していくだろう。

理科の活動で、算数科で扱う表やグラフが使われる場面はたくさんある。また、算数科で学習する前に、理科の学習で先に扱う内容もある。今回の実践のように、教師には、内容のつながりだけでなく、子どもが学ぶ意識レベルでのつながりで授業を構想していくことが求められる。

文献

磯﨑哲夫（2022）：授業への検討　社会・情動的スキルと理科授業 – 附属小学校理科の授業を分析する –，学校教育研究会編「学校教育」，38-43，学校教育研究会.

松原道男（2012）：ニューラルネットワーク，日本理科教育学会編「今こそ理科の学力を問う - 新しい学力を育成する視点 -」，138-143，東洋館出版社.

文部科学省（2018a）：中学校学習指導要領解説技術・家庭編，開隆堂出版.

文部科学省（2018b）：小学校学習指導要領解説理科編，東洋館出版社.

文部科学省（2018c）：小学校学習指導要領解説算数編，日本文教出版.

謝辞

今回の実践にあたり、広島大学附属福山中・高等学校の沓脱侑記教諭には、専門的知見から助言を受けました。記して感謝申し上げます。本校算数科植田悦司教諭には、算数科の視点からアドバイスを頂きました。記して感謝申し上げます。また、教育実習期間中、新たな試みであるプログラミングについて教材研究を行い、進んで実践してくれた実習生グループにも心より感謝します。

実践者・授業考案者

広島大学附属小学校　教諭（理科）赤松 雄介

※本実践は、広島大学附属小学校 理科の研究発表協議会(2023年2月4日実施)として行った授業をもとに、大幅に加筆・修正を加えたものである

「人の体のつくりとはたらき」
～消化によい食べ物って？～

授業のねらい・目標

　本内容は、小学校理科第 4 学年「B (1) 人の体のつくりと運動」の学習を踏まえて、「生命」についての基本的な概念等を柱とした内容のうちの「生物の構造と機能」に関わるものであり、中学校理科第 2 分野「(3) ア (ウ) 動物の体のつくりと働き」の学習につながるものである。ここでは、児童が体のつくりと呼吸、消化、排出及び循環の働きに着目しながら、生命を維持する働きについて調べる活動を通して、人や他の動物の体のつくりと働きについて理解し、観察、実験などに関する技能を身に付け、より妥当な考えをつくりだす力や生命を尊重する態度、主体的に問題解決しようとする態度を育成することがねらいとされている。

　第 4 学年で学習する骨と筋肉の働きの学習は、自らの体験をもとに考えたり、体を触ったりと実感を伴った学習である。一方、第 6 学年で扱う消化や吸収の働きの学習は私たちの体の中で起こる変化について学ぶことが中心となり、普段の生活の中で目にしたり、実感したりする機会に乏しい。そのため、本題材で仮説や実験方法の立案に難しさを覚える児童は少なくない。加えて本題材は、唾液、でんぷん、体内環境の再現の仕方など、予め理解しておかなければならない前提が多いことも仮説や実験方法の立案の難しさにつながっている。仮に、児童が自分たちの普段の食事や気づきから予想を立て、方法を考えたとしても、消化の働きを実際に自分たちの目で確認できる実験方法は限られており、それらの詳しいやり方についてはどうしても教師からの指示や方向づけが多くなってしまう。このこともまた、本題材の実感を伴った学習の難しさにつながっていると考える。

　そこで本単元では、STEAM 教育としての「食育」を考え、家庭科や保健の学習内容との関連を図ることを意図し、家庭科担当教諭や養護教諭、そして栄養教諭との連携を通して、本単元をより実感を伴った学習へと高めたい。また、本単元での学びを生かして普段の食事の選び方、食べ方、これまでに行ってきた食事についても考えさせたい。

　消化の働きについては、私たち自身が日々の食事の中で気を付けることだけではなく、食品を開発する企業も工夫を凝らして日々商品開発を行っている。「食育」という考え方を取り入れ、他教科や自分たちの生活と関連させながら理科における学習を進めることで、授業後に児童は自分たちの生活をよりよくする方法（技術）についても考え始めることができると考える。そして、この姿は STEAM 教育で育成したい児童の姿と一致すると考える。

この授業で育てたい「理科の見方・考え方」

　唾液による消化の働きについて調べ、デンプンは他のものへと変化し、体に吸収されていくことを理解する。**自分たちの身の回りの食べ物や、日頃の食べ方についても興味をもって調べることができる。**

この授業で養いたい「家庭科の見方・考え方」

　食事の役割に気付くとともに、基本的な調理の仕方を身につける。**日常の食事や使われている食品に関心をもち、食事を大切にしようとする。**

学習指導要領解説や教科書における米（デンプン）の扱い

【理科】第6学年　単元名：食べ物の消化と吸収

内容B　生命・地球（1）人の体のつくりと働き
ア（イ）　食べ物は，口，胃，腸などを通る間に消化，吸収され，吸収されなかった物は
　　　　　排出されること。
　　　　　　　　　　　　　　　　　　　　　　　　　　（文部科学省，2018b：84）

　人や他の動物の消化の働きに着目して、食べた物が変化し体内に取り入れられることを多面的に調べる。これらの活動を通して、消化や排出の働きについて、より妥当な考えをつくりだし、表現するとともに、食べた物は口から、食道、胃、小腸、大腸へと移動する間に消化されていくことや、口では咀しゃくが行われ、消化された養分は腸から吸収されて血液中に入り、吸収されなかった物はふんとして肛門から排出されることを捉えるようにする。　　　　　　　　　　　　　（文部科学省，2018b：85）

【家庭科】本校では令和4年度は第6学年（本来は第5学年）　単元名：ご飯をたいてみよう

内容「食生活」（2）調理の基礎
ア（オ）　伝統的な日常食である米飯及びみそ汁の調理の仕方を理解し，適切にでき
　　　　　ること。
イ　おいしく食べるために調理計画を考え，調理の仕方を工夫すること。
　　　　　　　　　　　　　　　　　　　　　　　　　（文部科学省，2018a: 36-37）

　米飯の調理の仕方については、米の洗い方、水加減、浸水時間、加熱の仕方、蒸らしなど、硬い米が柔らかい米飯になるまでの炊飯に関する一連の操作や変化について理解し、炊飯することができるようにする。　　　　　　（文部科学省，2018a: 42）

　調理の仕方については、おいしく食べるために、調理の手順や、材料の切り方、加熱の仕方、味の付け方、盛り付けなどの調理の仕方について問題を見いだし、課題を設定するようにする。課題を解決するための方法については、食べる人のことを考えて、材料の切り方、加熱の仕方、味の付け方、盛り付けなどを検討したり、でき上がり時間を考えて手順を検討したりできるようにする。　　（文部科学省，2018a: 43）

【家庭科】本校では第6学年　単元名：食べ物にふくまれる栄養素とそのはたらき

> 内容「食生活」（3）栄養を考えた食事
> ア（ア）体に必要な栄養素の種類と主な働きについて理解すること。
>
> （文部科学省, 2018a: 43）

　　炭水化物や脂質は主として体内で燃焼することによりエネルギーに変わり、体温の保持や活動のために使われること、たんぱく質は主として体をつくるのに役立つが、エネルギー源としても利用されること、無機質については、カルシウムなどがあり、カルシウムは骨や歯の成分となるが、体の調子を整える働きもあること、ビタミンには体の調子を整える働きがあることを理解できるようにする。

（文部科学省, 2018a: 44）

　　この学習では、理科の第5学年における植物の種子の中の養分に関する学習で扱うでんぷんとの関連を図り、でんぷんは炭水化物の一つであることに触れることも考えられる。

（文部科学省, 2018a: 45）

【保健（養護）】

　　保健（養護）の観点から、食べ物と栄養、食べ物と健康、生活習慣病の予防などの関係について人の成長や健康等に関する知識等を活かした指導との関連を図り、食に関する正しい知識と望ましい生活習慣を身に付けられるよう、今回は授業前に養護教諭と打ち合わせを行った。

　　理科の学習においてデンプンは、児童がヨウ素液を使って安全かつ容易にその存在を調べることのできる成分である。小学校では植物の種子の中に含まれており、種子が育つ際の大切な養分であること、唾液のはたらきによって消化され他の物質へと変化することを学習する。一方、家庭科においてデンプンは、エネルギーのもととなって私たちの生活を支えてくれる栄養素、日本人と関わりの深い米の主な成分として、その調理方法や役割を学習する。学習指導要領や教科書の中でも理科と家庭科の学習の関連については触れられているが、実際の授業や実験の中でどのように取り扱うとよいのかについては至っていない。理科と家庭科を合わせた新たな学び方を検討していきたい。

教材・授業のポイント

　　消化と吸収について、自分たちの普段の食事とつなげながら学習できるよう、身の回りの食べ物を用いて、デンプンの有無や唾液の働きについて調べた。また、家庭科を指導する教員と連携し、時期や用いる食材を調整した。単元の最後には、自分たちの生活と結び付けて探究できるよう、「消化によいお米」について考える本時を加えた。

「人の体のつくりとはたらき」〜消化によい食べ物って？〜

本単元の目標

○口から取り入れられた食べ物は、消化管を通る間に消化され、養分として吸収されることを
理解する。　　　　　　　　　　　　　　　　　　　　　　　　　　　　【知識及び技能】

○血液の流れから見た、各臓器のつながりやはたらきを理解する。　　　【知識及び技能】

○唾液によってデンプンが変化する実験から考察し、消化・吸収のしくみを考え、自分の考え
を表現することができる。　　　　　　　　　　　　　　　　　【思考力・判断力・表現力】

○消化・吸収や呼吸のはたらきを、血液の循環と関係付けて考え、自分の考えを表現するこ
とができる。　　　　　　　　　　　　　　　　　　　　　　【思考力・判断力・表現力等】

○ヒトや動物の体のつくりやはたらきに興味をもち、調べようとする。

【学びに向かう力、人間性等（主体的に学習に取り組む態度）】

次	活動と内容	家庭科との関連とそのほかとの関連	配時
一	**1　食べ物に含まれる栄養** ・米やジャガイモにはデンプンが含まれる。 ・サイダーには含まれていない。 ・バナナは繊維や粒状にデンプンが染まった。 ・普段食べているものにはエネルギーのもとになるデンプン（炭水化物）が含まれていて、ヨウ素液を使えばその有無を調べることができる。	・身近な食材とその栄養素（家庭科）	1
二	**2　デンプンの消化** 　　　　　　　（じゃがいもに含まれるデンプン） ・唾液の働きで、片栗粉を溶かした液の青紫色が消えた。 ・私たちの体には、デンプンをほかのものに変える消化という働きが備わっている。 **3、4　お米の消化** 　　　　　（お米の炊き方、噛み方と消化の関係） ・普段食べているお米に唾液をかけて放置しても、デンプンはなかなか消化されない。 ・お米の炊き方や噛み方（食べ方）と消化にはどんな関係があるのか調べてみたい。 ・お米は柔らかく炊いたり、噛んだりすることによって消化に良い食べ方になった。	・包丁の使い方の学習で用いたじゃがいもを使用（家庭科） ・お米の炊飯の学習（家庭科） ・消化の意味と大切さについて（養護）	3
三	**5　小腸のつくり** ・柔毛によって、表面積が広くなっている。 ・食べ物が長い消化管を通る中で私たちは食べ物の栄養を効率よく体に吸収している。	・給食献立の工夫（栄養）	1

単元計画　　消化と吸収　全5時間
授業（教材）開発・実践のながれ

4月：家庭科の教科書を入手し、理科と関連する部分を検討した。
　　　家庭科担当教員と連携をとり、食事に関する学習の時期を合わせた。

5月：教材の開発　※詳細は次頁

6月：私たちの体について、理科で学習を開始した。

　　　家庭科　ジャガイモを使って、様々な野菜の切り方を学習した。
　　　例：半月切り、さいの目切り、短冊切り

　　　デンプンの調べ方（ヨウ素液の使い方）をジャガイモで確認した。
　　　片栗粉を溶かした液で唾液のはたらきを調べた。

　　　家庭科　お米の炊飯の仕方について学習する。
　　　※本来は第5学年の内容だが、感染症予防のため今年度は第6学年で実施

　　　米の上澄み液を使って唾液のはたらきを調べた。
　　　養護教諭と「消化」の扱いについて確認した。消化に良いとは胃腸への負
　　　担が少ないことを指していることをふまえて、実験方法や消化のされ方、
　　　本時の課題の文言を決定した。

7月：唾液のはたらきについてまとめを行った後、普段口にしているものの代表と
　　　してお米の粒（青紫に染まったもの）に唾液をかけて放置した。1時間ほど
　　　放置してもあまり色が抜けなかった。
　　　普段食べているお米は唾液と合わせるだけでは消化できていないのか、とい
　　　う子どもたちの疑問から本時の課題を決定した。

　　　消化によいのは、どんなお米か？
　　　調理の仕方や食べ方に目を向けた予想が多く出た。
　　　・たくさんかみなさいと言われるから・・・。
　　　・風邪のときはおかゆが消化にいいと言われるよ。
　　　・放置はただ口に入れてるだけだから変。普通はそんなことはしない。

　　　本時・お米を潰すと色が消えていったよ　　　　→　表面積による違い
　　　　　　・おかゆは混ぜるだけでも色が消えたよ　　→　柔らかさと崩れやすさ
　　　　　　・生米は唾液につけても色が消えなかったよ　→　米を炊く意味
　　　　　　・あたたかいお米の方がすぐに色が消えたね　→　炊飯での適切な温度

> **本時後　給食（栄養）**「かまなくてもいい」という表記付きの
> ムースが給食に出る。休み時間を利用してユニバーサルデザイ
> ンフードについて子どもたちと調べた。

子どもたちからの要望で、ムース、うどん、ゆでたジャガイモの消化につい
て本時と同様の方法で調べた。その後、養護教諭から聞いた「消化によい」
という考え方について話した。（消化によい＝胃に優しい）。その後、胃、腸
での消化・排出について学習した。
栄養教諭に、今後の学習の展開や本時の位置づけ、普段の食事との関連の
させ方について相談した。

教材について検討したこと

①消化のしやすさや様子を観察するために

　消化の実験では、唾液、水のそれぞれと合わせたものをヨウ素液で最後に着色するのが
一般的である。しかし、今回は消化のしやすさ（スピードや量）を児童が視覚的に確認す
る必要があったため、あらかじめヨウ素液で着色をした。この際、直前に着色した米は唾
液や水と合わせた際の衝撃で表面が取れてしまった。そのため本時では、一晩ヨウ素液に
漬けたものを使用した。ヨウ素液の特徴として、60℃以上になるとデンプンの有無に関
わらず青紫色が抜けてしまうので、使用する唾液や水の温度は体温に近い 35 〜 40℃の
間となるよう調節した。

②身近な食べ物で違いを確認するために

　普段食べているお米を中心に、消化のしやすさについて考えていくことにした。児童か
ら出てきたのはおかゆだけであったが、消化のしやすさと固さの関係、炊飯について知る
ために、生米についても調べるようにした。児童が見てわかるような違いを出すために、
おかゆは原形をほぼ残さないほどのものを使用し、水や唾液を加えたときのおかゆと生米
のそれぞれの崩れやすさにも着目することができるようにした。量については、時間をか
ければそれぞれの消化のされ方の特徴は確認することができるが、授業時間内で観察をす
るための量としては 10 〜 15 粒程度が適当であった。

実践に関する注意事項・助言

> ### 家庭科（富山大学教育学部　磯﨑尚子）
>
> 　家庭科で学習する米飯の調理の仕方を、理科においては体内で食物をどのように変
> 化させて、栄養分として吸収していくのかについて実験を通して理解させるというこ
> とに興味深く感じました。そして、下記の流れの位置づけとして、家庭科と理科とを
> 融合・統合させた STEAM 教育と考えられるのではないかと思います（二重下線部は
> 家庭科の内容）。
>
> 1　伝統的な日常食である米飯に着目（家庭科）
>
> 2　食育との関係

3　米飯の調理の仕方（家庭科）
　　●家庭科の調理科学的な側面
　　　・米からご飯への変化　糊化、アルファ化
　　　・米の浸水時間と吸水量
4　調理実習、試食する（家庭科）
5　体内への栄養分として、運ばれ、吸収される。体内の様子（理科：本時）
　　　・おかゆ、ご飯、米の比較（おかゆの方が汁の中にデンプンが溶け出していた）
　　　・唾液の働き、よくかむ
　　　・消化によい、胃にやさしい
6　心身の成長や健康の保持増進の上で望ましい栄養や食事のとり方（家庭科）
　　授業後、子供が、うどん（風邪の時）、お餅などを挙げており、視点が五大栄養素の
うちの炭水化物に向いており、自分たちの食生活の経験から考えていることに非常に
興味深く感じました。また、病気の時（人間の体が不調）に、おかゆを食するという
ことは、理科的な内容と家庭科的な内容であることに、気がついたのではないかと思
います。

理科（広島大学大学院人間社会科学研究科　磯﨑哲夫）

　この実践は、STEM 教育に A を加えて、「STEAM 教育としての食育」として、理科
担当教諭、家庭科担当教諭、栄養教諭、養護教諭（全ての学校で栄養教諭が配置され
ているとは限らないので、子どもの心身の成長に関わる養護教諭との連携も可能）が
連携をして、理科の授業内で実施されたものである。STEAM 教育では、現実の実生活
での課題（問題）に多様な視点や方法で取り組むことが必要である。この実践は、多
様な視点や方法を用いることも重要であるけれども、理科や家庭科から学んだことや
栄養教諭や養護教諭の先生の話などを子どもたちが統合することで、現実の実生活に
おける問題を見いだし、興味関心を抱いたことが、STEAM 教育の実践として重要である。

栄養教諭（広島大学附属小学校　樽本和子）

　学校給食で子どもたちに好まれる献立の一つに、どんぶり献立があります。それも
汁気の多く含まれるどんぶりです。この献立が給食に出たときには、「よく噛んで食べ
ましょう。」と給食放送で発信します。どんぶり献立は、あまり噛まずにかきこんで食
べてしまう傾向にあるからです。何となく聞いていた放送が、食べものの消化と食べ
ものに含まれる栄養素の吸収の仕組みについて学習することで、子どもたちは理科の
視点から食べ方の大切さに気づくことができたのではないでしょうか。
　毎日の食事がからだをつくるもとになっています。成長のため、そして、健康な毎
日を送るためには、どういった食べ方をすればよいのか子どもたちに考えてほしいと
思います。

養護教諭（広島大学附属小学校　保田利恵）

　保健室で、体調の悪い子どもへの保健教育として「今日は消化に良いものを食べさせてもらってね。」と声掛けをすることがよくあり、子どももそれまでの経験から、おかゆが良いことは何となく知っている。しかし、なぜおかゆは消化にいいのか、胃腸への負担が少ないのか、その根拠までは理解しているかは疑問である。今回のような理科の学習は、自分の体内で起こっている事柄を目で見て考えて、科学的に理解し納得できることにより、日々の生活に活かそうという意欲が高まり、健康な生活を送るための実践力を養うことにつながる大変意義深いものであると考える。

小学校教諭（福岡県北九州市公立小学校　岡井隆太郎）

　山本の提案に即して、単元の最後に位置づけ、実生活の具体的な場面（より消化によいご飯の状態について）を想起させ、本単元において身につけさせたい内容の確かな定着を図った。その成果としては、おかゆ・白米・生米を同一容器内（アイストレー）で比較したことで、ヨウ素デンプン反応の違いを子どもたちでも見出しやすい実験であった。実験後の子どもたちのノート記述には、「体調が悪い時には温かく柔らかいおかゆを食べるように言われていたが、その理由がわかって感動した。」などの記述があった。このように子どもたちは、実生活を理科の視点から見直せたことに価値を見出せたようである。一方、公立の小学校で実践するにあたって考えられる課題としては、本単元と同時期に第5学年においては家庭科で調理実習（ごはんの炊き方）が行われる。家庭科と理科のそれぞれの学習内容を関連させることで、子ども達は、様々な見方や考え方をもって教材と向き合うことができると考える。その意味では、学年をまたぐカリキュラムであることが非常に惜しまれる。本実験を行う際には、第5学年における調理実習の内容をきちんと想起させ、関連付けていくことを意識したい。また、実験方法については教科書に掲載されている実験と比べると米粒の数や時間を揃えて比較することは難しく、そのあたりを柔軟に捉えられるような教師の声かけの必要を感じた。

指導の実際

学習活動・児童の反応例	指導の意図と手立て	評価の観点と方法
1 本時の課題を確認する。	○前回までの実験の様子を見せて、だ液の働きを確認する。 	○本時の課題を捉えることができたか。

	消化によいのは、どんなお米か？	
2 課題に対し予想をする。	○自分達の生活と関連づけて考えられるように、予想に対する理由をつけて説明させる。 ○個人で考えたことを発表させ、見通しを持たせる。 ○既習事項や、自分の体、経験に基づいて説明させ、実験で着目すべき視点を明らかにしておく。	○自分の考えをもつことができたか。
3 実験を行う。 実験① 3種類の米を調べる | おかゆ+水 | ごはん+水 | 生米+水 | | おかゆ+唾液 | ごはん+唾液 | 生米+唾液 |	実験① 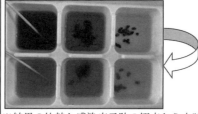 ※結果の比較と感染症予防の観点から本時の唾液は、ジアスターゼ水溶液で代用。	○正しい操作で実験ができたか。 おかゆは溶けだして透明になった。生米は砕けた部分は透明になった。生米は変化なし。
実験② 米を手で潰して調べる	実験②  つけておくだけでは、青紫色がなくならなかった。 唾液と一緒に細かくつぶすことで透明になった。	
4 結果と考察を交流する。	○唾液の働きによって、デンプンが他のものに変わっていく様子を確認できるように米をあらかじめヨウ素液で着色する。 ○結果を全体で確認した後、予想とつなげてわかったことを発表させる。	○結果と唾液のはたらきを関係付けて考え、表現することができたか。
5 唾液のはたらきと消化によいごはんの食べ方について考える。	○自分たちの食事と本時の学習をつなげるために、日頃のご飯の食べ方をふり返る。	○体の構造と機能に興味をもち、食事について考えることができたか。

本時の学習活動中に見られた理科的な学びと家庭科（食育）的な学び

学習活動の具体①課題作り

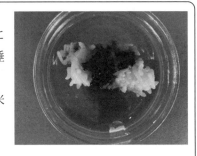

　ヨウ素液で染めたデンプンの溶液が唾液の働きによって透明に変わったことから、お米についても唾液の働きによって色が抜けていくと予想していた。にも関わらず、1時間唾液の中につけておいたお米の粒は依然として青紫色のままだった。

児童の発言

・口に含んでいるだけではお米を消化することはできない。

・噛んでいないから　・お米が固いから　・温かくないから

→唾液の働きだけでは十分にお米を消化することができず、**食べ方**に着目した。

学習活動の具体②予想と根拠

　目の前のお米を見ながら、お米をどうすれば消化できるのかを考えた。

児童の発言

・風邪のときにはおかゆを食べるので、おかゆにする。

・口の中で含んでおくことはないから、噛んで細かくする。

・冷たい水ではうまく唾液がはたらかないので、あたためる。

→食べ方に着目すると、児童の**生活経験**が根拠となる予想が多く出た。

学習活動の具体③実験

　ヨウ素液で予め着色したことで、デンプンが徐々に消化されていく様子を時間の経過とともに見ながら実験できるようにした。また、米の炊き方によって、水につけたときの変化に言及した発言が見られた。

児童の発言

・おかゆは色がもう抜けてきた。

・生米は全然変化ない。

・なんか粒以外の汁にも違いがある気がする。お米も溶けてはいる。

・混ぜるだけでも少し色が変わるけど、つぶすと一気に変わる。

→口の中で**お米やおかゆ、生米がどうなっているのか**をイメージしながら実験した。

学習活動の具体④考察

　実験結果をもとに、炊き方による消化の違いを子どもたちが話し合った。消化のされやすさだけではなく、その理由についても実験の様子から考えようとしている様子が見られた。

児童の発言

・おかゆは汁も全部が青紫色になって、唾液を入れたら透明になった。

・お米は粒はまだ少し青紫色だったけど、汁に溶けた小さい粒は透明になった。

・生米は、水の色が黄色っぽくて少しも溶けていないことがわかった。

・米は炊かないと消化することができないのかもしれない。

→炊飯の意味と、炊き方、食べ方による消化の違いを、結果から考えた。

学習活動の具体⑤まとめ

　授業の終末では、温度にも注目し、あたためたおかゆと冷やしたおかゆの消化の速さを比較した。風邪や体調が優れない時にどのような食事をすると消化に良いのかについて、より日常生活に近づけて本時のまとめとした。

児童の発言

・一番消化にいいのはあたたかいおかゆということがわかった。

・粒の大きさによるということは、お餅はどうなるのか気になる。

・風邪の時に、おかゆじゃなくてうどんを食べるのはなぜ？

→消化によい食事について、自分たちの生活と関連させてその活かし方を考えた。

児童の成果物と学習後の様子

　今回は、プリント（図10-2-1）を用意して実験の記録を行った。比較する対象が多くあったことから、考察では何と何を比べてわかったことなのか、組み合わせによって多くの記述ができるため、多くの気づきが生まれていた。給食中にも、パンやデザートは消化によいのかどうかが話題に上がったり、実際に実験で調べられないかと提案されたりすることがあった。また、年度末に実施したアンケートの中で「これから自分たちで調べてみたいことは何かありますか。」と尋ねたところ、以下のような回答があった。

・消化に悪いもの（腹持ちがいいもの）を調べてみたい。

・米以外の炭水化物だと消化のスピードはどうなるのか調べてみたい。

・デンプンが一番多い食品は何なのか調べてみたい。

・ビタミンCについても自分たちで調べることはできないのか。

　今年度は、例年以上に食に関係した実験を行ってみたいと回答する児童が多かった（これまでは、ペットボトルロケットや炎、化学反応など奇抜な実験のリクエストが多かった）。

「人の体のつくりとはたらき」〜消化によい食べ物って？〜

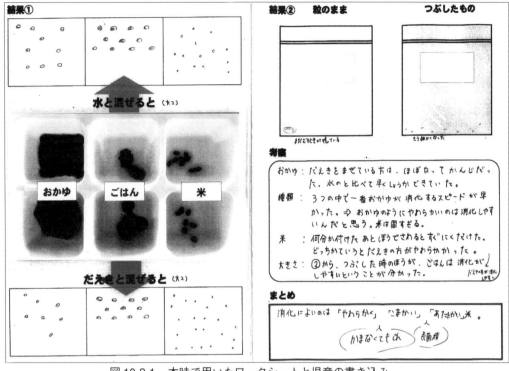

図 10-2-1　本時で用いたワークシートと児童の書き込み

成果と課題

　今回の実践における最も大きな成果は、消化・吸収のされ方について学ぶ本単元が「食べ方」について考える単元となったことではないだろうか。「理科が担っているのは、消化と吸収に関する消化液や消化管についてである」と考えてしまうことは、あくまで理科の見方であり、STEAM 教育からすれば一方向の見方である。現実問題の探究をする STEAM 教育からすれば探究心の持続が弱くなるように思えた。そのため、本単元においては消化や吸収について学習した後、自分たちの生活に生かすことができない、それ以上の疑問が浮かんでこないといった状況が危惧される。現にこれまでの私の実践では、残念ながらそうであった。

　今回の実践では、ヨウ素液の色が抜けていく様子から、①唾液と水、②米のかたさ、③粒の大きさと消化の関係について自分たちで試した結果をもとに普段の食事についても自分の言葉でまとめることができた。本単元を STEAM 教育としての「食育」の一部分だと考えることによって、ある程度柔軟に教科の垣根を越えて、食べ方という共通の課題について考えることができたといえる。また、理科教師として今回有り難かったことは、予想をする際に児童が経験から無理なく考え出せていたことである。

　学習の最後に、これから消化の学習の中で調べてみたいことはあるかと尋ねると、子どもたちからうどんやお餅についても調べてみたいという声が上がったことからも、児童は身近な食品や加工のされ方の違いを消化と吸収という視点で興味をもって考えることができたと考える。さらに、その他の栄養素についても消化と吸収のされ方を実験で調べてみ

たいという声が上がり、家庭科の中で学習した料理の仕方や栄養素について、理科の学習と関連されることによってより意味を深く知ろうとする姿勢が見られた。このように、現実の実生活における問題に、子どもたちが興味関心を抱き、探究する視点を得たという意味で、理科と家庭科が協働することに価値があると思った。

　課題としては、8班で観察された結果を示した図10-2-2の写真が示すとおり、観察される結果が必ずしも隣の班と同じ

図10-2-2　実際に児童が観察・実験したお米

にはならなかったり、消化にかかる時間もお米やジアスターゼ溶液のわずかな量の違いによってばらつきが見られたりすることが挙げられる。どの程度の条件制御を行うことが可能（必要）かについては検討の余地がある。しかし、結果のばらつきや読み取りにくさがあってもなお、子どもたち同士で対話をしながら「それでも今回言えることは…」「自分たちの体の中だってきっと…」と言いながら話し始める姿は、同じような結果が出る実験とはまた違った理科の楽しみ方であるとも考える。

今後の展望

　小学校における STEAM 教育について考える際、「食育」は非常に重要な視点であると考える。今回の実践では、第6学年における「消化と吸収」の単元を食育と結び付けることによってその効果を検証した。小学校理科における学習内容を「食育」という視点で捉え直し、家庭科や保健の内容を、家庭科主担当教諭や養護教諭、栄養教諭と連携することで、子どもたちが日常生活とより結びつけやすい内容となったと思える。そして、その結果子どもたちの予想や実験中の発言、考察がより多様な視点を採り入れて豊かになった。今回は、どちらかというと他教科や自分たちの生活などと結び付けていくことが中心であったが、第3学年から始まる理科の学習の中には、「食育」というキーワードでつながることのできる単元が他にもある。学年や、教科、学習の枠を越えて長く学び続けることのできるための提案として今後も研究を続けていきたい。

文献
磯﨑哲夫・磯﨑尚子（2021）：日本型 STEM 教育の構築に向けての理論的研究－比較教育学的視座からの分析を通して－，科学教育研究，45，2，142–154.
文部科学省（2018a）：小学校学習指導要領（平成29年告示）解説　家庭科編，東洋館出版社.
文部科学省（2018b）：小学校学習指導要領（平成29年告示）解説　理科編，東洋館出版社.
霜田光一ほか（2015）：みんなと学ぶ小学校理科，学校図書.

実践者・授業考案者
岐阜市立小学校教諭　山本 唯（実践・執筆時：広島大学附属小学校）

授業のねらい・目標

STEM 教育を行うにあたって重要なこととして、STEM 系（教科の）教師の協働や、教師が STEM 系教科領域の相互関係に精通していること、そして何より生徒たちが STEM を学ぶことの意義や有用性を理解していることが挙げられる。

本実践で扱った「電気」については、理科では電磁気の内容として小学校、中学校、高等学校の物理分野で扱う内容であり、技術・家庭科 技術分野（以下、技術科）ではエネルギー変換の技術として中心的に扱う内容である。また、昨今の科学技術の発展や、温室効果ガス排出抑制を目的としたエネルギーシフトに伴って、これまで以上に電気をエネルギー源や通信手段として用いる機器が身のまわりに増えてきており、その特徴や動作原理を理解することは、生活や社会をより豊かにすることに直結する内容であると考えた。

本実践にあたっては、まず理科、技術科双方の教員が「電気にまつわる内容」を授業・カリキュラムの中でどのように位置づけ、扱っているかを情報交換するところから始めた。理科の授業では「電気が関係する事象の規則性や法則性を明らかにすること」に注力する傾向が強く、技術科の授業では「電気回路がどのような場所、目的で利用されているか考える」といったように、より実践的に、ものづくりのプロセスの一環としての扱いとなっていた。

実践を行った学校では、中学校1年生の技術科の授業において、「（デバイスでモータの動きを制御できる）魔法の乾電池」という触れ込みで、生徒たちに本実践の中心的教材である MaBeee を紹介し、その利用について考えさせている。しかし、この段階では MaBeee は"ブラックボックス"化している状態であり、生徒たちは「デバイスを傾けたり、操作したりすると、電池のパワーをコントロールできる」という操作に対応した結果を知っただけにすぎない。一方、中学2年生理科1分野では、電気に関する諸法則を学習し、電気・電流に対する理解を深める授業を行う。これらの電気回路に関する理科的な知識・技能をある程度習得した上で、改めて MaBeee の原理とその利用について探究的に扱い、考えることは、生徒たちが理科で学んだ内容が、いかに技術科の内容やその先のものづくり、社会で使われている製品に応用されているかを実感できる構成になると期待し、総括的、発展的で探究的な扱いとして、理科の電気単元の授業に位置づけた。

電気の単元で扱う内容は、回路の組み立てや電気用図記号など、身のまわりで用いられる様々な電気機器、特に直流を用いる機器を扱ううえでの基礎的な知識や考え方を含んでいる。しかし、「回路」や「機器の扱い方」については主に技術科での実践的な扱いとなっており、理科では小学校、中学校ともに電流や電圧、抵抗の基本原理に触れる程度の扱いに留まる。

技術科においては、学習過程において、①既存の技術の理解→②課題の設定→③技術に関する科学的な理解に基づいた設計・計画→④課題解決に向けた製作・制作・育成→⑤成果

の評価、といったプロセスを経る。理科の電気単元としての本授業は、MaBeee というスマホアプリで電池のパワーをコントロールできるデバイスを用いて、中学校理科において学習する電流、電圧、電力、抵抗といった電気に関する諸要素への理解と、実験的な取り扱いを復習・深化させつつ、技術科の学習過程のうちの③と④の考え方を内包した展開とする。これにより、機器の動作原理に対する科学的な理解をもとに機器の使い方を生徒たちに提案してもらう、という技術科と理科のシナジー効果を期待できる展開を試みたい。

> **この授業で養いたい「理科の見方・考え方」**
> Mabeee コントロールアプリに表示される数値を変更したときに、回路に加わる電圧、流れる電流、消費される電力がどのように変化するかを測定、計算し、制御因子を特定する。
> その過程で条件制御の考え方や、各種測定データを比較し、関係性を捉える見方を養う。

> **この授業で養いたい「技術科の見方・考え方」**
> Mabeee が電子機器のパワーを制御する原理を理解した上で、基本的な回路についての確認と、それを用いた製品モデルの提案を行うことで、技術の最適化に目を向けさせたい。

教材・授業のポイント

【理科】

本授業は、MaBeee という、スマホアプリで電池をコントロールできるデバイスを用いて、中学校理科において学習する電流、電圧、電力、抵抗といった電気に関する諸要素への理解と、実験的な取り扱いを復習・深化させつつ、技術科の学習過程のうち、③技術に関する科学的な理解に基づいた設計・計画と④課題解決に向けた製作・制作・育成の考え方を内包した展開とする。

理科の授業内において STEM 教材（もしくはそれになり得る教材）を扱う際には、「技術の見方・考え方」を意識する必要がある。「生活や社会における事象を、技術との関わりの視点で捉え、社会からの要求、安全性、環境負荷や経済性などに着目して技術を最適化すること」（文部科学省，2018a：10）とあるが、このうち、特に「生活や社会における事象を、技術との関わりの視点で捉えること」が、理科の「自然の事物・現象を科学的な視点で捉えること」（文部科学省，2018b：12）とも関連させやすい部分であろう。今回は「電源の電圧を制御することで、電子機器を制御できる」という気づきから、それぞれの教科の見方・考え方を養うことを狙っている。

【技術（情報）科】

技術科ではC「エネルギー変換の技術」での学習内容において電気の内容を運動や熱などエネルギー変換に関わる要素として扱っている。中学校学習指導要領解説技術・家庭編（文部科学省, 2018a）には具体例として、「電気回路については、電源、負荷、導線、スイッチ等からなる基本的な回路を扱い、電流の流れを制御する仕組みについても知ることができる

ようにすること」(p. 42) が挙げられている。

①既存の技術の理解において、「科学的な原理・法則の仕組みをモデル化し、実験・観察を通して動作を確かめる」ために、中学校理科との連携を図るカリキュラムマネジメントが求められているが、どの時期にどのように連携を図るかについては明らかにされていない。本実践では、技術科で用いる器具の動作原理を理科の実験によって解明する活動に取り組むことで、双方の内容理解の深化を狙った。

授業（教材）開発・実践のながれ

4月：教材・授業の立案
中学校理科、技術科双方の内容に関わりが深い内容である「電気」の単元の内容をもとに、STEM教材の開発と導入を考えた。授業者は理科の教員であるため、技術科で該当の内容をどのように扱っているか、校内外の技術科教員に確認し、授業の位置づけや実践のタイミングについて検討を行った。

6月：教科会にて提案
該当の授業を教科の校内研究授業として実施することを決定した。教科会（中・高の理科を担当する教員9名）において授業内容を説明し、教材の意義や実践に必要な器具、体制について確認した。

7〜8月：実践教材の開発・予備実験
実践に用いる器具を揃え、中学生のスキルで予定した時間内に実験が終了できるか、考察に耐えうる結果・データが得られるか、デバイスの使用に問題（混線やエラーの発生など）がないか、などを確認した。

9月：大学教員（技術科）による授業内容の検討
指導案を作成し、授業実践を念頭に置いて大学の教員とともに教材の展開や内容についての確認・検討を行った。

10月：授業実践
開発した教材を用いて実際に授業を行った。その概要を次項「指導の実際」に詳述する。

指導の実際

本時の題目
MaBeee のパワー制御は何を制御因子として用いているか突き止めよう。

単元の指導計画
全9時間　本時はその7限目
第1次　電流が流れる道すじ・回路（1時間）
第2次　電流・電圧・抵抗（4時間）

第3次　電流のはたらきとその制御（2時間…本時はその2時間目）
第4次　電流による発熱・電力（2時間）

本時の目標

1. IoT 機器の作動原理を解明するために、適切な回路を設定し、測定を行うことができる。
2. 得られた測定データを整理・分析し、動作原理を推測することができる。
3. 電子機器の制御について学び、身のまわりでの活用例や、便利な使い方を提案できる。

本時の評価規準

- IoT 機器がどのような制御を行っているかを予想し、制御因子にあった測定・分析を行っている。　　　　　　　　　　　　　　　　　　　　　【思考力・判断力・表現力等】
- 実験から得られた情報と自身の経験をもとに、IoT 機器の活用法を考えられる。
　　　　　　　　　【学びに向かう力・人間性等（主体的に学習に取り組む態度）】

本時の展開

学習の流れ	学習活動・学習の実態	指導上の留意点・評価
導入 本時で行う内容の確認（5分）	MaBeee を用いた電子機器の制御のようすを見て、制御因子を調べるためには、どのような実験・測定を行えば良いか考える。	・書画カメラなどで制御のようすを見せる。
展開 　実験（18分） ★① ★②	MaBeee を組み込んだ電気回路をつくり、種々の値の測定を行うことで、パワー制御に伴って変化する変数を発見し、制御因子について見出し考察する。 生徒が提案すると予想される制御因子として、既習内容より ・電流　　・電圧　　　・抵抗　　　・電力 などを挙げる。 <生徒実験> ①実体配線図や回路図をもとに、測定用回路を設計する。 ② MaBeee に組み込んだ単4電池と、直列に接続した単3電池を電源とし、豆電球もしくはモータを作動させる回路を組む。 ③ iPad の「MaBeee コントロール」アプリを用いて、「かたむき」モード（うまくいかない場合は「ればー」モード）でパワーをコントロールしながら、電流や電圧の値がどのように変化するか調べる。 ④得られたデータを表やグラフを用いて整理し、制御因子について考察する。 ・電流・電圧・抵抗・電力それぞれの値を求めて記録し、それらの値をもとに制御因子について考察する。	・既習の内容を確認し、関係ありそうな因子を列挙させる。 ・目的の因子を測定可能な回路になっているか、適宜確認・指導を行う。 ・IoT 機器がどのような制御を行っているかを予想し、制御因子にあった測定・分析を行っている。 【思考・判断・表現／机間指導、ワークシートより評価】 ・独立変数、従属変数について整理する。
情報共有・再実験（12分） ★③	各班の結果と考察を、ホワイトボードなどで共有する。	

終結 結果の整理 （10分）	共有した結果および再実験のデータより、MaBeee が電圧を制御することで、直流回路のパワー制御を行っていることに気付く。	・実験から得られた情報と自身の経験をもとに、IoT 機器の活用法を考えられる。【学びに向かう力/行動観察・ワークシートより評価】
活用例の紹介 （5分）	直流モータの制御は電圧変化のみで行うことができ、扇風機やコピー機用の補機モータ制御など、既存製品に利用されていることを伝える。 実験結果より、MaBeee の利用法について提案し、アイディアを共有する。	

学習活動の具体★①

　MaBeee を一種のスイッチとして認識し、回路に組み込むグループが多かった。回路を組むことはこれまでの電気の単元の授業で何度も経験しているため、測定回路の設計と配線で手間取る生徒は少なかったが、「MaBeee を回路に組み込んでからコントロールアプリに認識させる」というデバイスの操作手順を理解していないグループもあり、若干のサポートが必要な場面があった。

図10-3-1　デバイスとの接続

学習活動の具体★②

　iPad の傾きと連動して、アプリの画面表示の数値が変化し、回路に接続した豆電球の明るさや、電流計・電圧計が示す値が変化するようすに歓声が上がった。「iPad の傾きを変えるだけで、自分たちの意思で電気の力をコントロールできる」という体験は、中学校1年生のときに技術科の授業で触れたことがあったとはいえ、やはり新鮮な驚きを伴うものであり、興味を引く対象であったようだ。

図10-3-2　アプリによる制御

　ノートや筆箱で支えをつくり、iPad の傾きを固定できるようにしたり、iPad と電流計、電圧計を一列に並べて数値の変化を把握しやすくしたりと、実験方法に工夫を凝らして動作原理の解明に取り組んだグループもあった。

図10-3-3　回路に組み込んで試行

学習活動の具体★③

　本実践では、グループごとの結果・考察を全体で共有する際にホワイトボードを用いた。GIGA スクール構想の進展により、生徒用の端末から情報を集約・共有できるツールが教室で活用できるのであれば、情報をデジタルで共有し、生徒一人ひとりが手元で他のグループの結果や考察を即時的に確認できた方が、考察や議論がより深まると感じた。

図10-3-4　ホワイトボードによる結果の共有

「「MaBeee」のしくみを解きあかそう ～電子機器の制御方法～

生徒の成果物の一例

授業で用いたワークシートには、最後に「MaBeee のしくみを踏まえて、どのようなこと、ものに使えそうですか?」という課題を設定した。授業に参加した 117 名の生徒から、次のような回答が得られた。なお、授業時間の都合上、記入時間が 5 分程度となったクラスが 2 クラス、持ち帰り課題とし、後日提出となったクラスが 1 クラスであったことに留意されたい。

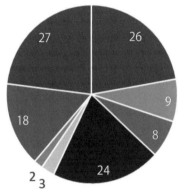

- ■ ラジコンや鉄道模型の速度調整など，玩具に関するもの
- ■ トイレの水量や，水門の開閉など，生活の水に関わるもの
- ■ 扇風機の速度やエアコンの風量など，季節家電に関わるもの
- ■ ドアの開閉と連動したライトなど，灯りに関わるもの
- ■ 電動自転車のパワー調整など，移動に関わるもの
- ■ Scratch と連動した電子制御電源として
- ■ 例示と同じ（豆電球，LED の制御）
- ■ 思いつかない・無回答

図10-3-5　生徒が考案したMaBeeeの活用法

また、下記に生徒の具体的な記述、アイディアをいくつか挙げる。

- ・傾きで電気回路をコントロールできるので、スマホ（デバイス）の傾きセンサーと連動させて、寝落ちしたら自動で部屋の照明が切れるような使い方。
- ・掃除機の強さが弱と強しか選べないのは不便なので、調節できるようにしたい。
- ・（釣りで使う）電動リールの制御に使えそう。竿を立てたら自動で強く引く。
- ・音の大きさでもコントロールできるので、赤ちゃんや子どもの泣き声が大きくなったら、連絡がいくような使い方ができそう。
- ・ドアの開き具合と連動させて照明の照度をコントロールする（開けたらつくようにしたい）
- ・坂道の傾きを検知して、電動自転車のアシスト量を調整する。

いずれも、実現に向けて技術的な検討は必要であるが、生徒たちが身のまわりの「電圧を変更することで電気的制御ができそうなもの」を観察、ピックアップし、そこに課題をみつけて学習した内容を適用できそうかどうかを考える，という思考プロセスに対する解像度は上がったと言えそうである。

大学教員より　〜実践に関する注意事項・助言

本実践は、実質的には 1 時間の授業実践である。確かに、実践者はもとより、校内研修会に参加した教員からの指摘にもあるように、1 時間よりも時間をもう少しかけて実践した方が、生徒の理解を促す観点からは良かった点は、今後の課題としておくべき事項である。

1 時間の実践ではあるけれども、本実践で重要なのは、技術科教員と連携をし、技術科での学習の流れを踏まえた上での実践、つまり連携のあり方の点、STEM 教育での教材の取捨選択の視点である。本実践では、授業実践者だけが実践できるというのではなく、学習指導案あるいはこの実践例を見れば、ある程度は他の学校の教員でも実践が可能になるように

教材の選択から技術科教員との連携をしている点が重要である。この実践では、その後、別の理科教員に、学習指導案を渡し、教材の説明をして実践をしてもらい、他者による実践の可能性についても検証している。もちろん、実施時期や校内研修ということを考慮すれば、1時間ではなく、2から3時間を割くことも十分考えられるし、そうすることも今後必要であろう。重要なのは、STEM教育で教科横断的な授業実践をする場合、STEM教育の意義をある程度理解してから、生徒の学びを想定し、どのような教材を選定し、どのように技術科の教員と連携するか、を考えてから、学習指導案（特に単元目標や本時の目標の設定）と教材研究を実施するかである。これは、この単元あるいは授業を通して、どのような資質・能力を育成したいかを、教科の視座からだけではなくSTEM教育の視座から検討しないと、単なるSTEM教育に関連する教科の授業で終わってしまう危険性があるからである。また、教材の選定には、理科でも使用可能かつ技術科、あるいは他の教科でも使用可能である点や、購入する場合は価格も考慮する必要もあろう。本実践で用いた教材は、そのような視点から吟味され、使用されている。

　このように考えれば、たとえ1時間（2から3時間も可能）であったとしても、STEM教育を視野に入れた実践として位置づけることができる。

（広島大学大学院人間社会科学研究科　磯﨑哲夫）

実践を終えて

理科 ～ Science ～

　理科教材として捉えたときのMaBeeeのおもしろさは、図のような最も基礎的、シンプルな回路を作っただけで、豆電球の明るさを変えることができることにある。既存の回路の電源やスイッチをMaBeeeに置き換えることでどのような違いが生じるのか、またそれは何故なのかを生徒たちにじっくり探究させたい。本実践では、1時間の授業のなかで課題の提示→実験計画の立案→実験→考察というプロセスを行っており、やや詰め込み感がある。課題の提示と実験計画の立案で1時間、実験と考察で1時間という2時間構成にした方が、技術科の内容や社会との関連についてじっくり考えることもでき、STEM教育としての幅が拡がる授業になるであろう。

図10-3-6　MaBeeeを用いた基礎的回路

技術科 ～ Technology ～

　MaBeeeは、技術科D「情報の技術」での学習内容においてIoT(Internet of Things)の疑似体験ができる計測・制御教材としても販売されている。厳密にはBluetooth規格で通信するのでIoTと分けて考える必要があるが、汎用性が高い製品であることから、C「エネルギー変換の技術」での動力伝達による問題解決として④課題解決に向けた製作場面で、出力電圧を調節しながら動力の調整をしながら目的の動作となるように試行錯誤することにも用いられている。例えば、中学校第2学年の学習において、歯車を用いたギヤシステムなど力学的な機構を製作し、MaBeeeを用いて出力電圧を調整しながら目的の動作を実現させ、課題解決のための製品モデルを製作する活動が考えられる。

「MaBeee」のしくみを解きあかそう　～電子機器の制御方法～

なお、本実践は教材の開発や技術科教員との連携を主に担当した筆者だけでなく、同じ学年の理科の授業を担当していた教員にも指導案と教材の説明を示し、同様に実践の展開を依頼した。

　授業者の実践に対する感想・意見としては、以下のようなものであった。

○ MaBeee の動作原理を考えさせ（予想させ）、生徒主体で実験に用いる回路、方法を考案させ、実際に実験を行って、結果から制御因子を導く…という展開では、圧倒的に時間が足りないように感じた。欲を言えば、動作原理の予想と、実験方法の立案で1時間、複数回実験を行い、結果をまとめるのに1時間、生活や社会での直流電流の制御例の紹介と、それをもとにした MaBeee 活用方法の提案に1時間…と、3時間構成にすれば良いのではないか。また、その3時間目に技術科の先生にも授業をしていただいて、例の紹介や技術科としての扱いにもう一度触れてもらえれば、より教科横断的、協働的な展開が望めたと思う。

○ひとつひとつの活動については、それぞれ生徒に身につけさせたい力と対応しているように思える。回路をきちんと組む、電流や電圧をきちんと測定する、というスキルは、理科の授業の中で時間をかけて育まなければならないと思うが、多くの場合、授業時数の関係で十分にできていない。今回のように探究的な課題として、しかも技術科の授業で見たことがある教具を用いて回路を組み、電流電圧を測定する…という活動の機会を増やすことは、理科で養うべき力が、技術科の活動、ひいては社会の中で用いられている製品で役に立つ、ということを生徒たちに伝えられる機会だと思うし、それをモチベーションに理科の授業により意欲的に取り組んでくれるようになれば良いのだが…。

○ MaBeee 自体が、道具として純粋に面白いと感じた。私自身が子どもの玩具などに使えたら面白いな…と思った。学校によっては、電源装置などの実験器具が十分に揃えられていないところがあると思う。MaBeee の電圧制御機能がもう少し精度高くできるものであれば、数を揃えて従来の電源装置の代替として、コンパクトな実験教材として提案できる可能性もあるのではないか。

　また、実践終了後、理科の科内で授業に対する批評や意見交換を行った。その内容を以下にまとめる（他教師からの意見は、その概要を示す）。

○内容的には、技術科の謎解きを理科で行う、というチャレンジングで興味深いものであったように思う。生徒に主体的に考えさせ、アイディアを募るのであれば、1時間ですべてを行うという展開には無理があったように感じる。

○回路を組む、電流電圧を測定するという理科のスキルを生徒たちに定着させてこそ光る授業だったと思う。そういう意味では、探究的活動を行うレディネスが不足気味。観察者も気付かなかったが、電圧計を直列に接続し、「電圧が変わらない」と言っていた生徒がいた。机間指導をじっくり行ったり、予め実験で用いる回路を組む練習をさせたりする時間をとっても良かったのではないか。

○ iPadでMaBeeeを制御して、豆電球の明るさが変わったときの生徒の目の輝きが印象的だった。他教科（技術科）でどのような内容を扱っているのか、理科の教員としてもっと興味を持って知るべきだと感じた。技術科で1年生に敷いてもらった伏線を回収するような展開となっていて興味深かった。

○直前の授業で「電力」について学習していたので、それに引きずられるように「制御因子は電力」とした生徒もいたのではないか。電力は電流×電圧で求められるので、あながち間違っている訳ではないと思う。どのように説明していくかも考えないといけない。

成果と課題

　生活や社会インフラの多くの場面で、電子機器や電化製品が当たり前に用いられるようになって久しい。一方で、教科の内容として電気分野の授業を行うと、拒否反応を示す生徒や苦手な単元として挙げる生徒も多く、それらの機器は動作原理がわからない"ブラックボックス"として用いられているのが実態である。

　本実践では、STEM教材としてMaBeeeを教材として採用し、技術的なデバイスにおいて、どのような科学的知識が活用されているかを実感させることを目的とした。文部科学省（2018b）による中学校学習指導要領解説理科編に示された「回路の作成の仕方〜基本的な操作技能を身に付けさせる」こと、「豆電球に流入する電流と流出する電流の大きさの関係を予想させ、それを調べる実験を計画して実行させ、その結果から規則性を見いだして表現させる活動」を意識した。MaBeeeは、ありふれた「乾電池」として使えるデバイスでありながら、回路の電圧を制御し、電気機器を操れる特性がある。そのため、新奇性と親近性を兼ね備えた素材として、生徒たちの興味・関心の喚起に有効であった。単元の導入部に用いても面白い授業展開が期待できる一方、先述のように、単元のまとめで探究的な課題として扱う場合には、2時間もしくは3時間の構成にすることで、課題に関する既習事項の整理や仮説の立案といった準備や、考察に時間を割けるよう対応を検討されたい。

謝辞

　今回の実践にあたり、元広島大学附属中・高等学校理科（現・広島県立安西高等学校）の室畑有良教諭には、授業内容の検討および授業実践において大いに助力いただいた。ここに記して感謝の意を表する。

文献
磯﨑哲夫・磯﨑尚子（2021）：日本型STEM教育の構築に向けての理論的研究 - 比較教育学的視座からの分析を通して -, 科学教育研究, 45, 2, 142-154.
松原憲治・高阪将人（2021）：我が国における教科等横断的な学びとしてのSTEM/STEAM教育の意義：各教科等の「見方・考え方」とBig Ideasに注目して, 科学教育研究, 45, 2, 103-111.

文部科学省（2018a）：中学校学習指導要領（平成 29 年告示）解説技術・家庭編，開隆堂出版社.
文部科学省（2018b）：中学校学習指導要領（平成 29 年告示）解説理科編，学校図書.

実践者・授業考案者
広島大学附属福山中・高等学校　理科教諭（元広島大学附属中・高等学校）　沓脱 侑記
金沢学院大学教育学部　講師（元広島大学附属中・高等学校　技術・情報科教諭）　向田 識弘
※本実践は、広島大学附属中・高等学校 理科の校内研究授業（2022 年 9 月 30 日実施）として
　行った授業をもとに、加筆・修正を加えたものである。

「植物の成長」
～理科・数学・技術の教員が協働しそれぞれの視点から考える～

授業のねらい・目標

「植物のからだのつくりとはたらき」の単元では、植物は細胞の葉緑体で光合成を行っていることや、二酸化炭素と水を材料に光合成を行うこと、光が当たっているときに光合成を行い、呼吸は常に行うこと、葉などか

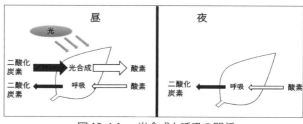

図 10-4-1　光合成と呼吸の関係

ら蒸散をすること、維管束で物質を運ぶことなどを学習する。光合成と呼吸については、図 10-4-1 のように、昼は呼吸で放出される二酸化炭素よりも光合成で吸収される二酸化炭素の方が多いことを学ぶ。しかし、実際には、ある一定以上の光の大きさでなければ、呼吸による二酸化炭素放出量を光合成による二酸化炭素吸収量が上回ることはない。一般的に、光の強さと二酸化炭素吸収速度の関係は、図 10-4-2 のようなグラフになることが知られている。

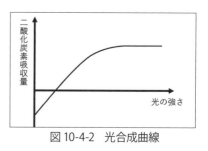

図 10-4-2　光合成曲線

◎理科の授業のねらい・目標

生徒には、「植物のからだのつくりとはたらき」の学習を終えた後、光の強さと二酸化炭素吸収量の関係に着目させ、その関係を調べるにはどのような実験をすれば良いかを考えさせる。また、その実験を行う上で、光の強さだけを変え、気温や湿度、用いる葉の種類や大きさなどの他の条件は全く同じにする条件制御の考え方も必要になる。光合成や呼吸という現象を光の強さや二酸化炭素の吸収量の変化といった量的な視点で捉えることで、光合成や呼吸へのより具体的な理解へとつなげることができると考える。

◎数学科の授業のねらい・目標

数学科の授業では、①実験データから光の強さと二酸化炭素吸収量の間の関係を一次関数と見なすこと、②実験データの考察から一次関数の立式及び集団での合意形成をすること、③一次関数の式を用いて様々な値を求めることを目的として授業を行う。通常の授業では、与えられているデータが、綺麗な数値となるものを扱うことが多い。今回

の授業では、実験で得られたデータの誤差を考慮しながら、どのようにして式を立てるかを他者と議論し、立式、利用をするため、現実事象を数学的に解釈、モデル化、活用、事象における値の解釈という思考活動がより深いものとなると考える。

◎技術科の授業のねらい・目標

　栽培する作物の特性や生育の規則性など、科学的な理解に基づき育成環境を調整した作物の栽培を目指す。本実践では、作物の成長に欠かせない光合成の役割や特徴を理解した上で、植え付け間隔などの生育環境を適切に調節していく必要性に気づかせたい。また、作物の生育には光だけではなく、肥料や水、土壌や温度など様々な要因が影響することを理解し、目的に合わせて育成環境を適切に調節する力を育みたい。

　以上、3教科の目標と関連を教員間で意見交換をしながら共有し、教科横断の方針を示すものとして図10-4-3のように整理した。

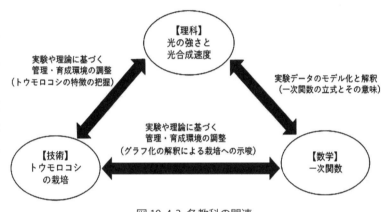

図10-4-3 各教科の関連

◎教科横断による目標

　数学科、技術科との協働にあたっては、以下のような発想のもと協力を打診した。まず、中学2年生の数学では、一次関数について学習している。図10-4-2のように、光合成曲線は弱光下では直線的であることが知られており、"切片が負の一次関数"とみることができる。また、技術の授業ではトウモロコシを栽培し植物の成長のために必要なことを考えている。そこで、トウモロコシを材料に、理科で光合成曲線を描くための実験を行ってデータを取り、数学の時間でそのデータを一次関数のグラフにして直線の式を導き、技術の授業で、得られた式を基にトウモロコシ栽培の振り返りに活用することを想定した。

　それぞれの教科の視点から「植物の成長」について学ぶことにより、生徒は複数の視点から「植物の成長」を考えることになる。理科の「光合成」、数学の「一次関数」、技術の「作物の栽培」という学習内容が生徒の中で有機的に関連しあう視点が獲得されることが本実践の大きな目標である。また、本実践のような教科横断の取り組みにより、普段は感じないであろう教科間の関連性やつながりを感じてほしいとの思いで本実践を試みた。

授業（教材）開発・実践のながれ

5月中旬：「光の強さと光合成速度の関係」を調べる実験を行い、得られたデータを数学の授業でグラフ化してもらえないか提案した。技術でも何かできないか検討した。活用できそうな点や懸念材料を検討した。今後実験データが取れ次第、再度検討することで一致した。

6月：理科の授業で光合成の実験データを取り始める。

7月中旬：理科の実験データをもとに議論した。
技術では時間の制約上、数学・理科で得られた知見について技術として「実験や理論に基づく育成環境の調整」について授業で少し説明することに決定した。関連図（図10-4-3）について検討、改善した。

8月下旬：理科・数学で、授業案作成のための打ち合わせをした。

9月下旬：理科・数学・技術で、数学の授業の指導案について検討した。

10月下旬：理科・数学・技術で、数学の授業の指導案について再度検討した。

10月下旬：数学の授業を実施し、反省会をした。

11月上旬：技術の授業で使用するスライド資料について検討した。

11月上旬：技術の授業を実施した。

11月下旬：生徒アンケートを実施した。

指導の実際

1. 理科の授業について

全3時間で以下のように計画した。

時	内容
1	・様々な葉の光合成量を調べる実験
2	・トウモロコシの葉にあてる光の強さと光合成量にはどのような関係があるか調べる実験①
3	・トウモロコシの葉にあてる光の強さと光合成量にはどのような関係があるか調べる実験② ・精度の高い測定方法にするためにはどのような工夫が必要かを考える

また、3時間を通しての評価規準は以下の通りである。

知識・技能 【知・技】	思考力・判断力・表現力等 【思・判・表】	主体的に学習に取り組む態度 【主】
・一定以上の光の強さになると、光合成による二酸化炭素吸収量が呼吸による二酸化炭素放出量を上回ることを理解している。 ・光の強さと光合成による二酸化炭素吸収量を測定する実験の原理を理解している。	・光の強さと光合成量の関係性について探る方法を立案して、実験を行い、その結果を解釈し、その関係性を見いだすなど、科学的に探究している。	・光の強さと光合成量についての実験に進んで関わり、見通しをもったり振り返ったりするなど、科学的に探究しようとしている。

【二酸化濃度計測器を用いた実験装置について】

　光の強さと光合成量を調べるにはいくつかの方法がある。例えば、オオカナダモなどの水草を使い、光合成によって発生する酸素の気泡の数を数える気泡計算法があるが、気泡計算法は水草以外での活用は難しい。また、光がどのくらい光合成に使われたかを特殊な機器を用いて測定する方法などもあるが、機器が高額で中学校や高等学校で用意するのは難しい。そこで、市販されているNDIR式センサーを搭載した二酸化炭素濃度測定器を用いて、透明な密閉容器内の二酸化炭素濃度がどのくらい減少したかを調べ、その変化量から、間接的に光合成量を測る装置を自作した（図10-4-4）。葉に当てる光の強さを変える際にはこの容器の中に照度計を置き、光源からの距離を変えることで光の強さを調節した。（図10-4-5）。

図10-4-4　光合成量測定装置

図10-4-5　光の強さの調整方法

第1時

目標

・光合成量を測定するには、吸収される二酸化炭素の量を測定することが多いことを理解する。
・他の班と結果を比べる際に気を付けなければいけないことを進んで考えている。

	学習活動	指導上の留意点・評価
導入 （10分）	○植物の光合成と呼吸についての復習 「昼は光合成・呼吸が行われるが、夜は、呼吸だけが行われる。昼は呼吸で放出される二酸化炭素よりも光合成で吸収される二酸化炭素の方が多い。」 光合成量は植物によって異なるのだろうか、調べてみよう。	光合成の学習についてこれまでに学んだことを思い出させる。

		○ "光合成量" を測定するにはどうすればよいか を考える。 <予想される生徒の答え> 「作られたデンプンの量を測定する」「発生した酸素 の量を測定する」 ○デンプン量や酸素量を測定することも検討さ れてきたが、二酸化炭素の増減を調べること が最も簡便とされ、用いられることが多いこと を説明する。	光合成と呼吸の反応式を 示し生徒に考えさせる。 光合成量を測定するには、 二酸化炭素の変化を測 定することが多いことを 理解している。【知・技】
展開 (35分)		○実験の説明 ・光合成測定装置と手順の説明をする。 ①各班で自由に校内の植物を選び、採取する。 ②葉を装置に入れて LED ライトの光をあてる。 ③20分間、1分ごとに二酸化炭素濃度を記録す る。	
終結 (5分)		・各班の結果を発表する。 ・実験を通して疑問に思ったこと、実験結果を比 較するうえで気を付けなければならないことは 何かを記入させる。	他の班と結果を比べる際 に気を付けなければいけ ないことを進んで考えて いる。【主】

第2時
目標

・光の強さと光合成量の関係を調べるには、光の強さ以外の条件は一定にして実験を行う必
要があることを理解する。

	学習活動	指導上の留意点・評価
導入 (15分)	○前時の振り返り 前時のまとめ時の生徒の記述を振り返り、「比較 するならば、葉の面積はそろえるべき」という意 見や、「光の強さによって光合成量は変わるのか」 という疑問を紹介する。 技術の授業で栽培しているトウモロコシの葉を 使用した班もいたことを取り上げる。トウモロ コシは夏場にかけて大きく成長したが、トウモ ロコシの成長は光の強さとどう関係があったかを 調べることを提案する。 ┌─────────────────────────┐ │光の強さと光合成量の関係を調べるにはどのような条件で行うべきか│ │も考えて測定しよう。 │ └─────────────────────────┘	光合成の学習についてこ れまでに学んだことを思 い出させる。
展開 (30分)	○実験の説明 ・光の強さは光源(LED ライト)との距離を変え ることで調節できる。 ・照度計の使い方。	光の強さ以外の条件は一 定にして実験を行う必要 があることを理解してい る。【知・技】

	・葉の面積をそろえる必要があること ・今日は4cm×5cmで実施すること ・光の強さは各班で自由に設定すること ○測定開始	多くの班が同じ光の強さにはならないように調整する。
終結 （5分）	○測定結果を表にまとめる。	

第3時

目標

・光合成量と光の強さについての実験の手順を理解し、実験することができる。

・特定の条件（今回は光の強さ）以外は変化させないという条件制御の考えに基づき、用いた実験装置の弱点について気づくことができる。

	学習活動	指導上の留意点・評価
導入 （5分）	前回同様データを取ろう。	
展開 （25分）	○測定 ・各班、前回とは違う光の強さでデータをとる。	多くの班が同じ光の強さにはならないように調整する。
終結 （20分）	○まとめ 　二酸化炭素吸収量は光が強ければ強いほど大きくなる。光の強さが低いと、二酸化炭素吸収量は負にもなる。光の強さと二酸化炭素吸収量を表すグラフを、数学の時間に作成してみよう。 ・この実験装置の弱点は何かを考えてみよう。そして、より精度の高い測定方法にするためにはどのような工夫が必要だろうか。 （補足）・京都大学と茨城大学で開発された二酸化炭素濃度を瞬時に感知する装置を紹介する。	特定の条件（今回は光の強さ）以外は変化させないという条件制御の考えに基づき、用いた実験装置の弱点について気づくことができる。【思・判・表】

図 10-4-6　理科の授業の様子（第3時）

図 10-4-7　生徒による実験の様子

【実験で得られたデータ】

光の強さと光合成量（二酸化炭素吸収量）について、生徒実験と教師による予備実験によって以下のような結果を得た。

表 10-4-1 光の強さと二酸化炭素吸収量

光の強さ （Lux）	二酸化炭素吸収量 （μL）
400	-48.4
1000	-28.6
1200	18.7
2000	46.2
2438	114.4
3000	77
4000	144.1
5000	171.6
6000	275

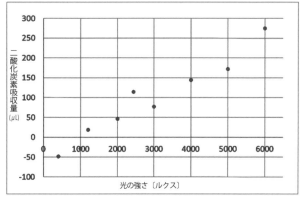

図 10-4-8　光の強さと二酸化炭素吸収量

図 10-4-8 のように、弱光下では概ね直線となる実験結果が得られた。なお、今回の装置と実験原理では、光の強さだけを変えるべきであるが、実際の測定時間は 20 分と長いため、二酸化炭素濃度が測定中に変化することによって、条件制御が不完全な部分がある。しかし、中学 2 年生という発達段階もふまえ、簡易的な本装置で実施した。また、容器内に葉を置かずに、光の強さだけを変えても容器内の二酸化炭素吸収量は変化しないことも予備実験で確認済みである。

2．数学の授業について

数学の授業では、現実事象において、一次関数として捉えることのできる2つの数量（光の強さと二酸化炭素吸収量）について、変化や対応を見出し、数学的な表現や現実事象の考察や解釈をすることできることを目標とし、授業を構成、実践を行った。

また、本実践を含む単元の評価規準は以下の通りである。

知識・技能	思考・判断・表現	主体的に学習に取り組む態度
・一次関数の関係として捉えられる2つの数量を、一次関数の形で表すことができる。 ・一次関数を、表や式、グラフを用いて表現、処理することができる。	・一次関数の関係として捉えられる2つの数量について、表や式、グラフを関係づけながら考察、表現することができる。 ・導き出された数学の結論を、場面に置き換えて説明することができる。	・与えられた現実事象において、様々な角度から考察しようとしている。 ・問題の把握、問題解決の過程を振り返り、検討しようとしている。

	学習活動	指導上の留意点・評価
導入 （5分）	○「光合成に必要な物質は何か?」と発問し、考えさせる。 ○「光合成を促進させるためにどのような要素を考える必要があるか?」を発問し考えさせる。 ○本時は「光の強さ（ルクス）」によって「二酸化炭素吸収量」がどうなるか考えていくことを伝える。	様々な観点から事象を考察しようとしている。【主】
展開 （40分）	○実験データを配付し、その内容について理解させる。 ○「マイナスの部分があるがどういうことだろうか?」と質問し、光が弱いと呼吸で二酸化炭素を出す量の方が吸収量より多いことを確認する。 ○「2つのデータにはどのような関係があるだろうか?」を発問し考えさせる。 ○2つのデータの関係がおおよそ一次関数になりそうなことを共有し、まず適当に線を引かせる。次に一次関数の式を決定するかを考えさせるために2つの方法を提示し、自由に選択させ、考えさせる。 Ⅰ　2点を選んで計算して決める。 Ⅱ　適当に引いたものを参考に決める。 ○クラス全体で最も良さそうなものを採用し、式を決定する。 決定した式をもとに、次の問A〜Cを考えてみよう。 問A「実験の間に呼吸によって排出される二酸化炭素は何μLか?」 ●x=0を確認し、どの程度二酸化炭素が排出量を求める。 問B「光合成で吸収される二酸化炭素の量と呼吸で出される二酸化炭素の量が一致する光の強さは何ルクスか?」 ●x軸との交点を確認し、光の強さを導く。 問C「容器の中に1175μLの二酸化炭素があったとする。このとき、実験の20分間でちょうどすべての二酸化炭素がなくなる光の強さは何ルクスか?」 ●y=1175との交点を確認し、光の強さを導く。 ○「問Cの考えは正しいのだろうか?」正しくないのであればどうなると考えられるか?	周りの人と相談しながら、意味を理解させるようにする。 クラスの意見として、妥当性を保ちながらするように心がける。 現実事象と数学的に処理された表や式、グラフを関係づけながら授業を展開する。
終結 （5分）	理論的な展開と実際の実験が、高い精度で一致するわけではないが、実験値のおおよそは分かり、予想できることを確認する。	現実事象と数学的な結論の差違について確認、生徒から意見を出させる。

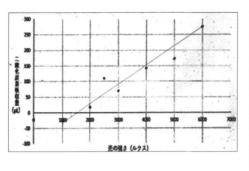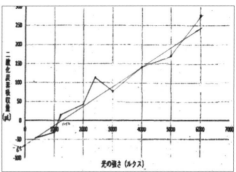

図10-4-9　授業プリントにおける生徒の記述（左：生徒1、右：生徒2）

　図10-4-9は、授業プリントに生徒が描いたグラフである。生徒1は、プロットされた点の両端を結び、およそのグラフを適切なものとして直線を結んでいた。生徒2は、全てのプロットされた点を折れ線として結び、その後およそのグラフをひいていた。生徒1のような記述に比べ、多くの生徒が、生徒2のように折れ線をベースとして関係性を捉えていた。全体の傾向を捉えた上で、およそのグラフを決定することより、全ての点をいかした形でグラフを捉えようとする生徒が多いといえる。中学校2年生の一次関数では、完全な一次関数として設定された問題設定が多く、このように「2つのデータの関係をおよそ一次関数として捉えることができる」という問題は少ない。この点に関して、理科、技術と一緒に授業を行うことにより、そのような思考を生徒にさせることができた点は良かったと言え、数学の授業における1つの課題が導出されたとも言えるであろう。

図 10-4-10　数学での授業の様子

3．技術の授業について

　理科、数学で学習した光合成の役割・特徴を復習した上で、トウモロコシ栽培の振り返りを行った。種や苗を適切な間隔を保って植え付けをすることが、作物が成長するために必要な光を効率よく当てることにつながることを確認させた。また、すべての植物が強い光を好むわけではなく、遮光した環境でしか成長しない作物があることにも触れ、作物の特徴に合わせ生育環境を整えることが大切であることを学ばせた。本実践では、光合成と作物の成長の関係について取り扱ったが、作物の生育には管理作業や温度、水、肥料など複数の要因が影響するため、これらの育成環境を適切に調整することが重要であることを改めて理解させた。なお、この振り返りは、技術の授業の一部分を使っての実施となった。

また、本実践を含む単元の評価規準は以下の通りである。

知識・技能	思考・判断・表現	主体的に学習に取り組む態度
・生物育成の技術についての科学的な原理・法則や基礎的な技術の仕組みについて理解している。 ・生物育成の技術と生活や社会、環境との関わりについて理解している。 ・安全かつ適切な栽培ができる技能を身に付けている。	・圃場から得られたデータを適切に収集・分析し、最適かつ効率的な栽培管理のあり方について考えることができる。 ・生物育成の技術を評価し、適切に選択、管理・運用する力を身に付けている。	・持続可能な社会の構築に向けて、日本の農業が抱える問題を解決するために、主体的に取り組み、振り返り改善をしたりすることで、生物育成の技術を工夫し創造しようとしている。

図 10-4-11　技術での授業の様子

生物育成の技術を
振り返ってみよう

トウモロコシ栽培を思い出そう

この式から何が分かった？

| 光合成による
CO2の吸収量 | y | 光の強さ | x |

$$y = \frac{1}{25}x - 60$$

- 「光合成量によるCO2吸収量」＝「呼吸によるCO2排出量」となる光の強さ（補償点）は **1500 [ルクス]**
- 光が強いほど，光合成の量は増える。　→　成長が促進

成長のために光は強ければいいのか？

光適応	栽培環境	野菜例
強光を必要	日陰では育たない	スイカ, トマト, ナス, ピーマン, トウモロコシなど
比較的強光を必要	日陰では生育が劣る	キュウリ, カボチャ, メロンなど
比較的弱光に耐える	明るい日陰で育つ	ネギ, ソラマメ, エンドウ, ハクサイ, キャベツなど
弱光を好む	半日陰で育つ	セリ, ワサビ, レタス, キノコなど
暗所で育つ	日陰で育つ	マッシュルーム, ミツバ, モヤシなど

出典：http://say-good.jp/nogyo-taiyoukou.html

- 強い光が当たると，成長に悪影響となる植物もある
- 植物が育ちやすい環境を考慮する必要性
- 水，肥料，土壌などと合わせて，適切に管理していく必要

トウモロコシの成長を促すために

- 強い光を当てる必要
  - ➤ 植え付けする時期，場所，間隔を考える必要がある

図 10-4-12　技術の授業で使用したスライド（抜粋）

実践の成果・課題

1. アンケート結果より

　本実践後にアンケートを実施した。「理科・技術・数学の連携をしてみて、興味深いと感じましたか。思った・少し思った・あまり思わなかった・思わなかったからの中から選んでください。」という質問に対しての回答は、以下の表 10-4-2 及び図 10-4-13 のようになった。

表 10-4-2 アンケート結果

思った	少し思った	あまり思わ なかった	思わな かった
18	13	5	0

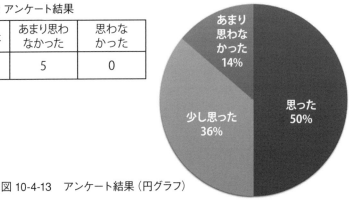

図 10-4-13　アンケート結果（円グラフ）

「思った」・「少し思った」と回答した生徒の理由（抜粋）

> まったく異なるようにみえる分野でも共通点があることがわかったから。それを授業内で気付けたり、友達と共有できたりして楽しかったから。/ 苦手な一次関数を自分達が育てたトウモロコシのデータに置きかえることで分かりやすく楽しく学ぶことができたから。/ いつもだったら実験してまとめるだけといったら違うかもしれないけどそんな感じなのでデータ化や日常とのつながりをしれておもしろかったです。/ 複数の知識を合わせることでこれまで生まれなかった発想が出てくるかもしれないと思ったから。習ってきた一つ一つがつながっていると感じ興味深いと思った。（数学、技術、理科　→　数学−技術−理科）/ 生物育成の技術に理科や数学を取り入れることでより効率的に育成できることが印象的だったから。未来農業が自動化できそうなことに興味がわいた。/ 植物にも数理的な法則があることにおどろいたから。/ 実験して数学的に分析して技術として活用したりするのは面白かったから。/ 身近にも一次関数があることを知っておどろいたから。

　以上のように多くの生徒が面白かった・興味がわいたと記述している。特に、関連することを意識できた生徒も比較的多く見受けられ、実践の目的は概ね達成できたものと考える。

「あまり思わなかった」と回答した生徒の理由（抜粋）

> 数学、技術があまり関係の無い内容だったから。/ 連携といっても、その時間にその教科の内容を学習するので、普段とあまり変わらない感じだったからです。/ 理科で、実験、考察をやるのとあまり変わらなかったため。

一方、上記の「あまり思わなかった」と回答した生徒の記述から分かるように、単に関連しているだけではなく、なぜその内容をその教科で行う必要性があるのかをより感じられるような工夫が必要である。今回の実践では、トウモロコシの栽培がすでに始まっており、その途中で理科・数学の授業が行われた。理科や数学で学んだ知識を活用して技術の生物育成に入るよう学習の順序を考慮する必要があったと考える。

２．各担当教員より

【理科】

　理科では、光合成という現象を光の強さや二酸化炭素の濃度変化などといった量的な視点で捉えさせることができたことは成果の１つである。また、アンケートの記述にもあるように、植物の光合成にも"数理的"な側面があることを意識させることができた。これは理科の授業ではなく、数学の授業で行ったからこそ生徒が感じたのだと推測する。また、実際に技術で栽培しているトウモロコシの葉を用いた点も、生徒に教科間の関連性を実感させた原因であると考える。

　一方で、なぜ教科横断をする必要があるのか、その必然性を生徒が理解したうえで各教科の学習に移る方が、生徒がより主体的に学習に取り組むことになると考えられる。教科横断をするからこそ、その必然性や順番について担当教員らによる十分な打ち合わせが必要になると考える。

【数学】

　成果は、他者と議論しながら立式を行い、現実事象をグラフから読み取りながら、様々な値を求めることができたことである。また、教科書のような綺麗な数値を扱うのではなく誤差がある対象を扱う中で、２つの数量の関係を数式化する活動により、様々な考え方からクラス全体で１つの式を作り上げるプロセスを経験させることができた。この点は、理科の内容をうまく利用して数学の授業を構成したことによって発生したことであり、他教科と連携しながら授業構成をする上で、１つの視点となり得ると考える。

　課題は、実験データの数学的な解釈、モデル化、活用、事象における値の解釈の思考活動に苦戦する生徒が多く見られたことである。具体的には問Ａにおいて、困難を示す生徒が多く、関数関係に対して、値を与えて求値する活動には慣れているが、求値のための値を自分で解釈して設定することに困難性があるということである。また普段の授業では、綺麗な数値を扱うため完全に一次関数となるデータから立式、値を求める活動が多く、結論に対して疑いを持って考察する活動は少ない。今回の授業のような実験におけるデータから作った関係を疑って見る生徒は少なく、その点は課題であると考える。普段の授業においても、ばらつきのある実験データを用いて解釈する活動や、求めた結論が本当に正しいと言えるかを考察するような活動を、積極的に取り入れていく必要があると考える。

【技術】

作物の成長に必要な光合成の役割・特徴を理科・数学で学んだ上で、栽培の振り返りができたことは良かった。理科や数学で学習した科学的な原理・法則に基づき、自分たちの栽培を振り返ったことには意義がある。

できれば、これらの理科・数学の学習が、栽培実践を行う前に実施できればなおよかったと感じる。それぞれの教科で学んだことが、実践で活かされるということを実感できれば、教科間の学びの結びつきが更に強くなったと思われる。

【大学教員より】

この実践例は、中学校で STEM に関する教科・領域（理科、数学、技術）で、統合（この場合は、Interdisciplinary approach）を、教科の先生方が連携し、日常生活に関わる内容を取り上げた実践である。素材の選定から、授業の目標の設定、日程調整等先生方がより密接に連携された結果、生徒の反応も日常生活に関わる新たな知的興味を喚起することに成功し、生徒自身がこれまでの学習成果（知識やスキル等）を統合することも可能にしたと言える。STEM 教育では、現実社会の問題を発見し、解決し、新たな問題発見へと探究することに加えて、学習者がそれぞれの教科で学んだことをネットワーク化してその探究に取り組み、また新たな知を獲得することも重要となる。その意味で、本実践は意義があったと言える。もちろん、生徒の反応やそれぞれの教員が指摘されているように、本実践では STEM 教育としての課題があることも事実である。

いずれにしても、本実践は、それぞれの教科をどのように統合し、そのためには教科の教師がどのように連携をするか、授業において生徒が知識やスキル等をどのように統合あるいはネットワーク化するか（目標の設定やアプローチの使用などが明確化される必要がある）、これらを示してくれる実践である。

（広島大学大学院人間社会科学研究科　磯﨑哲夫）

文　献

Hall, D.O., & Rao, K.K. (1977): *Photosynthesis Second edition,* Edward Arnold.（ホール, D.O., ラオ, K.K.　金井龍二（訳）（1980）：Asakura-Arnold Biology 2　光合成, 朝倉書店.）

梶田隆章ほか 133 名（2020）：新しい科学 2, 東京書籍.

岡本和夫ほか 131 名（2021）：未来へひろがる数学 2, 啓林館.

高辻正基（2010）：図解　よくわかる植物工場, 日刊工業新聞社.

竹野英敏ほか 118 名（2021）：技術家庭［技術分野］, 開隆堂出版.

実践者・授業考案者

広島大学附属福山中・高等学校

理科教諭　藤浪 圭悟

数学教諭　岩知道 秀樹

技術教諭　三浦 利仁

「理想の植物工場とは」
～持続可能な食糧自給を考える～

授業のねらい・目標

　近い将来、人口の増加に伴う深刻な食糧不足問題が懸念されている。わが国においては、食料自給率や食料国産率が先進国の中でも下位に位置しており、食料自給率や食料国産率の増加は喫緊の課題である。その解決策の1つとして、「植物工場」がある。ヨーロッパに端を発する「植物工場」は、わが国においても多様な取り組みが行われている。近年のICTやIoT、AI技術の発展等に伴い、植物工場に関する技術や知見は飛躍的に向上しているが、解決されるべき点がまだ多いのが現状である。植物工場について解決されるべき点が、単なる技術的問題にとどまらず、社会からの要求、作物等を育成・消費する際の安全性、生産の仕組み、品質・収量等の効率、環境への負荷、経済性、生命倫理など広範にわたっており、しかもそれらがトレード・オフの関係にあることを理解し、生物の成長、働き、生態の特性にも配慮した上で、どのように最適解を得るのかが重要となる。

　そこで、高等学校「生物」の授業において、「理想の植物工場とは　～持続可能な食糧自給を考える～」というテーマで授業実践を試みた。中学校・高等学校における既習の学習内容の教科横断的な深い理解を行うとともに、「答えのない問い」に対する課題解決能力の向上をねらいとしている。本実践では、植物工場に関わる原理や技術などの学習を通じ、「理想の植物工場」について考え、各自のアイデアをポスターにしてプレゼンテーションを行い、相互評価並びに自己評価を行うパフォーマンス課題を設定した。

　植物工場そのものについては、中学校の技術・家庭科で学習し、本校の生徒の場合は、中学校2年次において、光の照射時間を制御するプログラミングを伴った植物栽培の実習を行っている。

　また、高等学校の「生物基礎」において、物質代謝に伴うエネルギーの出入りについて光合成と呼吸を例に学習するとともに、生態系におけるエネルギーの流れについても学ぶ。さらに「生物」では、光合成のしくみについて詳細に学習する。また、植物栽培において重視される「土壌」や「肥料」に関わる内容として、「生物基礎」では生態系の学習において窒素の循環について学習を行っている。「生物」では、代謝の単元において、窒素同化や窒素固定を学習し、植物と環境の単元では、光受容タンパク質であるフォトトロピン（葉緑体光定位反応に関与）などについて学習する。

　以上の学習状況をふまえ、教科の枠を超えて既習の学習内容をつなげる題材として、植物工場は非常に適していると考えた。

この授業で養いたい「理科の見方・考え方」
「理想の植物工場」について、光条件と光合成の関係を科学的な視点で捉え、光エネルギーの利用効率を最大にするような光条件について比較したり関係付けたりするなどの科学的に探究する方法を用いて考える。

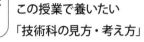

この授業で養いたい「技術科の見方・考え方」
「理想の植物工場」について、生物育成の技術との関わりの視点で捉え、社会からの要求、作物等を育成・消費する際の安全性、生産の仕組み、品質・収量等の効率、環境への負荷、経済性、生命倫理などに着目し、育成する生物の成長、働き、生態の特性にも配慮し、育成環境の調節方法等を最適化する。

教材・授業のポイント

　教材の開発にあたっては、本校が中高一貫校であることを鑑み、学習内容の連続性について考慮しながら単元の選定を行った。また、授業展開については、大谷（2021）によるSTEM/STEAM教育の内容（表10-5-1）を参考に、内容とその配列を検討した。

表 10-5-1 STEM/STEAM 教育の内容（大谷, 2021）

目的	・第4次産業革命に基づいた理系・文系を問わない広く開かれた教育 ・社会的課題解決の実装を目的とした教育
対象・領域	・SDGsに基づく社会課題を対象（地球規模の課題、環境問題、働くこと、国境の問題等） ・領域横断的であり、STEMにArt（芸術）とLiberal artsを含めた領域
学習過程	・問題解決的な学習（問題発見→課題設定→課題解決）を重視 ・DesignによるAとEの活動を重視 ・探究・創造による試行錯誤の活動を重視 ・理論化・法則化、最適化・システム化、数式化・記号化等の概念を活用
教育課程	・Disciplineによる個々の領域から、MultidisciplinaryやInterdisciplinaryの領域へと学習が統合化されるグレーゾーンの領域も含めた教育課程の構造

本来であれば、実施時期について、生物の「植物と環境」を学習後に実践を行うのが最も適当であると考えたが、今回は、「生物」について一通り学習を終えた高校3年生の11月という時期の実践となった。非常に限られた時間の中での実施となってしまうため、授業内容をある程度こちらで絞り込んで取り組みを行った。

本実践で作成したパフォーマンス課題の流れは以下のとおりである。

時限	題目	生徒の学習活動
1	植物工場について①【S・T・E】	・植物工場の歴史・背景、技術、諸外国・国内の例について学習する。 ・理想の植物工場を考えるにあたり、「人工光型植物工場」「太陽光型植物工場」「併用型植物工場」「アクアポニックス」「スマート農業」の5つのキーワードを設定し、知識構成型ジグソー活動の準備を行う。
2	植物工場について②【S・T・E】	・5つのキーワードについて、知識構成型ジグソー活動を行う。
3	光合成とその限定要因①【S・M】	・光の強さと光合成速度について実験を行い、光合成曲線がS字となることを確認し、光合成には最適の強さの光があることを学習する。
4	光合成とその限定要因②【S】	・強光下における葉緑体の逃避反応を観察し、第3時で確認した光合成には最適な光の強さがあることを再確認する。
5	理想の植物工場を考える①【S・A】	・プレゼンテーションソフトを用いて、各自の考えた理想の植物工場についてポスターを作成する。
6	理想の植物工場を考える②【S・T・E・A・M】	・ポスター発表を行い、各自のプレゼンテーションを相互評価する。また、テキストの振り返りを行い、各自の学びを自己評価する。

※ 表中のアルファベットは、「S：Science」「T：Technology」「E：Engineering」「A：Arts」「M：Mathematics」を表している。

先に述べた理由により、今回の実践では、第5時のポスター作成までしか実施することができなかった。次年度以降、今回の取り組みの内容を踏まえ、再度実践を試みる予定である。

授業 (教材) 開発・実践のながれ

2022 年 8 月〜 9 月
学習指導要領で各教科・科目の学習内容の取り扱い、見方・考え方の確認

2022 年 8 月〜 9 月
教科書や資料集、諸外国の実践例等をもとにテーマの選定

2022 年 8 月〜 10 月
他科目や数学、技術科の教員と情報交換 (既習事項の把握・教材内容の検討)

2022 年 9 月〜 10 月
予備実験 (教育実習生との協働を含む)

2022 年 10 月〜 11 月
パフォーマンス課題およびその評価規準の作成

2022 年 11 月〜 12 月
授業実践およびその振り返り

大学教員より　〜実践に関する注意事項・助言

　本実践は、高等学校での実践であり、生物教育の範囲ではあるものの、中学校技術科や数学教師と連携しながら、また、現在や近未来社会でも出現するであろう課題について、これまでの知識やスキルを統合しながら探究学習 (生徒による発表までも含む) を実施した実践である。

　授業自体は、理科 (生物) であるけれども、他教科の教師と連携をして単元構成をし、準備が進められている点は参考になる。重要なのは、この度は教師がテーマを設定しているけれども、生徒は主体的に探究活動 (プレゼンテーションまで含む) に取り組んでいたことが、生徒の感想や掲載されているポスター (掲載に際しての生徒の了解済み) から見て取ることができる。

　特に、表 10-5-1 は、STEAM 教育を計画する上で参考になるとともに、多様な STEAM 教育のあり方のひとつの方法を示していること、ひとりの教員が他教科の教員と連携をしながら単元計画をして実践した例であり一連の過程が明確であること、STEAM 教育としての課題設定の仕方と評価の方法 (生徒のこれまでの学習歴なども考慮している点) を示していること、などで参考になる。また、この実践は、より他教科の教員 (経済面・倫理面からすれば社会系教科の教師、STEAM 教育の食育の視点からすれば家庭科の教員) と連携することで、高等学校の総合的な探究の時間でも活用が可能な実践である。

(広島大学大学院人間社会科学研究科　磯﨑哲夫)

指導の実際

第1時「植物工場について①」

時限	学習内容	指導上の留意点
導入	○本時の課題を確認する。	○本時の学習内容・活動に対する見通しを持たせる。
	本時の問い 植物工場とは何か。どのような種類があるのか。	
展開 ・植物工場の概説	○植物工場の誕生した目的や背景、歴史について学ぶ。	○中学校の技術科等で学んだ内容を想起させる。
・パフォーマンス課題の説明	○課題の流れを確認する。	○パフォーマンス課題に対する見通しを持たせる。 ○「理想の」とは、誰にとっての理想なのかを明確にして考えるよう指示する。
・知識構成型ジグソー活動の説明	○グループ内で担当する課題を決める。	
・エキスパート活動		○必要と思われる書籍や、パソコンを用意し、必要に応じて使用できるようにしておく。
	○担当が決まったら、エキスパート活動を行うグループに分かれる。	○メリット・デメリットを明示するよう指示する。
終結 ・次時の学習予告	○エキスパート活動の内容を各自でまとめ、次時の学習活動への見通しをもつ。	

　本時の授業では、グループごとに担当する課題を、「人工光型植物工場」、「太陽光利用型植物工場」、「併用型植物工場」、「アクアポニックス」、「スマート農業」の5つとした。

　また、エキスパート活動に取り組むにあたり、古在（2014）を参考に、以下の内容についても分かる範囲で調べるよう指示を出した。

・光源	・適する栽培作物	・エネルギー使用量	・環境制御
・病害虫リスク	・立地	・イニシャルコスト	・生産能力当たりコスト
・田畑に対する土地生産性	・外的環境要因	・雇用	・主な販路

「理想の植物工場とは」〜持続可能な食糧自給を考える〜

第2時「植物工場について②」

時限	学習内容	指導上の留意点
導入	○本時の課題を確認する。 **本時の問い** 植物工場の種類によって、どのようなメリット・デメリットがあるのか。	○本時の学習内容・活動に対する見通しを持たせる。 ○エキスパート活動のグループで着席するよう指示しておく。
展開 ・エキスパート活動	○エキスパート課題について、グループで最終確認を行う。	
・ジグソー活動	○元のグループに戻り、ジグソー活動を行う。	○積極的に質問するよう促す。 ○各課題について、メリット・デメリットを正確に把握してまとめられている。【知識・技能（パフォーマンステキストの記述の内容）】
終結 ・次時の学習予告		○次時までに課題についてまとめておくよう指示する。

第3時「光合成とその限定要因①」

時限	学習内容	指導上の留意点
導入	○本時の課題を確認する。 **本時の問い** 光の強さと光合成速度にはどのような関係があるだろうか。 ○光の強さを変えたときの光合成速度の変化について、グラフを予想する。 ○グラフの予想を基に仮説を設定する。	○本時の学習内容・活動に対する見通しを持たせる。
展開 ・実験方法の確認	○実験方法を確認し、見通しを持つ。 ○メスシリンダーの目盛りの読み取り方を確認する。	○気泡の集め方、目盛りの読み取り方など、実験の注意事項を確認させる。
・値の測定	○グループごとに実験装置の値を読み取り、各光条件における1時間・1gありの気泡の発生量を求める。この値を光合成速度とする。	○正しく値を求めることができる。【知識・技能（パフォーマンステキストの記述の内容）】

・結果の共有	○各グループの結果を、エクセルの表に打ち込み、散布図を作成したものを共有する。	
・グラフの作成	○散布図から、光の強さと光合成速度のグラフを各自で考察する。	
・考察の共有	○各自の考察をクラス内で共有する。 ○期待される内容 ・はじめは、光を強くすればするほど光合成速度は大きくなるが、ある光の強さを越えると、光合成速度は増加しなくなる（光飽和点）。 ・光合成速度が最大になる光の強さがある。	○適宜メモを取るよう促す。 ○これまでの学習内容と実験結果などを正しく結びつけ、科学的に説明できている。【思考・判断・表現（パフォーマンステキストの記述の内容）】
終結 ・まとめ ・次時の学習予告	○問いに対する答えを、再度各自でまとめ、次時の学習活動への見通しをもつ。	○次時に光が強すぎるとなぜ光合成速度が上昇しなくなるかについて確かめることを予告する。

予備実験を行った結果、メスシリンダーで読み取りが可能な量の気体を捕集するためには、50分の授業時間内では難しいことが分かったため、実際の授業では授業の1時間前から器具を設置し、実験を開始した。図10-5-1に、生徒が作成したグラフを示す。

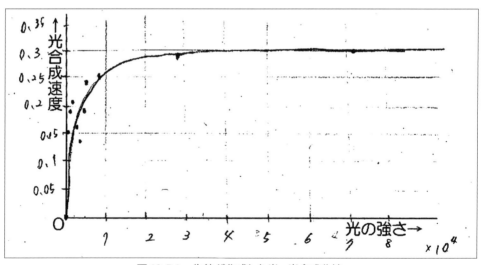

図10-5-1　生徒が作成した光 - 光合成曲線

第 4 時「光合成とその限定要因②」

時限	学習内容	指導上の留意点
導入	○本時の課題を確認する。 **本時の問い** 光飽和点を越える強光条件では、植物細胞にどのような変化が主に応じるのか。 ○強光条件下における植物細胞の様子を、弱光条件下の植物細胞と比較し、どのような違いがみられるかを確認する。	○本時の学習内容・活動に対する見通しを持たせる。
展開 ・実験方法の確認 ・細胞の観察 ・結果の共有 ・考察	○実験方法を確認し、見通しを持つ。 ○顕微鏡の使い方やプレパラートの作成方法を確認する。 ○グループごとに、強光条件下と弱光条件下に置いたオオカナダモの葉を用いてプレパラートを作成し、検鏡する。 ○各グループの顕微鏡写真を集約し、電子黒板で共有する。 ○配付された資料を基に、各自で考察を行う。 ○期待される内容 ・強光条件下で葉緑体が細胞の周辺に集まっていたのは、強すぎる光では細胞や光合成に悪影響が生じるため。 ・弱光条件下で葉緑体が細胞全体に広がって分布していたのは、少ない光を効率よく光合成に用いるため。	○顕微鏡の使い方、プレパラートの作成方法など、実験の注意事項を確認させる。 ○正しく像を観察することができる。 【知識・技能（パフォーマンステキストの記述の内容）】 ○これまでの学習内容と実験結果などを正しく結びつけ、科学的に説明できている。 【思考・判断・表現（パフォーマンステキストの記述の内容）】
終結 ・次時の学習予告	○問いに対する答えを、再度各自でまとめ、次時の学習活動への見通しをもつ。	○次時では、各自の考えた理想の植物工場について、ポスター作成を行うことを予告する。

　本時の授業では、実験と並行して、稲作を例に植物の光合成における光エネルギーの利用効率がほぼ 1％となることを学習した。また、葉緑体の光定位運動の役割について、資料を配付し、より深い理解を促した。次の図 10-5-2 は、生徒による観察結果のスケッチ、図 10-5-3 は観察結果を全体で共有している様子である。

3．結果

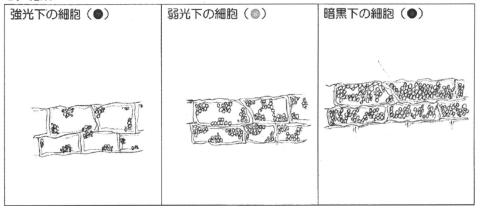

| 強光下の細胞（●） | 弱光下の細胞（●） | 暗黒下の細胞（●） |

図 10-5-2　生徒による葉緑体定位運動のスケッチ

図 10-5-3　生徒の観察結果を全体で共有している様子

第 5 時「理想の植物工場を考える①」

時限	学習内容	指導上の留意点
導入	○本時の課題を確認する。 **本時の課題** 　これまでの学習内容から、理想の植物工場を考えよう。また、考えた内容をポスターにしてみよう。	○本時の学習内容・活動に対する見通しを持たせる。
展開 ・ポスター作成の留意点およびポスター発表方法の確認	○ポスターの作成方法を確認し、1 分以内でポスター発表を行うこと、2 分以内で質疑応答を行うことを確認する。	○プレゼンテーションの基本について確認させる。
・ポスター作成	○各自でプレゼンテーションソフトを用いてポスター作成を行う。	○机間指導を行う。 ○ポスターの内容が、自分の考えた植物工場について、他の人に正しくかつ分かりやすく伝えられている。 【思考・判断・表現（提出されたポスターの内容）】
終結 ・次時の学習予告	○再度、ポスター発表の概要について確認する。	○ポスターが完成した生徒には発表練習を、未完成の生徒にはポスター作成と発表練習を家庭学習とする。

第 6 時「理想の植物工場を考える②」　※　本実践では未実施

時限	学習内容	指導上の留意点
導入	○本時の課題を確認する。 **本時の課題** 　自分の考えた理想の植物工場を、他の人にプレゼンし、相互評価することでフィードバックを得よう。	○本時の学習内容・活動に対する見通しを持たせる。 ○評価シートを配付し、評価基準について説明する。
展開 ・ポスター発表	○各自 1 分 30 秒以内でポスター発表を行い、3 分以内で質疑応答を行う。	○適宜メモを取り、質疑を促す。
終結 ・学習の振り返り	○評価シートを交換し、学習活動の振り返りを行う。	○学習活動について適切に振り返りができている。 【思考・判断・表現（提出されたテキストの内容）】

高等学校　生物　単元「代謝」

生徒の成果物の一例

　当初の予想では、ほとんどの生徒が大規模植物工場について考えてくるのではないかと考えていたが、提出されたポスターのうち大規模植物工場に関するものは6割程度であった。残りの4割は、店舗や個人での利用を想定した、より小規模な植物工場に関するポスターであった。以下、生徒が作成したポスターの中から、大規模な植物工場、店舗を対象にした中規模な植物工場、個人を対象にした小規模な植物工場について紹介する。

　図10-5-4は、野菜の自給率に対して食肉の自給率が著しく低いことに着目し、国内における飼料自給率を上げるために考案された大規模植物工場である。大きな特徴としては、畜舎と植物工場を「電力」・「肥料」・「飼料」で有機的に結び、AIの導入による効率的な環境制御を目指している点である。課題意識が非常に明確であり、従来型の植物工場やスマート農業の利点を活かしつつ、食料自給率の向上に寄与するための具体的な取り組みとして考えられている。

　図10-5-5は、ケーキ店を対象とした、材料費のコストを抑えることを目的とする中規模な植物工場である。生徒の作品では、イチゴの成長の仕方にも着目し、店舗内の植物工場という利点を最大限生かすとともに、植物工場が客から見えるようにするなど、集客という視点からもポスターが作成されていることが非常に特徴的である。また、アプリを用いて生育環境の制御を行うなど、スマート農業の様子も取り入れられている。

　図10-5-6は、家庭や小売店などでの小規模な利用を想定した、植物工場をサブスクリプション化するという提案である。このアイデアの出発点は、「植物工場を小型化できれば、安価かつ手軽に植物を育てることができる」というところにある。より手軽で効率よく収量を増やすため、セル式モジュール型植物工場に着目し、最終的には定額制ビジネスとしての展開を意図したものである。家庭や小売店が参入しやすいよう、販路拡大の展望について述べられている点も特徴的である。

　その他にも、若者の農業離れを止めるために様々なIT機器やIoT技術を活用したスマート植物工場、海洋における大規模植物工場や、発展途上国を支援するため砂漠地域での食糧自給を目指した植物工場など、授業者の想定よりも非常にバラエティーに富んだ「理想の植物工場」のアイデアがあった。

　課題としては、植物工場における環境制御についての具体があまり述べられていなかったことが挙げられる。光合成における限定要因は、「光の強さ」、「温度」、「二酸化炭素濃度」であり、特に完全人工光型植物工場において収量を高めるためには、「二酸化炭素濃度」の調節が最も重要となる。本実践では、「光の強さ」や「温度」が光合成に与える影響については実験等を通じて確認することができたものの、二酸化炭素濃度については十分に言及できておらず、今後の改善点としたい。

植物工場が食肉の自給率UPに貢献!?
～スマート耕畜連携型植物工場の提案～

1. はじめに

　現在、植物工場での栽培に適する作物はレタスやトマトなど野菜が中心である。日本の食料自給率（令和元年度、重量ベース）は野菜は**79%**であるのに対し、食肉においては飼料自給率を考慮すると**牛肉9%、豚肉6%、鶏肉8%**と著しく低い値である。理想の植物工場を考える上で、自給率の高い野菜を高コストな植物工場で栽培するよりも、国内における飼料生産を植物工場の力で盛んにすることが喫緊の課題だと感じた。屋根開閉システム、畜舎との連携、そしてAIを融合することで様々な課題解決につながる「**スマート耕畜連携型植物工場**」を提案する。

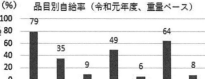

品目別自給率（令和元年度、重量ベース）

野菜	牛肉	牛肉※	豚肉	豚肉※	鶏肉	鶏肉※
79	35	9	49	6	64	8

※付きは飼料自給率を考慮した自給率

2. スマート耕畜連携型植物工場の概要

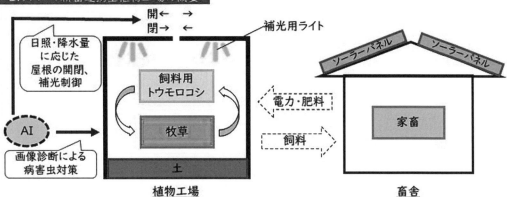

・畜舎の近くに植物工場を立地
・植物工場では飼料用トウモロコシと牧草を交互に栽培し、収穫した**飼料を畜舎で使用**
・畜舎の屋根にソーラーパネルを設置し、**太陽光発電で得た電力や家畜の排泄物由来の肥料を植物工場で利用**
・植物工場の上部は**開閉式の屋根**であり、屋根の内側には補光用のライトを設置
・AIが栽培に適した日照・降水量条件になるように、**屋根の開閉や補光用ライトの制御**を実施
・AIの画像診断により**病害虫の発生を早期発見**し、発生状況を人に伝達

3. メリット

・AIによる環境制御→人の負担の軽減、**土地生産性の向上**
・屋根の完全な開放→**太陽光、降水の無駄のない利用**
・AI開発など、研究分野での雇用拡大
・畜舎との取引による**販路の確保**
・食肉の飼料自給率を考慮した食料自給率の増加
・生産地と消費地が近接→**輸送費、エネルギー使用量の削減**
・太陽光発電→温室効果ガス排出量の削減
・家畜の排泄物の再利用

4. 課題

・飼料の栽培に適した日照、降水量条件の探索
・天候と理想の栽培条件を踏まえた環境制御ができるAIの開発
・外国産の飼料よりも価格が安くできるほど、**土地生産性を向上可能か**
・飼料用トウモロコシと牧草の**適切な輪作体系の確立**（→5. 北海道・欧州での飼料輪作）

5. 北海道・欧州での飼料輪作

●北海道
　道内には何十年も更新されていない草地もあるが、農業試験場のデータでは、8年に一度は更新することが望ましいとされている。牧草の輪作を行っている多くは畑作酪農地帯。

●欧州
　草地の輪作が普及。デンマークでは3年の草地利用の後、トウモロコシ、麦などを作付け。草地利用期間が短く、多草種の混播が可能で**良質・多収な飼料生産**につながる。

6. まとめ

　植物工場やスマート農業の利点を、屋根開閉システムや耕畜連携によって存分に活用し、従来の植物工場が抱える課題の解決にもつながる新たな植物工場を提案した。植物工場の力による食肉の食料自給率の向上に期待している。

7. 参考文献

農林水産省.その1：食料自給率って何？日本はどのくらい？ ホクレン.アグリポート 2020 Vol.28 農林水産省生産局畜産振興課.2019.家畜排せつ物の肥料としてのさらなる活用に向けて

図 10-5-4　生徒 A のポスター（大規模植物工場を想定）

ケーキ屋を救う！？理想の植物工場

ケーキの季節、クリスマスが近づく中、小麦粉や砂糖などの値上がりに加え、ハウス栽培の燃料費や物流費の高騰などによるイチゴの価格もどこまで続くか読めず、困っているケーキ屋も多いのではないでしょうか。

「材料費上昇に伴って、採算をとるために値上げをすることも考慮しないといけない反面、値上げすることでお客さんを悲しませたくない」、そんな悩みを少しでも緩和する方法として、店内で効率よく、イチゴの値段が最も上昇する12月に収穫できるような理想の植物工場を提案します。

・どうやって
⇒温度、光強度が管理できる装置の導入
　アクアポニックスのように装置内の条件をアプリで管理する
・どこで
⇒店内（お客さんから見えるようにする）
・光源
⇒完全人工光
　（高圧ナトリウムランプ、蛍光灯、LED[1] など）
・温度管理
⇒12月の収穫に向け、
　夏ごろ播種、秋に低温にさらす
・光の調節
⇒強すぎない強度[2]の光
　8～12（時間/日）当てる。
・雇用
⇒アプリで管理するため、
　従来の従業員数での運用が可能

イチゴは大きすぎず横に伸びる作物なので、光が当たりやすく、制御も行いやすい。

メリット

・成長の完全管理
⇒市場価格に左右されないイチゴの入手が可能
　値段が高騰する12月に収穫時期を合わせられる
・完全人工光による生産
⇒栽培効率↑
・輸送の必要が無い
⇒輸送費↓（経済面）
　CO_2排出量↓（環境面）
・植物工場のケーキ屋として話題になる
⇒さらなる集客により、
　初期費用及び維持費の補填

課題

・イニシャルコスト、維持費が高額
・電気を長時間使用するため、環境に優しいとも言い切れない。

〈補足〉
光源について
（1）葉緑体全体での光合成の効率を表す作用スペクトルが青色、または赤色の光の時に大きくなるため、より効率の良い栽培に最適な光源は赤・青色LED。
（2）植物の葉緑体は強光により逃避反応を起こし、集合反応をしている時より光合成活性及び植物の生産性が下がるため、強すぎない光に調節する

店内での葉物野菜栽培の例
https://smartagri-jp.com/smartagri/157
https://smartagri-jp.com/news/2704

図10-5-5　生徒Bのポスター（店舗内での植物工場を想定）

セル式モジュール型植物工場の
サブスクリプション

○セル式モジュール型植物工場とは

- ・最小限のセル空間
- ・IOT技術の活用
  - →空調・照明等を管理
  - →全自動栽培・運搬
- ・低コスト・クリーンな栽培
- ・地下で栽培、地上で梱包・配送
- ※伊藤電機㈱が開発

セルの構造 →
24株×4トレイ/セル
約1㎡/セル

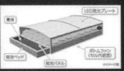

左に行くにつれ成長 ←

成長した株を
地上へ運搬 ↑

○サブスクリプションの仕組み

- 植物工場で商品を生産
- 収穫・梱包×トレイごと市場に出荷
- 消費者自ら収穫→購入
- 収穫済みトレイを回収

定額制ビジネスとして展開
顧客対象：小売業者（スーパーなど）
→植物工場のサブスクリプション

○メリット

コスト	収穫・梱包コスト×
環境	包装不要→ごみ減
食品ロス	商品が腐らない→食品ロス減
衛生	清潔な生育環境
新鮮さ	収穫したての商品
効率	サブスクリプション →生産数の事前管理
学習	消費者が植物工場を 見て学べる

○販路拡大に向けて

- セルをトラック・販売先にも設置
- 輸送・販売をしながら生産可能
- 生産効率上昇へ

- ・小型設備を生かし、顧客対象を広げる
  - ex：コンビニ
- ・工場拠点を増加
  - →輸送費の削減へ

参考文献
- ・伊藤電機株式会社　セル式モジュール型植物工場のご紹介　https://www.itohdenki.co.jp/plant/cell.html
- ・YouTube　セル式モジュール型植物工場　https://www.youtube.com/watch?v=iWSmXLmIf7s

図 10-5-6　生徒Cのポスター（植物工場のサブスクリプションを想定）

実践後の生徒の感想について、主なものを以下に挙げる。

○多くの種類の植物工場を調べることで、互いのデメリットを打ち消し合うような植物工場を探るという手段は有効だと感じたし、他分野の「答えのない問い」に対する課題解決においてもある程度通用するのではないかと思った。

○理想の植物工場を考える際に、いろいろな種類の工場の良いところばかり集めたいと思ったのだが、結局複数の工場を合体させただけに留まってしまったので、安直だったかもしれないと思っている。

○植物工場という農業形態を拡大していくために、私たちは安全衛生面、経済面、環境面など多面的に現状を分析し、考察していく必要があるということだ。今回の授業を通して、植物工場の運営には様々な要素が絡みあって関係していることが分かった。ニーズに合わせて運営を行うことが大前提であるが、どれか1つの要素でもかけていると運営の足を引っ張ってしまう、繊細なものでもあるのだなと感じた。

○費用や環境制御だけでなく、害虫リスクや販路など様々な要素が関わるので、「理想」の植物工場を考えるにはもう少し知識や事例が必要でした。

○植物工場には様々な種類があって、生産性という視点では利点が多いですが、コストの問題には逆らえないことが分かりました。

○理想の植物工場とは、様々な農業形態を理解した上で、メリットとデメリットを秤にかけていけば理論上は創造することはできるが、現実では、どの立場で農業に関わっているのかや、植物工場の付近に暮らす人々、植物工場をつくる側の考え方など、人によって何を重視するのかが異なってくると思うので、意見の衝突や実際に植物工場を動かしてみた結果によって「誰もが理想とする」植物工場の実現はとても難しいのではないかと感じた。

○植物工場なら、気候変動が起こっても植物への影響は小さそうだし、病害虫のリスクも軽減されるので良いこと尽くしだと考えていたが、様々な植物工場のかたちを知って、病害虫リスクのより小さい工場でもより多くのコストがかかったり、先端技術によって人手不足を解消できる一方で立地の融通が利かない、作物を傷つけやすいなど多くの問題を抱えていたりと、理想の植物工場をつくるための要素を揃えることの難しさを学んだ。

○LEDで育てやすいものは葉物野菜で、太陽光で育てやすいものは果菜類だと分かった。この2種類の使い分けにより、市場に出回るたくさんの種類の大部分を賄えるのではないかと考えた。しかし一方で、根菜類を育てられそうな植物工場の形態が無かったので、それも育てられるような新しい植物工場も将来できていくのではと考えている。

○どんな植物工場にも欠点があり、完璧な植物工場は現存しないということである。各班でそれぞれ異なる種類の植物工場を調べ、情報を持ち寄った際、ある植物工場が他の植物工場の欠点をカバーしていても、その分新しい欠点が出てきてしまうという印象が強かった。例えば、併用型植物工場では、人工光型植物工場の欠点であるエネルギー

使用量を、太陽光を併用することで抑えられるが、植物を栽培する地盤を人工光型のように十段重ねなどにはできないため、土地生産性が低下するという新しい欠点が生じる。コスト面や環境面が複雑に絡み合っているため、何か欠点を補うとそれに伴って欠点が生じるので、それらのバランスの取れた仕組みや、その絡み合いを打破できる革新的な仕組みが理想的な植物工場であると感じた。

○中学校の時に技術の授業でやった植物工場で、どうして青と赤の LED を使っていたのかが説明できると分かって感動した。

生徒の感想からは、単に理科的な視点にとどまらず、技術的、社会的な視点をもって、理想の植物工場という「答えのない問い」に対して、既習の学習内容や、他者との協働によって得られた新たな知見を活用しながら取り組んだことがうかがえる。また、理系の生物選択者クラスということもあり、「自分が将来農学部で学びたいと漠然と思っていたことが、より明確になりました」という感想もあった。理科の学習における、実社会・実生活の問題解決への STEM/STEAM の視点（特にエンジニアリング）の導入の重要性は、木村・原口・大谷（2021）による研究においても指摘されている。また、磯﨑・野添（2017）が主張する、STEM 教育の目的・目標として「国民の共通的な科学的・技術的リテラシーの向上を基盤として保証しながら、将来の科学者・技術者・エンジニアの準備教育とする」という視点からも、本実践は STEM/STEAM 教育の理念に根差した実践であると言える。

今後の課題と展望

磯﨑・磯﨑（2021）は、日本型 STEM 教育を構築し展開する重要な要素として、① STEM の目的・目標の設定、② STEM 系教科の存在意義と価値、③ STEM 系教師の協働、④ STEM の学びの意味の理解、の4つを挙げている。本実践においては、①、②、④の要素に特に意識して、教材研究および授業実践を行った。

高等学校において新たに始まった「総合的な探究の時間」では、「探究」における見方・考え方について、「①　各教科・科目等における見方・考え方を総合的・統合的に働かせる」、「②　総合的な探究の時間に固有な見方・考え方を働かせる」とされている。今回行ったパフォーマンス課題に対する生徒の取り組み状況からは、「探究」の理念である「特定の教科・科目等の視点だけで捉えきれない広範かつ複雑な事象を多様な角度から俯瞰して捉える」、「実社会や実生活の複雑な文脈や自己のあり方生き方と関連付けて問い続ける」という「答えのない問い」に向き合う態度育成に効果があったことがうかがえる。

今後改善すべき課題として、ここでは以下の2点を挙げる。

1点目は、実験の精度の問題である。第3時の授業では、光量や水温の管理などに課題が残る。容易に光量の調節が可能な光源装置の使用や、水温を一定に保てるよう実験を短時間で行う工夫が必要である。また、生徒の成果物のところでも述べたように、植物工場における環境制御では、「二酸化炭素の濃度」についても考慮する必要がある。

2点目は、他教科の教員との連携である。本実践は理科（生物）における学習の一環としての取り組みであったため、数学科や技術科との連携が必ずしも十分であったとはいえない。また、生徒の成果物や振り返りから、経済的な視点をもって取り組んでいる生徒が多くおり、社会科（高等学校においては公民科）との連携も必要であると考えられる。さらに、特にポスターの作成にあたって、生徒のICTの活用スキルに差が認められた。本実践では、授業時間数の関係もあり、ポスター作成については授業内で十分な指導の下行うことができなかった。この点においても、技術科・情報科の教員と連携を取りながら実施する必要性がある。

　本実践において、STEM/STEAMの観点から植物工場を題材として取り扱うことの有効性が非常に大きいことが示唆された。今後の展望として、本実践をさらに発展させることに加え、新たな題材の検討を行い、生徒が「答えのない問い」に対してどのような視点をもってアプローチをするのか、いかに多様な視点をもってそれらの問いに向き合っていくのか、それをどのように評価するのか、他教科や他科目の教員と協働を深めながら実践を蓄積していきたい。

文　献

後藤栄治（2021）：光環境への適応における葉緑体定位運動の役割，植物科学最前線，12巻，45-51.

磯﨑哲夫・磯﨑尚子（2021）：日本型STEM教育の構築に向けての理論的研究　-比較教育学的視座からの分析を通して-,科学教育研究,45,2,142-154.

磯﨑哲夫・野添生 (2017)：卓越性の科学教育を意図したカリキュラムの構成原理序説,科学育研究,41,4,388-397.

地子智浩（2021）：LED光照射による植物の成長促進および形態制御,アグリバイオ,5,3,223-227.

木村優里・原口るみ・大谷忠（2021）：実社会・実生活の問題解決という文脈を導入したSTEM教育型理科授業のデザインに関する研究,科学教育研究,45,2,184-193.

古在豊樹（2014）：図解でよくわかる植物工場のきほん,誠文堂新光社.

松原憲治・高阪将人（2017）：資質・能力の育成を重視する教科横断的な学習としてのSTEM教育と問い,科学教育研究,41,2,103-111.

松原憲治・高阪将人（2021）：我が国における教科等横断的な学びとしてのSTEM/STEAM教育の意義　各教科等の「見方・考え方」とBig Ideasに注目して,科学教育研究,45,2,150-160.

文部科学省（2018a）：中学校学習指導要領（平成29年告示）解説技術・家庭編,開隆堂出版.

文部科学省（2018b）：中学校学習指導要領（平成29年告示）解説理科編,学校図書.

文部科学省（2018c）：中学校学習指導要領（平成29年告示）解説総合的な学習の時間編,東山書房.

文部科学省（2018d）：中学校学習指導要領（平成29年告示）解説総則編,東山書房.

文部科学省（2019a）：高等学校学習指導要領〈平成30年告示〉解説情報編,開隆堂出版.

文部科学省（2019b）：高等学校学習指導要領（平成30年告示）解説理科編,実教出版.

文部科学省（2019c）：高等学校学習指導要領〈平成30年告示〉解説総合的な探究の時間編,学校図書.

文部科学省（2019d）：高等学校学習指導要領（平成30年告示）解説総則編,東洋館出版社.

森康裕・高辻正基・石原隆司（2015）：トコトンやさしい植物工場の本,日本工業新聞社.

向田識弘（2021）：問題解決能力の育成による農業への可能性,アグリバイオ,5,3,290-291.

大谷忠（2021）：STEM/STEAM教育をどう考えればよいか　-諸外国の動向と日本の現状を通して-,科学教育研究,45,2,93-102.

謝　辞

　今回の実践にあたり、元本校理科（現・広島大学附属福山中・高等学校）の沓脱侑記教諭、元本校技術科・情報科教諭の向田識弘氏（現・金沢学院大学）には、専門的知見から助言を受けた。記して感謝します。また、高校3年生の晩秋の大事な時期に、快く本実践に協力してくれた生物選択者のみなさんに心より感謝します。

　最後に、本実践にあたっては、本来の学習進度や受験指導を妨げないよう最大限に配慮して実施をすること、今回の取り組みが中学校から高等学校で学んだことの総復習として位置づけられることなどについて、事前に生徒へ説明を行い、了承を得て実践を行ったことを付記する。

実践者・授業考案者

広島大学附属中・高等学校　理科教諭　樋口 洋仁

日本型 STEM 教育のための 理論と実践

令和 5 年 7 月 30 日　第 1 刷発行

磯﨑 哲夫　編 著

発行者　芹澤　克明

発行所　学校図書株式会社

　　　　〒101-0063　東京都千代田区神田淡路町 2-23-1

　　　　電話　03 - 6285 - 2957（編修）

　　　　　　　075 - 231 - 0238（供給）

　　　　URL　http://www.gakuto.co.jp

ISBN978-4-7625-0247-7 C3037